全国革命老区县发展史丛书——河南驻马

上蔡县革命老区发展史

上蔡县老区建设促进会 编

郑州大学出版社

图书在版编目(CIP)数据

上蔡县革命老区发展史 / 上蔡县老区建设促进会编. — 郑州：
郑州大学出版社，2021. 6
　(全国革命老区县发展史丛书)
　ISBN 978-7-5645-7828-2

　Ⅰ. ①上…　Ⅱ. ①上…　Ⅲ. ①上蔡县 – 地方史
Ⅳ. ①K296. 14

中国版本图书馆 CIP 数据核字(2021)第 080717 号

上蔡县革命老区发展史

SHANGCAI XIAN GEMING LAOQU FAZHANSHI

策划编辑	吴　昕	封面设计	程笑歌　常红岩
责任编辑	胡佩佩	版式设计	凌　青
责任校对	吴　静	责任监制	凌　青　李瑞卿

出版发行	郑州大学出版社有限公司	地　　址	郑州市大学路 40 号(450052)
出 版 人	孙保营	网　　址	http://www.zzup.cn
经　　销	全国新华书店	发行电话	0371-66966070
印　　刷	河南美图印刷有限公司		
开　　本	710 mm×1 010 mm　1 / 16	彩　　页	8
印　　张	17.25	字　　数	274 千字
版　　次	2021 年 6 月第 1 版	印　　次	2021 年 6 月第 1 次印刷

书　　号	ISBN 978-7-5645-7828-2	定　　价	106.00 元

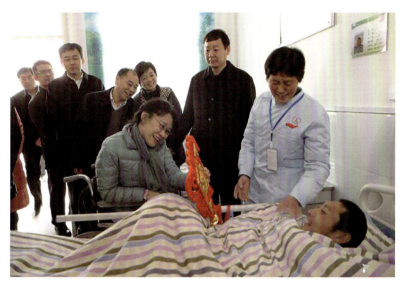

国家残联主席张海迪在重度残疾人托养中心视察工作

上蔡县重度残疾人托养中心

2018年11月7日，时任省委书记、省人大常委会主任王国生（首排中间）
出席青海—河南800千伏特高压直流工程开工奠基仪式

上蔡西城门

蔡明园广场

杜诗公园社区图

凤凰公园

上蔡城区航拍图

航拍上蔡环城路十字路口

航拍周驻南高速上蔡大路李立交桥

京港澳上蔡高速引线

国能生物发电厂

上蔡县变电站

产业集聚区航拍

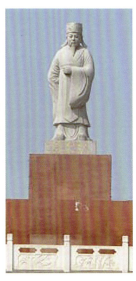

上蔡古城墙遗址　　　　蔡叔度像

蔡叔度陵园

蔡国故城烽火台

秦丞相李斯墓

伏羲画卦亭

2007年联合国地名专家组
颁发的匾额

2006年4月河南人民广播电台
"谁不说俺家乡好"宣传活动组委会
颁发的匾额

宋代汝窑青釉瓷碗

宋代钧窑天蓝釉瓷碗

郭庄楚墓出土的玉编磬

西周红陶鬲

春秋晚期铜剑

郭庄楚墓椁室发掘现场

奎星楼

蔡仲陵园

东洪镇别楼村葡萄采摘园

邵店镇祥盛肉牛养殖场

邵店镇庙杨村蛋鸡养殖场

韩寨镇正兴牧业胡羊养殖场

县委书记胡建辉（左二）、县长李卫明（右二）陪同市委书记陈星（右三）视察工作

齐海乡草莓采摘园

韩寨张红河农业种植合作社的红薯

杨屯乡烟叶丰收时节

蔡明园群众健身活动

社区一角

《上蔡县革命老区发展史》
编 委 会

编委会顾问	胡建辉　李卫明
编委会主任	李　超
编委会副主任	孙宝岑　李　新（县人武部政委）
	刘银业　李克臣　王建军
编委会委员	（以姓氏笔画为序）
	马红旗　王庚寅　井东升　刘建宏
	李　臻　张拦省　明付申　赵　剑
	赵建伟　赵荫轩　胡焕焕　聂全志
	戚四海　梁文革　寇新宇　谢恭旭
	端木建华
主　　编	赵荫轩
编　　辑	王庚寅　张拦省
摄　　影	刘荣亚　魏晓伟　宋永亮
编委会成员单位	县委办　人大办　政府办　政协办
	组织部　宣传部　发改委　民政局
	扶贫办　党史办　县志办　档案馆
	文化广电旅游局　退役军人事务局

总　序

在举国欢庆新中国成立 70 周年前夕，中国老区建设促进会王健会长请我为"全国革命老区县发展史"丛书作序。作为一名在老区战斗过并得到老区人民生死相助的老兵，回首往事，心潮澎湃，感慨万千，深感义不容辞，欣然应允。

中国革命老区，是以毛泽东为代表的中国共产党人在领导人民推翻帝国主义、封建主义和官僚资本主义三座大山，争取民族独立和人民解放伟大斗争中建立的革命根据地。在这片红色的土地上，诞生了无数可歌可泣的革命英雄儿女，为后人树起了一座不朽的丰碑。她是新中国的摇篮，是党和军队的根。

在艰苦卓绝的战争年代，老区人民把自己的命运与中华民族的命运紧紧地联系在一起，与中国共产党和人民军队的命运紧紧地联系在一起，他们生死相依，患难与共。我曾亲历过战争年代，并得到过老区红哥红嫂的救助，切身感受到发生在身边的一幕幕撼天动地的革命故事，在那极其艰难的条件下，老区人民倾其所有、破家支前，不怕艰难困苦，不怕流血牺牲。"最后一碗米送去做军粮，最后一尺布送去做军装，最后一件老棉袄盖在担架上，最后一个亲骨肉送去上战场"，这是当时伟大的老区人民为建立新中国作出巨大牺牲的真实写照，它将永远镌刻在中国共产党、中国人民解放军、中华人民共和国的历史丰碑上。他们的光辉业绩永载史册，他们的革命精神必将影响一代又一代的革命新人，造就一代又一代的民族脊梁。

在社会主义革命和建设时期，革命老区和老区人民响应党的号召，面对落后的面貌、脆弱的经济、恶劣的生态环境，他们本色不变，精神不丢,自力更生,艰苦奋斗,干一行爱一行。他们始终坚持"革命理想高于天",自觉做共产主义远大理想的坚定信仰者和忠实实践者,勇于向恶劣的自然环境和贫穷落后宣战,在各条战线上为国建功立业,用平凡的双手创造了一个又一个不平凡的奇迹,彰显了老区人的崇高精神和人格力量。

在改革开放的伟大进程中,老区人民解放思想,勇于创新,发奋图强,攻坚克难,老区的经济社会建设取得了辉煌成就。特别是在改变中国的面貌、中华民族的面貌、中国人民的面貌、中国共产党的面貌的伟大实践中发挥了至关重要的作用。老区人民既是改革开放的参与者,也是改革开放的推动者。

艰苦练意志,危难见精神。老区人民在近百年的革命战争、社会主义建设和改革开放的伟大实践中,孕育形成伟大的老区精神:爱党信党、坚定不移的理想信念;舍生忘死、无私奉献的博大胸怀;不屈不挠、敢于胜利的英雄气概;自强不息、艰苦奋斗的顽强斗志;求真务实、开拓创新的科学态度;鱼水情深、生死相依的光荣传统。这是党和人民宝贵的精神财富、丰厚的政治资源,是凝心聚力、振奋民族精神的重要法宝,也是社会主义核心价值观的重要内容。

中国老区建设促进会怀着强烈的政治责任感和历史使命感,组织全国各地老促会人员克服困难,尽心竭力编纂"全国革命老区县发展史"丛书,记录老区的光辉历史和辉煌成就,传承红色基因,弘扬老区精神,是功在当代、利于千秋的一件大事。手捧这部丛书的部分书稿,读着书中的故事,倍感亲切,深感这部丛书具有资政、育人、存史的社会功能,有着重要的时代和历史价值。它是不忘初心、牢记使命的源头活水,是赞颂共产党、讴歌老区人民的一部精品力作,是弘扬老区精神、传承红色记忆的丰厚载体,是一项继承优秀传统文化、弘扬革命文化、发展社会主义先进文化,坚定"四个自信"的宏大文化工程。它必将成为一种文化品牌,为各界人士了解老区、宣传老区、支持老区提供一部有价值的研究史料。希望读者朋友们能从中了解并牢记这些为党和民族的利益不断奉献的老区人民,从中得到教益,汲取人生奋斗的精神动力。

新时代赋予新使命，新起点开启新征程。让我们更加紧密地团结在以习近平同志为核心的党中央周围，坚持以习近平新时代中国特色社会主义思想为指导，增强"四个意识"，坚定"四个自信"，做到"两个维护"，弘扬老区精神，铭记苦难辉煌。为实现"两个一百年"奋斗目标，实现中华民族伟大复兴的中国梦作出新的更大的贡献！

迟浩田

2019 年 4 月 11 日

编写说明

　　2017年6月，中国老区建设促进会组织全国各地老促会启动编纂"全国革命老区县发展史"丛书，按照"建立中国共产党、成立中华人民共和国、推进改革开放和中国特色社会主义事业"三大里程碑的历史脉络，系统书写革命老区百年历史，深入挖掘革命老区红色文化资源，这对充实丰富中国革命史籍宝库，在新时代传承红色基因、弘扬革命精神、强固根本；对激励人们在新的历史条件下夺取中国特色社会主义伟大胜利，实现中华民族伟大复兴的中国梦具有重要意义。

　　丛书编纂以习近平新时代中国特色社会主义思想为指导，以《中国共产党历史》《中国共产党的九十年》等重要文献为基本依据，以党的领导为核心，以老区人民为主体，以老区发展为主线，体现历史进程特征，突出时代发展特色，坚持辩证唯物主义和历史唯物主义相统一、历史真实性与内容可读性相统一的原则，书写革命老区从站起来、富起来到强起来的光辉革命史、不懈奋斗史、辉煌成就史，把老区人民的伟大贡献、伟大创造、伟大成就、伟大精神充分展示出来，形成一部具有厚重历史特征和鲜明时代特色的精品力作。这是一部培根铸魂、守正创新，既为历史立言，又为时代服务，字里行间流淌着红色血脉、催生着革命激情的传世之作。丛书的编纂出版将成为讴歌党、讴歌人民、讴歌时代、传播红色文化、为革命老区和老区人民树碑立传的重要载体。

　　丛书按照编年体与纪事本末体相结合、以编年体为主的编写体例确定框架结构；运用时经事纬、点面结合的方式记述史实；坚持人事结合、以事带人的原则处理人与事的关系；采取夹叙夹议、叙论结合、以叙为主的方法展开，做到了史料与史论、历史与现实、政治与学术统一,文献性、学术性、知识性相兼容。

为编纂好"全国革命老区县发展史"丛书,打造红色文化品牌,中国老区建设促进会认真组织、积极协调,提出政治立场鲜明、史料真实准确、思想论述深刻、历史维度厚重、时代特色突出、编写体例规范、篇目布局合理、审读把关严格、出版制作精良的编纂出版总要求,力求达到革命史籍精品的精神高度、思想深度、知识广度、语言力度,增强丛书的权威性和社会影响力。各省(区、市)、市(州、盟)、县(市、区、旗)老促会的同志,以强烈的使命感、责任感和紧迫感,勇于担当,积极作为,认真实施,组织由老促会成员、专家学者等参加的十余万人编纂队伍。编纂工作主体责任在县,省、市组织协调、有力指导、审读把关。各方面人员以高度负责的精神和科学严谨的态度,满腔热情地投入工作,为丛书编纂出版做出了重要贡献。丛书编纂工作还得到了党和国家有关部委、地方各级党委政府及有关部门的大力支持和积极参与,社会各界也给予了热情帮助。中共中央政治局原委员、中央军委原副主席、原国务委员兼国防部长迟浩田上将,对老区人民怀有深厚感情,对革命老区建设发展十分关注,欣然为"全国革命老区县发展史"丛书作总序。

丛书由总册和1599部分册(每个革命老区县编纂1部分册)组成,共1600册。鉴于丛书所记述的史实内容多、时间跨度长和编纂时间紧,不妥之处,敬请批评指正。

中国老区建设促进会
2019 年 5 月 14 日

目　录

绪　言

（一）

上蔡县位于河南省东南部的淮北平原北侧,驻马店市东北部,京广铁路和京港澳高速公路东侧;东西长 60 千米,南北宽 20 至 40 千米;东与周口市、项城市为邻,西和西平、遂平县毗连,南同汝南、平舆县接壤,北与周口市商水县、漯河市相依。上蔡县地处北纬 33°3′、东经 114°5′,境内大部分地势平坦,海拔在 50 米左右,属暖温带大陆性季风气候,四季分明,气候温和,雨水充沛,光照适中,无霜期长,适宜各种农作物种植。年平均气温 14.5℃,年平均降雨量 883.8 毫米。境内水资源丰富,由西北流向东南的黑河、洪河、杨岗河和汝河(上游为柳堰河)纵贯其间,然后流入淮河。全县总面积 1 529 平方千米,耕地面积 10.45 万公顷(合 156.75 万亩)。农作物现有小麦、玉米、油菜、芝麻、大豆、花生等。现辖 22 个乡镇 4 个街道办事处,460 个行政村,1 568 个自然村,有汉、回、蒙、藏等 13 个民族,共 154.06 万人,人均耕地 1.18 亩。

上蔡县交通便利。县城西距京广铁路、107 国道 26 千米,东距 106 国道 40 千米,京港澳高速公路、大广高速公路、周南高速公路分别自县境西侧、东侧和北侧经过,过境省道有开(封)龚(家棚)公路、西(平)上(蔡)公路、平(舆)周(口)公路、上(蔡)项(城)公路、商(水)桐(柏)公路。现为国家优质小麦生产基地县、全国粮食生产百强县、畜牧业大县、花卉名县。

（二）

上蔡县历史悠久。早在 4500 年前,上蔡古先民就在这块土地上生息繁衍,辛勤劳作,创造中华文明的一部分。

公元前 11 世纪,周武王灭商建立西周王朝,分封诸侯,封同母弟姬度为蔡叔,建蔡国,即今上蔡。

公元前 221 年,秦统一六国,建立起我国历史上第一个统一的中央集权的封建国家,实行郡县制。上蔡为县(治所在今县城西南隅),属陈郡(今河南淮阳)。西汉王朝建立,行政区划承袭秦制。公元前 203 年,汉高祖刘邦置汝南郡,上蔡属之,治所在上蔡西南的黄埠。南北朝时期,上蔡先属刘宋,后属北魏,为南北鏖战之所,在上蔡北域置武津县,改上蔡为临汝。隋朝统一全国,将武津与临汝合并,名武津,旋又改武津为上蔡。唐朝时期,上蔡属蔡州(今河南汝南县)。宋朝时期,沿唐制,上蔡属蔡州。元、明、清三朝,上蔡均属河南省汝宁府。

民国时期,上蔡属河南省,1927 年,设河南省第八行政督察专员公署于汝南,上蔡属之。1944 年日寇攻陷上蔡。次年,日寇投降,上蔡光复。解放战争时期,上蔡县城先后解放七次。1947 年 8 月,中共上蔡县委及民主政府成立。1948 年 10 月经中共豫皖苏第七地委批准,划出上蔡县洪河西及县北一部,在华陂建立中共洪河县委及民主政府。1949 年,上蔡全境解放。3 月 17 日,洪河县与上蔡县在白圭庙合并,名上蔡县,属中共汝南地委及汝南专署(后改称中共确山地委、专署),是月下旬,中共上蔡县委和县人民政府迁至城关。1949 年 9 月,上蔡县归属中共信阳地委及行政公署。1965 年,信阳地区和驻马店地区分置,上蔡县属中共驻马店地委及行政公署。2000 年 6 月驻马店地区改为市,中共上蔡县委、县人民政府为中共驻马店市委及市人民政府管辖至今。

（三）

上蔡县历史文化积淀厚重,历代名人灿若星辰。孔子 72 贤中,上

蔡有 6 人,历代王朝位居丞相以上要职的,上蔡有 4 人。孔门在上蔡六贤之一的漆雕开,博学多识,与名贤颜回一样为孔子的得意门生;协助秦始皇统一天下的上蔡人李斯,为推介自己,实现宏伟大志,在即将被逐出秦国的不利情势下,撰写出流传千古的《谏逐客书》,又被秦王采纳重用,终于成就了集政治家、思想家、文学家于一身,可谓为"百代名相"的人生价值;西汉家世微贱,刻苦攻读,改变人生的上蔡人,号为"通明相"的翟方进,射策甲科郎,居官不烦苛,搏击于豪强,拜为高陵侯,名垂青史;文士桓宽曾任庐江太守丞,在散文上独树一帜,所著《盐铁论》,文高新颖;北宋理学家,程门四大弟子之一的"上蔡夫子"——谢良佐所著的《论语说》和《谢上蔡语录》等书被明清理学信徒视为经典;南宋丞相朱胜非,在恢复高宗帝位中建功卓著,因得谥号"忠靖公";被誉为"汉之江都、唐之昌黎"的清代理学家张沐,为官清廉,学识卓著,曾撰修《上蔡县志》《开封府志》《河南通志》,著有《四书疏略》等 23 部著作。

中华人民共和国成立后,蔡邑故土孕育出的精英更是数不胜数,彪炳于时。曾任中国人民解放军第三炮兵学校校长等职务的万一夫,在解放战争、抗美援朝战争及国防建设中,立下了汗马功劳;曾任宁夏回族自治区军区司令员的姜玉安,多次获得战斗英雄称号;特等功臣、一级战斗英雄雷保森,在抗美援朝战争中曾率一个步兵班,用手榴弹击毁美军坦克 11 辆,在人民解放军战史上创造了用步兵武器击毁坦克的光辉战例,曾受到毛主席的亲切接见;著名园艺家田叔民、著名图书馆学者耿济安,在科研事业上,以丰硕成果为国家作出了突出贡献。

(四)

上蔡县是文物大县。有国家级重点文物保护单位 1 处,省级重点文物保护单位 6 处,县级重点文物保护单位 60 余处。上蔡县馆藏文物丰富,各类馆藏文物共 8 000 余件。境内古墓罗列,著名的有蔡叔度墓、蔡仲墓、漆雕开墓、曹恤墓、李斯墓、明顺阳王墓等。境内古遗址密布,有古文化遗址 89 处;境内胜迹众多,著名的有桓景登高处、伏

羲庙等;传统民间工艺品独具特色,著名的有东岸雕花核桃扣、茱萸绛囊、杨集毛笔等。1993 年,上蔡县被国务院列为全国对外开放县,2005 年被中国民间文艺协会命名为"中国重阳文化之乡",2007 年被联合国地名专家组中国分部命名为"千年古县"。

(五)

上蔡人民有着光荣的革命历史和斗争传统。民国初年,上蔡"红枪会""绿枪会"兴起。"红枪会"首领吴廷弼(白圭庙人)曾率"红枪会"清剿党店郁王村张浩然带领的杆匪,杀匪百余人。后又率众万人,抵抗豫西杆匪。"绿枪会"在党店、高岳抓获首匪 9 人,砍头示众,匪气一时为之震慑。辛亥革命爆发前,同盟会上蔡分会在县城西关茶庵庙成立,1912 年杨云、翟洪逵等加入同盟会,策应辛亥革命。1919 年"五四"运动爆发,蔡沟青年学生陈鸿盘、刘永名等在大街上贴出"打倒列强,废除不平等条约""禁止鸦片,强国富民""捣碎神胎,破除迷信"等反帝反封建的标语口号;并动员蔡沟二小的师生,将东岳庙、三官庙、火神庙的神胎全部拉倒打碎,投入泥坑。翌年,蔡沟二小师生又贴出反帝反封建的漫画和标语,并编写《东亚的睡狮醒了》等 10 多个剧目,利用课余和星期日,在学校搭台公开演出。还有一些志士仁人毅然走上了"教育救国"之路。

中国共产党诞生后,上蔡人民的革命斗争进入了一个新的时期,特别是 1927 年 5 月,在二期北伐革命军第一纵第二十五师师长朱晖日、政治部主任李硕勋(中共党员)、党代表张云逸(中共党员)率领下,在上蔡境内对奉军展开三次大的战役。由于李硕勋、张云逸作战不忘宣传发动群众,上蔡人民大力支援北伐军,不仅三大战役全面告捷,而且给上蔡播下了革命火种。上蔡进步青年王伯重,积极主动参加战斗,在北伐军二十五师七十四团任前线侦察组长。北伐军攻克郑汴后,王伯重受北伐军委托,出任郾城县国民党党部常务委员,兼任上蔡学生队队长。1927 年 11 月,王伯重回到上蔡,继续革命宣传活动,逐步把上蔡人民冲击封建势力的热情,引向无产阶级革命的轨道。1929 年初,王伯重、寇文谟、张吟唐三人加入中国共产党,并建立

了上蔡第一个党支部——中共上蔡县城关支部。在白色恐怖中,党支部积极进行反帝、反封建的宣传,利用群众组织"灶爷会",以罢工、罢市形式进行抗税斗争,迫使国民党县政府不得不在征收苛捐杂税方面让步。

1937年七七事变后,洙湖乡南王庄农民张振清,在确山竹沟受到革命思想影响,回乡后组织农民起义军,提出"打富济贫,抗日救国"的口号。义军威震洪河两岸,月余时间,发展到3 000多人,筹集枪支400多支。在上蔡农民革命运动史上写下了光辉的一页。

1944年,上蔡沦陷。新四军独立旅第五大队军人高培显(上蔡邵店镇高庄人)奉命率320余人回蔡,在杨屯乡陈法寨建立根据地。从5月至12月先后8次袭击出城骚扰的小股日伪军及县城周围据点,狠狠打击了日伪军的嚣张气焰,大大鼓舞了上蔡人民的抗日斗志。

1945年5月,以史彭村为中心的一带群众,在中共"鄢(城)上(蔡)西(平)"县委和抗日民主政府的领导下,一面开展赎地斗争,一面配合新四军抗击日伪顽军,先后参与大小战斗10余次,沉重地打击了日伪军。

(六)

上蔡人民在长期的封建统治者的压榨和历代无休止的兵燹匪盗的骚扰下,饱受贫困离乱之苦。据文献记载,明崇祯六年(1633年)到十六年(1643年),仅10年间,竟有大的战乱11次。尤其是民国年间,更是兵连祸结,加之多如牛毛的苛捐杂税的搜刮,致使上蔡百业凋零,经济贫困,民不聊生。广大劳苦大众衣不遮体,食不果腹。一遇灾年,十有六七离乡背井,逃荒要饭,经济发展严重停滞。中华人民共和国成立后,在中国共产党的领导下,经过70余年的艰苦奋斗,经济发展取得了历史上从未有过的伟大成就。

上蔡县国民经济的发展,经历了一个曲折过程:三年恢复时期,工农业总产值增长较快,年平均增速为9.6%。"二五"期间,由于"大跃进"和"五风"的影响,生产元气大伤,1959年后,工农业产值以3.4%的速度递减。三年调整时期,工农业生产恢复较快,年总产值

平均递增10%。"文化大革命"时期,全县人民排除干扰抓经济,工农业生产仍然得到较快发展。"三五"期间工农业总产值年平均递增率达到13.6%。"四五"期间,由于1975年8月特大洪水灾害的袭击,农业遭到毁灭性破坏,致使产值年平均递减了5.2%。党的十一届三中全会后,把工作重点转移到经济建设上来,从农村到城镇逐步推行了经济体制改革,工农业生产蓬勃发展。党的十八大以来,县委、县政府带领全县人民全面贯彻落实习近平新时代中国特色社会主义思想,深入贯彻新发展理念,统筹做好稳增长、促改革、调结构、惠民生、防风险、保稳定各项工作,使全县经济始终保持稳健运行的态势,经济效益和民生水平持续提高。2018年,全县工农业总产值达到2 407 290万元,比1950年的3 340万元增长728倍,其中,工业总产值793 984万元,比1950年的5万元增长158 756倍;农业总产值417 956万元,比1950年的3 335万元增长125倍。社会商品零售总额1 042 124万元,比1950年的1 061万元增长982倍。财政一般预算收入8.03亿元,比1950年的489万元增长167倍多。

随着国民经济的发展,人民群众的物质生活水平也不断得到提高。2018年,全县居民人均可支配收入由中华人民共和国成立之初的180~240元增加到16 493元,居民储蓄余额由1950年的0.2万元增长到3 043 880万元。全县广大农民不仅实现了"两不愁三保障",而且基本实现了小康目标,群众的获得感、幸福感、安全感、自豪感是任何历史时期都不可比拟的。

(七)

中华人民共和国成立70余年来,上蔡县教育、文化、卫生等事业也得到快速发展。

教育事业实现历史性跨越。中华人民共和国成立前,上蔡教育十分落后。据资料记载,1936年全县在校学生7 009名,仅占应入学适龄儿童、青少年的百分之十几。1949年,适龄儿童75 340人,在校仅3 600人,占4.77%。1949年后学校教育发展很快,特别是中共十一届三中全会以来,上蔡县认真实施"科教兴蔡"战略,使教育事业得

到迅速发展。到 2018 年,全县共有各级各类学校 662 所(含幼儿园),教职工 16 474 人,在校学生 262 515 人。全县小学巩固率 95%,初中巩固率 92%,高中教学质量在全市居领先地位,先后荣获"全国教育工作先进县""河南省扫除文盲及农村成人教育工作先进县"。

卫生事业长足发展。中华人民共和国成立前,上蔡卫生医疗条件十分落后。国民党统治时期,上蔡 60 万人民仅有卫生院 1 所,内有医师、助产士、药剂员各 1 人,护士 2 人。除城镇有较大的中药店铺外,民间只有为数不多的半农半医的中医。人民缺医少药,加之生活艰辛,平均寿命只有 30 多岁。中华人民共和国成立后,特别是改革开放和党的十八大以来,随着医疗体制改革的不断深入,上蔡县逐步建立完善了县、乡、村三级医疗卫生体系,健全了县、乡、村三级疾病防控网。实现了"新农合"全覆盖。到 2018 年,全县卫健系统在编人员 3 370 人,其中正高级职称 17 人,副高级职称 119 人,中级职称 473人。全县共有执业医师 947 人,执业助理医师 805 人,注册护士 1 677人,设立病床 4 314 张。带之而来的是:烈性传染病绝迹,其他传染病发病率下降,地方性疾病得到控制,人民群众基本医疗得到有效保障,健康水平大幅度提高。

文化事业蓬勃发展。党的十一届三中全会后,上蔡文化事业步入健康发展时期。2004 年各乡镇开始建立综合文化站,在行政村建起了文化大院。2006 年起先后实施了文化信息资源共享工程、农家书屋工程、舞台艺术送农民工程,进一步丰富了农民群众的文化生活。党的十八大以来,为开发上蔡文化资源,围绕重点打造重阳文化、李斯文化、蔡氏文化、伏羲文化、孔子文化为代表的古蔡文化品牌,扩大对外宣传和文化交流,不断提高上蔡的知名度和美誉度。一是打造开发了重阳文化品牌,除已连续 16 年举办重阳节庆祝活动外,2017 年编制完成了《上蔡县重阳文化旅游产业园总体规划》,并通过专家评审。二是打造开发了"千古一相"李斯文化品牌。2014 年河南中领置业有限公司投资 3.5 亿元,在县城颓败的李斯坑前,建起了一条具有现代风格、充满文化气息的李斯商业步行街。2018 年 5 月 11日举行了"李斯文化展馆挂牌揭红开馆庆典仪式",从此形成了一个以文化搭台、经贸唱戏,进行爱国主义教育的新型基地。

　　社会保障体系逐步完善。改革开放以来，上蔡县在建立和完善社会保障体系中进行了大胆探索，先后有 20 项成果在全省、全市推广。1994 年、1997 年、2002 年连续三次被评为全国民政工作先进县。2012 年被人力资源和社会保障部授予全国民政系统先进集体。

　　城乡建设日新月异。党的十八大以来，上蔡县坚持以新型城镇化带动美丽乡村建设，逐步加大了基础设施建设和旧城改造力度，城乡面貌发生了巨大变化。县城建成区面积从 1978 年的 4.81 平方千米增至 2018 年的 39 平方千米。2002—2018 年的 16 年间，累计投入 33.6 亿元，新建和拓宽主次干道 14 条 23.06 千米，2018 年完成了全长 30 千米的四环合围，建成已成规模的公园 30 处，总面积 188.62 万平方米。公园绿地服务半径覆盖率达到 79%，道路绿化普及率达到 97%。一个宜居宜业宜游的新上蔡已初露峥嵘。先后荣获"省级卫生县城""省级文明县城""省级园林县城"称号，并顺利通过国家森林城市创建验收和批复。

　　"三大攻坚战"全面打响并扎实推进。污染防治攻坚战已见成效，脱贫攻坚战取得决定性成效。2016—2018 年，全县实现 106 个贫困村、17 764 户 62 010 人脱贫出列。其中，2018 年实现脱贫 6 205 户 22 184 人，出列贫困村 52 个。荣获"全国脱贫攻坚组织创新奖"。

　　回首百年，旷世巨变。上蔡老区人民同全国人民一样，在中国共产党领导下，经过战争年代的浴血奋战和中华人民共和国建立 70 余年来艰苦创业的壮丽征程，终于实现了从站起来、富起来到强起来的宏伟夙愿，谱写出举世瞩目的绚丽华章。

　　展望未来，前程似锦。上蔡老区人民决心以习近平新时代中国特色社会主义思想为指导，努力奋斗新时代，续写更加辉煌的新篇章。

第一章
星火燎原

1840年鸦片战争以后,由于西方列强的入侵,中国由封建社会逐步变成半殖民地半封建社会。1911年,孙中山领导的辛亥革命推翻清王朝,结束了延续两千多年的封建帝制,但辛亥革命胜利的果实却被北洋军阀窃取。自此,中国人民遭受着帝国主义、封建主义、官僚资本主义三座大山的多重压迫。直到1921年中国共产党诞生,中国革命的面貌焕然一新。上蔡人民在中国共产党的领导下,投入了新民主主义革命的洪流。

第一节 上蔡人民自发的反封建反压迫斗争

民国期间匪患滋乱,民不聊生。二十世纪二三十年代,新旧军阀多年混战,中国政局动荡,溃兵多持枪返家,结伙抢劫,故各地土匪蜂起。人们称土匪为"老汤",土匪自称为"拉杆"。他们多以抢掠人民财物为目的,不分贫富均是抢掠对象,上蔡县这一时期的土匪十分猖獗,不分昼夜,且杀人放火,奸淫掳掠,无恶不作,人民大众深受其害。如大杆匪党店的赵圭,从者近万;党店郁王村的张浩然,率众数百。外地窜来的大杆匪如陈树基、路老九等各聚众数千,先后从上蔡过境,见人就拉,见细软衣物就抢,见牲畜就牵,所到之处鸡犬不宁。

封建土地制度是地主阶级统治和压迫劳动人民的基础。辛亥革命前后,上蔡的土豪劣绅、地主富农占全县人口不足10%,但他们却占有全县土地面积的80%以上,广大农民的土地面积不足全县土地面积的20%。新中国建立前,上蔡县拥有10顷以上耕地的大地主有8家。城内任天章拥有耕地80顷,杨泽亭20顷,洙湖陈希花24顷,五龙陈子顺、陈子恒各拥有 20 顷,塔桥李东荣 12 顷。多数农民是佃农、雇农,终年给地主、富农扛长工或打短工。地主恶霸利用所掌握的土地,对农民进行残酷剥削,主要形式有地租、放高利贷、劳役、长短工等。地租是地主剥削农民的主要形式。租地农民一般要向地主交纳粮食产量的 60% ~ 70%,有的租资高达 80%。不论年景好坏,收成如何,佃农都必须按数完租。否则,地主就强行索租或退佃。更甚者是"活租",地主根据庄稼长势,可以任意加租。这样丰年租加重,歉年租不减,使得农民辛苦一年,所得无几,甚至收成还不够交租。往往逼得贫苦农民倾家荡产,卖儿卖女,逃荒要饭。放高利贷是地主剥削农民的又一主要形式。残酷的经济剥削使贫雇农常常处于极度贫困状态。农民为维持生计,就不得不向地主豪绅借高利贷。高利贷分货币和实物两种形式。货币高利贷一般利息为 15% ~ 30% 不等,到期不还,利上加利,俗称"驴打滚"。实物高利贷多发生在春季青黄不接时期。春荒时借 1 斗小麦,麦收后还 2 斗小麦,若借 1 斗杂粮,麦收后还 1 斗小麦。如果春借冬还,多是借 1 还 3。在封建地租和高利贷的盘剥下,许多农民失去土地、农具等生产资料和生活费用来源,进而沦为雇农,只有靠出卖自己的劳动力给地主打工来养家糊口。农民除受到地主的残酷剥削外,还要承担沉重的税赋。北洋军阀统治时期,各种捐税多如牛毛,仅有名目的就达四十余种。地主阶级的残酷剥削、反动政府的苛捐杂税和土豪劣绅的压榨勒索,使上蔡广大民众终日辛苦,不得温饱。许多贫苦农民地无一垄,房无一间,食不果腹,衣不遮体,一家人同穿一条裤子并不罕见,贫困至极。加上自然灾害,农民更苦不堪言,仅民国期间,上蔡县较大水旱灾害就达 15 次之多。

一、自发的农民运动

帝国主义的掠夺,军阀政府的压迫,地主豪绅的盘剥,长期的匪患,农民被逼得走投无路,纷纷揭竿而起,掀起反封建反压迫和抗击土匪的斗争。清末,上蔡人民与太平天国的队伍并肩作战。在黄泥桥与蔡沟寨主刘祝山的数千地主武装展开激战,取得大胜。1908 年弥陀会首领姜本阳,借名行医,组织反清武装。民国初年,一种以练

武抗匪御匪为目的的农民结社组织,在北方各省出现。于是上蔡"红枪会""绿枪会"等应运而生。"红枪会"盛行于上蔡齐海、塔桥、林堂一带,首领为文明寨(白圭庙)吴廷弼。一遇匪警,听号声群起抗争,保家护村。吴廷弼曾率"红枪会"到党店至蔡沟中间地带清剿郁王村张浩然带领的杆匪,杀匪百余人。后率众万余人,抗拒豫西杆匪。"绿枪会"在党店、高岳,缉获首匪9人,砍头示众,匪气一时为之震慑。但是,农民群众的这些斗争,由于没有正确的指导思想和长远的行动方针,再加上思想境界不高,斗争方式简单,缺乏正确的领导,所以虽然无数次奋起抗争,但终未能摆脱受奴役、受压迫的命运。

二、激昂的学生运动

1919年1月,巴黎和谈会议上中国外交的失败,激起了全国人民的强烈愤怒。1919年5月4日,北京十几所学校的3 000名学生在天安门前集会,提出"外争国权、内惩国贼""拒绝合约签字""还我青岛,保我主权"等口号,一致要求严惩卖国贼曹汝霖、陆宗舆、章宗祥。游行群众包围并火烧了卖国贼曹汝霖的住宅,北洋军阀政府出动大批军警镇压。为抗议反动军警暴行,北京学生举行罢课,并通电全国,得到各地学生热烈响应。上蔡蔡沟青年学生陈鸿盘、刘永名等在大街上首次贴出"打倒列强,废除不平等条约""禁止鸦片,强国富民""缠脚是妇女的终身痛苦,禁止妇女裹脚""捣碎神胎,破除迷信"等反帝反封建的标语口号。他们动员蔡沟二小的师生,将东岳庙、三官庙、火神庙的神胎全部拉倒打碎投入泥坑。旧势力的代表蔡沟寨长刘镌名对此举大为恼火,派武装将陈鸿盘抓到寨公所痛打一顿。县城学生赵德俊、任定青、翟益安等人对蔡沟事件闻讯后,一面进行声援,一面积极筹备组织宣传队,准备到蔡沟与刘镌名进行针锋相对的斗争。刘镌名得知这一消息后,恐慌不安,慌忙跑到陈鸿盘家赔礼道歉,并保证不再阻止学生的宣传活动。翌年,蔡沟二小师生又贴出反帝反封建的漫画和标语,并编写《她们的儿子死到巫婆手里》《东亚的睡狮醒了》《他们的田产老婆进了烟葫芦》《裹脚的痛苦》等10多个剧目,利用课余和星期日,在学校搭台公开演出。台上师生演得生动逼真,活灵活现,真切感人,台下群众听得如痴如醉,深受教育,不时爆

发出声声喝彩。广大妇女群众开始解裹放脚,一改千年的陈规陋习。

三、有识之士的"教育救国"之举

五四运动打破了思想沉闷的社会局面,广大人民在觉醒,特别是知识青年,他们渴望真理,寻求解放自我、拯救民族的道路。城关青年李华庵,早年习经学佛。1915 年 18 岁时,弃佛还俗决心走"教育救国"之路。当年考入开封师范讲习所,在校发愤图强,刻苦读书,以优异成绩毕业,回县担任县城南街张氏自立学校校长,治校有方,为上蔡县培养了一批青年学子,受到社会各界赞誉,后被任命为县群众教育馆副馆长,其事迹见《河南教育年鉴》。邵店青年任应麟,毕业于北京工业大学。在校就读期间,目睹军阀混战,帝国主义入侵,人民饱尝丧权辱国之苦,认为历史悠久、幅员辽阔、物产丰富的文明中国,沦为列强瓜分之困境,主要根源在于科学落后,教育不兴。因此,他立志走"教育救国"之路,毕业后就投身于教育事业,先在汝南、泌阳,后回上蔡中学任教,呕心沥血,培养出的教授、工程师等专家学者遍及祖国各地,成了一名深受人民尊重、爱戴的优秀教育工作者。洙湖青年田叔民,在河南省开封一中上学期间,有机会阅读到《新青年》《向导周报》等革命刊物,开阔了眼界。立志刻苦攻读,以运用知识匡世救国,实现改变中国贫穷落后面貌的夙愿,因其品学兼优,被推荐到法国布洛涅—比扬古勤工俭学。布洛涅—比扬古是周恩来在法革命活动的地方,这里有不少共产党员和共青团员。在这里他认识到只有中国共产党才能救中国,因而毅然担负起中共当时在比扬古创办的《赤光报》编辑和印刷主任的工作,后来由中共比扬古支部书记谢青介绍加入中国共产党,成为上蔡县人加入共产党最早之士。毕业归国后,田叔民满腔热忱,躬身教育,培养救世人才,后成为卓有声望的学者、著名的园艺学家。

第二节　北伐革命军给上蔡播下革命火种

一、北伐革命军上蔡之战

一期北伐结束后,奉系军阀张作霖占领北京,企图由河南进窥武汉,伺机破坏国民革命。为最后打垮北洋军阀政府,武汉国民政府决定继续北伐,史称"二期北伐"。1927 年 4 月,武汉国民政府在武昌召开了北伐誓师大会。这时,由中国共产党人领导的确山暴动成功,5 月中旬二期北伐参战各军迅速集结在驻马店一带待命。5 月 13 日,总指挥唐生智在驻马店下达总攻击令。命令第一纵队司令张发奎(辖第四军、第十一军及贺龙独立第十五师),担任京汉铁路以东地区的作战任务,进攻目标经上蔡,直取开封。前沿阵地在西平、上蔡一带。张发奎遂命令一纵黄琪翔第十二师、朱晖日第二十五师、蔡廷锴第十师由汝南北攻上蔡。次日,上蔡县境内战斗打响。

(一)蔡埠口之战

1927 年 5 月 14 日,北伐革命军第一纵三个师由汝南楚铺、高井等地出发,北攻上蔡。第二十五师在师长朱晖日、政治部主任李硕勋、党代表张云逸的率领下到达蔡埠口后,即令骑兵团到蔡埠口东北一带搜索。午后 3 时,在蔡埠口东北五六千米之高地上发现奉军约 2千余众,正在该处高地卧龙岗一带构筑工事。骑兵团长崔华立即下令向奉军攻击,第二十五师之第七十四团随即增援。奉军占据高地,拼命抵抗,革命军奋勇攻击。激战数时,奉军纷纷向上蔡城方向溃逃,革命军随即占领高地卧龙岗。当时第十二师之第三十五团亦至,共同追敌至上蔡城郊。奉军退至城墙下,又借工事和城内炮火之掩护,继续顽抗。蔡埠口之战,骑兵团团长崔华腿部受伤,死伤官兵 20余人。第七十四团团长张驰腿部受轻伤,官兵死伤百余。当日晚,纵队司令部决定,15 日拂晓开始攻击。

(二)东、西洪桥阻击战

5 月 15 日,上蔡西门外与革命军第二十五师对峙之奉军,拂晓增

加兵力,约3团之众,计有大炮6门,迫击炮20余门。自晨6时向革命军第二十五师反攻,激战至上午7时许,被革命军击溃。奉军一部分向东洪桥退却,大部分退却不及,逃入城内。与此同时,革命军第十师急赴东、北门堵敌。5月16日,一场激烈的阻击战在东洪桥、西洪桥先后展开。东、西洪桥是城北洪河上的交通要塞,控制它不仅可以困死逃进县城的富双英部,而且可以为北伐军继续北上打通通道。因此,争夺东、西洪桥成了上蔡战斗最迫切的任务。

奉军第十一军为解富旅之围,于16日10时派第四十六旅,自商水向东洪桥进攻,下午2时又加派第六旅向西洪桥进攻。上蔡城内富双英部也拼命反攻,形成了包围与反包围态势。革命军第一纵分城关和东、西洪桥三处作战,机动兵力部署在城北十里铺,居间策应,激战至夜晚。革命军始终坚守阵地,直至天亮,又反守为攻。

5月17日晨,战斗仍处于胶着状态,革命军又增派第三十六团、第七十三团援助东、西洪桥。第七十三团原为叶挺独立团,是有名的"铁军"。团长周士第及下层军官多为共产党员、共青团员,接受出击西洪桥的战斗任务后,拂晓,全团2 000余人开赴西洪桥,投入战斗。第二十五师政治部主任李硕勋、党代表张云逸亲赴前线,身先士卒,他们和部队中许多共产党员、共青团员一道,不顾敌人的猛烈炮火,奋勇杀敌。8时许,奉军第六旅全线溃散,向华陂方向逃窜。途中又被当地红枪会首领张猛虎率部截击,该旅基本被歼。东洪桥方面之敌,为奉军第十一军第四十六旅。革命军第三十团、第四工兵营、第十一军炮兵营参战。该处有土寨一座,奉军凭据之。但革命军履险如夷,奉军弃寨而逃。水寨(东、西洪桥之间)方面,奉军正搭桥渡河,被革命军第三十六团第二营梁秉枢迎头痛击,奉军大溃。革命军乘胜追击,到下午5时,完全占领了华陂至扶台集一线,溃散之奉军向商水逃窜。当日,李硕勋在致武汉中央日报社的电报中评价这次战役说:"我军自与敌方接触以来,连日围汝南、克西平,今日大败奉军于上蔡,植二次北伐胜利之基"。"第一次战争,敌至此巨创,心胆俱裂,不日大军长驱颍上,指日可达汴郑"。

(三)上蔡县城围攻战

5月中旬,奉军第十一军富双英旅退守上蔡县城,北伐革命军即

将县城包围起来,因城北阻击战吃紧,未对县城进攻,富旅也多次组织突围未成。当奉军三路援兵被打退后,北伐革命军立即展开攻城之战。经过激烈战斗,北伐革命军首先攻下城西北 200 米高的八卦台。至此,富双英看求援与突围无望,不得不派人向北伐革命军求和。双方通过谈判,富旅接受了北伐革命军提出的受降条件。按协议富双英被释放,其部改编为国民革命军第二十一师。

上蔡战役共毙伤奉军 6 000 多人,缴械投降 2 000 多人,缴获长短枪 3 000 多支,机枪数十挺,火炮、迫击炮 10 余门,战马数十匹。然而第二十五师也付出了沉重的代价,死伤官兵 1 000 多人,1 名团党代表和 2 名营长及一批党团骨干,血染古蔡大地。此役在北伐战争的历史上有着深刻的影响。北伐革命军当时在战报总结中说:"此役我们的牺牲很大,然而在政治上之影响更巨! 此役为我军所击溃之敌,为奉军第十一军等,不但在奉军内,为最精锐之师,在北方亦号称常胜将军;我今将其击破,这就给奉军一个下马威,使其士气溃散,闻风丧胆,而且这个胜利,可以给后方反动派一个沉重打击,使其不敢蠢动。至于民众方面,更因此而认识了革命军。"上蔡战役的胜利加快了第二次北伐的胜利进程,在北伐战争的历史上写下了光辉的一页。

二、上蔡人民大力支援北伐

北伐革命军进入上蔡后,上蔡人民热情款待北伐革命军,踊跃支援北伐革命战争。每到一处,附近村落农民均以清水泼洒尘土,陈列茶粥恭候。沿街贴满"欢迎革命军救民于水火""欢迎国民革命军"等标语口号。战前许多青壮年主动帮助侦察敌情,传送情报;进入阵地后,农民担茶水、面条、大饼等食品,阵前慰劳官兵;战斗打响后,许多农民冒着枪林弹雨,参与送弹药和救护伤员的工作。北伐军伤员皆由农民送往后方医院,或安排在自己家中救治。寇文谟、王伯重等进步知识分子踊跃参与作战,王伯重担任北伐军前线侦察组长,舍生忘死,多次完成侦察任务。寇文谟积极参与运送伤员和掩埋阵亡将士的工作。

上蔡人民视北伐军如亲人。埋葬北伐军阵亡将士时,群众像殡葬亲人一样隆重,各庄宰杀猪羊,率男女老幼,捧香祭奠,并倡议立祠

堂,永志祭奠。西洪乡水寨村四面环水,为避匪最好之寨,过去附近各土寨皆被土匪攻破,唯此寨未曾遭劫。故所有东洪桥以北村落,为怕奉军抢掠,皆带其财产扶老携幼聚集于此。不料奉军竟于5月16日上午占据此寨。北伐革命军将其击退,人民得免其害,当地群众无不感激泪下。水寨群众,于5月20日杀猪宰羊备香烛,沉痛悼念北伐革命军阵亡战士,无论男女老幼,皆持香到场参拜,祭毕,将牌位送至庙中寄放,供日后祭祀缅怀。

三、北伐革命军给上蔡播下革命火种

上蔡战役激战期间,担任革命军政治工作的共产党员李硕勋、张云逸等,也没有放松对当地人民的宣传发动和对官兵严守军纪教育,"每日派数十名宣传员,前往附近各村从事宣传"工作,卓有成效的革命政治宣传,不仅唤起当地广大民众对北伐战争的理解和支持,而且也对上蔡县国民大革命以极大推动。5月30日,上蔡县举行纪念五卅运动及庆祝上蔡战役胜利大会,国民革命军政治代表李硕勋和张云逸及地方各界代表数千人到会,各界代表发表热情洋溢的讲话,会议由北伐革命军第二十五师政治部主任李硕勋主持,他首先宣布开会理由,详述五卅运动纪念意义,及军民联合之必要。会场气氛热烈,军民关系融洽,是上蔡县一次民主主义革命的动员大会。另外,为推动革命形势发展,北伐革命军政治部在西平县城东关福音堂开办农民运动训练班,由共产党员彭德沈以战区农民运动委员会特派员身份举办,重点培养了西平、上蔡、汝南、遂平等县农民骨干和青年学生,训练班学习的主要内容是,为什么要打倒军阀?为什么要打倒帝国主义?为什么要打倒土豪劣绅?参加者有150人。当时,北伐革命军,还分别在各县开办农训班,据当时武汉《民国日报》报道,参加农民运动训练班的有:汝南60人,确山60人,上蔡60人。这些训练班的受训者,大多成为以后中共党组织的骨干力量。经过政治、军事训练后的人员回到本县,积极组织农民协会,改造"红枪会",打击危害农民群众的反动势力。北伐革命军在驻地区,为加强对妇女工作的领导,宣传、组织广大妇女支前,在驻马店、上蔡等县镇均建立妇女协会,发动妇女走出家门,开展抗粮抗捐、反对军阀、保护妇女权益的斗争。

四、上蔡县学生队的成立和新思想的传播

1927 年 5 月中旬北伐军攻克郑汴后,王伯重受北伐军委托,出任郾城县国民党党部常务委员兼任上蔡县学生队队长。同年 11 月,王伯重回到上蔡,继续进行革命宣传活动,组织学生维护社会秩序,打击土豪劣绅,声势日渐壮大。上蔡县各中学、职业学校和师范讲习所的学生,以及从外地回到上蔡的进步学生纷纷参加。上蔡县学生队迅速扩大到两个分队,共 100 多人。一队由王伯重任队长,另一队由黄埔军校三期学员顾丙信任队长。学生队的革命活动得到群众的普遍拥护和支持。一些有枪的学生家长让学生带枪参加学生队,一些无枪的学生家长也从亲戚家借来枪支让孩子参加学生队,部分群众把北伐时从打垮的奉军手里缴来的枪支、弹药捐给了学生队。一时间,上蔡学生队成了一支让土豪劣绅闻之丧胆的革命武装队伍。

1928 年春,在上蔡东关五岳庙古会上,王伯重利用会大人多的有利时机登台演讲,慷慨陈词,向群众宣传革命道理,提出"打倒土豪劣绅,取消苛捐杂税"等口号。此后不久,学生队逮捕了上蔡城北街劣绅盖景州,囚禁十余日,沉重打击了反动派的嚣张气焰,吓得城内官绅纷纷逃跑。在春节南关集上,国民党县税务局税收人员为了发财,巧立名目,乱收捐税,引起了公愤。学生队闻知后,在南关集上痛打了税收人员甘某,赶集的群众一致叫好。学生队的义举振奋了群众情绪,维护了群众利益,威慑了不法收税人员。该年,税收人员不敢再向商贩和做买卖的群众无理收税,集市秩序得以安定。5 月份、6 月份,陕西的军阀队伍开临上蔡地盘搜刮老百姓,学生队奋起自卫,与县政府成立的自卫队一起,守护城池,不但使陕军不能入城,而且在一天夜里还出城抓获了两个陕兵,把他们囚禁在西书院(原县政府所在地)中,后来以其夺枪逃跑罪击毙 1 人。慑于具有较好群众基础的学生队的声威,陕军自觉上蔡不是其久留之地,不久便悄然遁去。

学生队除开展对群众宣传"世界上没有什么救世主,要翻身全靠我们自己"的道理外,还积极开展伐神等破除封建迷信活动。王伯重带领学生队筹划捣庙伐神,计划为学龄儿童创办学校。一些土豪劣绅,听说学生队要伐城隍庙的神像时,唆使 300 多"斋公"日夜守卫在

城隍庙。然而,学生队还是在一天凌晨,突然越墙跳进庙内,并连放数枪,枪声一响,吓得"斋公们"不知所措,学生队趁此机会,迅速把所有的神像伐尽。学生队伐神举动,很快波及全县,各乡镇青年学生也纷纷效仿,利用庙宇办起学校,使庙宇成了传播文化知识和先进思想的场所。

第三节　中共上蔡县党组织的早期革命活动

一、上蔡县共青团组织的建立和发展

1929 年 2 月,中共西平县党组织派于士箴来上蔡,以在上蔡城关第一小学任教为掩护,进行上蔡县青年团的组建和发展工作。于士箴,原名于敏知,别名于息尘,西平县出山乡人,时年 30 来岁。他认真教学,一丝不苟。所授语文课教学质量高,受到学校师生和社会各界的普遍赞誉,不久便担任了丁班的班主任,为他接触和号召学生提供了良好条件。于士箴除完成教学任务外,借为学生释疑之机,讲解国内外形势,宣传"只有打倒军阀,打倒反动派,打倒贪官污吏,穷人才能翻身得解放""共产党才是咱穷人的党,只有跟着共产党闹革命,才能取得胜利"等革命道理。在他的教育和引导下,一部分学生的思想觉悟有了很大提高。是年秋,于士箴在上蔡城关一小发展了上蔡县第一批共青团员。加入共青团的有潘泉清、张修范、翟炳仁、李超凡(寇英)、李应官、张国俊、马成骧、张静澜、万寿山、孙永宽、王安民、李喜春、赵金亭、陈梅(女)、张树桐等人。在城西程家祠堂举行入团仪式后,随即选举产生了团的支部。于士箴任支部书记,潘泉清任组织委员,赵金亭任宣传委员。共青团上蔡县支部正式建立。

为配合革命斗争需要,扩大党的影响,于士箴利用共青团组织,指派进步学生夜晚到街上贴标语,发传单,还组织学生秘密刻印《鸭绿江》《悲哀的中国》《少年漂泊者》等进步书刊,其中印刷散发最多,影响较大的是小册子现代诗篇《悲哀的中国》。它以诗歌的形式揭露国民党政府的反动本质和当时社会的黑暗腐败。全书共 23 篇,后边还附一张《国耻表》。《国耻表》记述了五卅惨案后的重大国耻事件。

不久,于士箴调回西平,任县第一小学校长。中共西平县党组织指派于士箴、董一堂在西平县立一小以举办暑期学习班为名,培训西平、上蔡的团员。上蔡县当时参加的有:翟炳仁、赵金亭、王安民、李喜春、张静澜、张树桐、李超凡、马成骧、李应官等人。学习班结业回来后,张修范、赵金亭、潘泉清等人被发展为共产党员。

二、第一个中共上蔡党支部的建立

1929年初,受中共西平县出山区委派遣,共产党员贾德言(后任中共西平县城关支部书记)来上蔡县从事建党工作。贾德言通过与进步青年王伯重的亲戚关系,找到寇文谟。贾向寇分析了当时形势,讲解说明共产党的政治主张,指出只有共产党才能领导劳苦大众翻身求解放的革命道理。寇文谟是上蔡县较早具有进步思想的优秀青年,立即接受共产党的主张,表示愿意跟共产党走,决心为党的事业而奋斗。3月26日,在北街张吟塘家里,由贾德言主持,剪纸为旗,寇文谟、王伯重、张吟塘三人宣誓加入中国共产党,并建立了上蔡县第一个党支部——中共上蔡县城关支部(见图1-1)。经组织分工,寇文谟任支部书记,王伯重任组织委员,张吟塘任宣传委员。4月,在豫南建立了信阳中心县委,贾子郁任书记,上蔡、汝南、西平、遂平等属信阳中心县委领导。次年7月,中共西平县委在西平县县立第一小学以

图1-1　上蔡县第一个党支部诞生地

举办学生学习班为掩护,对进步青年进行中共党史和马列主义基础理论教育。上蔡的李超凡、张树桐、张修范、赵金亭等10余人参加了学习,为上蔡党组织的进一步巩固和发展奠定了基础。到7月底,上蔡县已发展中共党员10人。10月,中共豫南特委派董一堂来上蔡了解党组织活动情况,布置党组织开展武装斗争和配合豫南工农革命军(后称工农红军)进漯河等工作。在城西玩河楼召开会议时,因不慎失密,董一堂、潘泉清、张修范等被国民党上蔡县党部逮捕。后潘泉清、张修范被保出狱,董一堂被送往信阳高等法院受审。上蔡县党的组织遭受第一次破坏。

三、上蔡县党组织的重建和发展

1931年秋,中共遂平县委委员李谟斋、刘介宇,中共张店区委委员李炳礼到上蔡,在傅庄(今属无量寺乡)学校召开会议,经共产党员吴治国、吴平治介绍,傅学曾、张子谦、贾保玉加入中国共产党,建立了中共傅庄支部,傅学曾任支部书记,隶属中共遂平县委领导,先后发展党员7人。党支部组织党员发动群众,多次到县城张贴标语,散发传单,提出"铲除贪官污吏,打倒土豪劣绅"等口号。同时,积极带领群众开展反压迫反饥饿斗争。是年秋季,当地遭受水灾,农作物几乎绝收,大部分群众生活难以维持,只好外出逃荒。而邻近村的几户大地主,为富不仁,囤粮不借。为解决群众疾苦,支部书记傅学曾决定发动群众"吃大户"。于是组织动员党员和骨干青年傅四林、傅新安、贾保玉、李凤彩、赵开邦、赵清运等十多人,到重渠、二郎抢恶霸地主粮食7 000多斤,分给农民,使村民们度过了灾荒。

随着傅庄党支部党员人数的增加,为便于开展工作,同年,经遂平县委同意,在七块店(今属无量寺乡)建立中共七块店支部,张子谦任支部书记。七块店党支部成立后,先后发展党员9人,并组织发展20多人的农民英雄队,开展秋收斗争。队长王德功率领英雄队打富济贫,打死了反动地主王六,并缴获了国民党上蔡县政府民团团长张松岩的马车和牲口。

1932年4月,中共遂平县委派李谟斋、刘介宇、李炳礼、李恒洲到无量寺傅庄学校,发展刘玉清等4人为中共党员,建立中共竹园张支

部,刘玉清任支部书记。是年,党组织迅速壮大,先后发展党员31人,革命斗争日趋高涨,中共豫南特委(前期称信阳中心县委)派王铎来上蔡指导工作。王伯重因会医术,易于接近当地上层人士,分工做统战工作。在工作中,王伯重接触了杜祥甫、李建中等国民党上蔡县党部和政府中的部分人士,与他们谈思想、论时势,为发展统一战线做了许多基础工作。城关行业工人在党的领导下,挫败了县参议员刘鹤龄企图组建黄色行业工会的阴谋。同年因中共豫南特委遭到破坏,11月,上蔡和西平、遂平、舞阳四县党组织,在遂平张店召开联席会议,上蔡县李建民等到会,鉴于四县党组织同上级党组织失去联系,会议决定,适时召开四县联席会议,建立统一的领导机关,继续领导工人罢工、学生罢课、农民抗租等斗争,并分头找上级党组织接关系,尽快互通情报。

1933年春,由中共遂平县委负责人孟兆彦在遂平城西大石桥药铺主持会议,决定成立上蔡区委,辖上蔡县傅庄、七块店、竹园张和西平县郭草楼4个党支部,由傅学曾主持区委工作。同年夏,地下党员张树桐、李超凡、赵洪钧、万寿恒从汝南第二职业学校毕业回上蔡,建立中共上蔡城关北街党支部,张树桐任支部书记。后由李超凡、赵洪钧介绍,齐海乡赵振坤加入中国共产党,并成立中共上蔡县赵庄支部(见图1-2),赵振坤任支部书记,隶属于中共西平县委。接着,赵振坤发展李运良、苏贵良等多人入党。党支部发动贫苦农民组织"鞭杆队"散发传单、割电线、"贴条子"。与地主恶霸保长刘元臣斗争中,"鞭杆队"在烧毁其部分房屋,毁掉其部分麦田后,在其门上贴条子,勒令其不准借故欺压百姓,停止作恶,如有违抗,严惩不贷,吓得刘元臣惊慌失措。7月,中共河南省委为加强对豫中工作的领导,在漯河中川街10号建立中共豫中中心县委,领导平汉路东的上蔡、西华和路西的舞阳及西平、遂平等县党的工作。因此,隶属于中共遂平县委、以傅学曾为书记的中共上蔡区委工作停止。8月,中共上蔡区委重建,负责人李超凡,区委改属于中共豫中中心县委。同时,上蔡党组织领导市民、店员、厨工等各界群众,同上蔡县国民党县政府巧立名目增加税收的阴谋,进行针锋相对的斗争,最终取得了胜利。

图1-2　中共上蔡县赵庄支部旧址

　　1934年5月,李超凡任中共豫中中心县委组织部长,9月底李超凡升任中共豫中中心县委书记。11月,李超凡在赴省汇报工作途中失踪,中共上蔡区委组织也停止活动。同时国民党河南省政府派骑兵13旅到确山,配合地方反动武装大规模围剿共产党人。由于叛徒出卖,确山党的组织遭到很大破坏,全县被捕的党员和无辜群众达数百人。为了保存力量,确山县地下党负责人张立山举家迁至上蔡东门里隐居。不久城关支部书记寇文谟与其取得联系,张立山在寇文谟的帮助下,以卖酒、教书为掩护,在上蔡从事共产党的地下活动。

　　1935年3月初,中共豫中中心县委宣传委员马生和中共遂平县委交通联络员刘国振先后叛变,带领遂平、西平两县国民党党部人员到上蔡,伙同国民党上蔡县党部,搜捕共产党员。3月19日,将寇文谟、张吟塘、张修范、赵振坤、王清轩、翟炳仁、张国俊、朱晶莹等15人逮捕。王伯重闻讯逃脱,与组织失去联系,上蔡县党组织再次遭受破坏,党的活动转入低潮。同年6月,寇文谟以共产党嫌疑犯在狱中囚禁3个月,经数次审问,没有吐露党的任何机密。国民党上蔡县党部,因抓不住任何证据,且寇文谟又有县民团传达长、城关镇联队副的现

职身份,只好将寇文谟放出,寇文谟看到十几位同志蹲在狱中,心里焦虑不安,为便于进行狱中斗争,他主动要求留狱中当看役,加强狱中斗争。后经过组织营救,不久,张吟塘等保释出狱。

第四节　共产党领导上蔡工商业者的抗税斗争

一、"灶爷会"罢市抗税

上蔡县城关饮食业的商贩为了维护其行业自身利益,自觉地组织起"灶爷会",每年农历八月初三起会,会期5天。全县饮食业商贩,从四面八方云集城关,四乡民众也趁此时机赶来,进行农副产品交易,饮食业生意兴隆,有了几天的好收益。中共上蔡县党组织负责人寇文谟、王伯重、张吟塘,以张金华主持的"灶爷会"为掩护,在会务筹划时参与其中,发动群众反抗国民党的反动政策,进行合法的革命活动,借以扩大共产党在群众中的影响。

1931年春,年迈体弱的张金华让其子张天祥代理"灶爷会"会首。是年7月,国民党县政府成立税务局,贴出告示,广征名目繁多的捐税,有落地税、印花税、屠宰税等等。落地税,即凡在城内推车的、挑担的、摆摊的商贩,车子、挑子、篮子一经着地,就得出钱;印花税,即卖饭碗上、纸烟篮上、馍筐上都得买贴印花纳税,如若抹掉,就得受罚;屠宰税,即使卖鸡鸭鹅兔的也不能幸免。对此,党组织派张吟塘,联系"灶爷会"会长张天祥,动员厨业工人停业罢市以示抗税。按照寇文谟、张吟塘的安排,张天祥召集会员20多人,筹划抗税斗争。会后,会员又分头串连,约了30多家饭馆和上百户贫苦市民,拥向税务局院内找局长说理。局长闻风丧胆,躲了起来。最后还是被人们从床底下拖了出来,拉到大街上游斗,围观群众前遮后拥。局长耍赖不走,人们就用抬筐把他抬到城西关外。国民党县政府惊恐万状,慌忙出动警察镇压,撵至西关,驱散人群,抓走了带头抗税的党三元、张群等4人。中共上蔡党组织一面设法营救被抓走的群众,一面发动"灶爷会"人员,四处串连,号召各行各业罢市。小商贩停业,大商号关门,饮食业全部停火。"灶爷会"还派人到四门向进城做生意的农民

讲国民党税收的厉害,动员不要进城买卖。这样一来,城内四街冷落,连个卖青菜、柴火的都没有。"灶爷会"又放出口信,"不把人放出来,我们就不复业"。城内居民连柴米油盐也买不到,引起社会混乱。国民党县长被闹得晕头转向,无可奈何,只好放出被捕群众。上蔡县人民取得了首次抗税罢市斗争的胜利。

二、"厨业工会"怒砸盐务局

1933年,"灶爷会"更名为"厨业工会"。反动政府当局巧立名目,强征苛捐杂税,设立商务会征收商捐、警捐等。开始,多数人不知道究竟是怎么回事,中共上蔡党组织及时授意"厨业工会",向厨业人员反复宣传,商捐是大商号的事,警捐也只是为养警察,保护其身家性命的,与我们穷商贩、手艺人有何相干?这是勒索钱财,中饱私囊。同时,还指出:自古以来,工是工,商是商,既不一行,也不一业。我们凭手艺糊口,他们靠资本赚钱。叫我们拿钱,明明是欺压老百姓。手工业者和小商贩,一致掀起了罢工罢市高潮,抵制商捐、警捐。饮食业停火,商店关门,大街小巷,一片萧条。当局束手无策,只好下令取消商捐、警捐。

1936年夏,国民党上蔡县政府在南关成立了盐务局,专收盐务税。当时食盐全靠手推车长途运输,群众吃盐比吃油还难。一收盐务税,盐价飞涨,饮食业经营成本骤增。平民百姓本来就吃盐困难,这样一来更吃不消了。为维护人民利益,共产党员寇文谟、张吟塘等同志走家串户,说明盐务税给饮食业带来的危机和给人民生活带来的灾难,使广大人民认识到国民党危害人民的本质,大家明白之后说:"什么盐务局,分明就是阎王税嘛!照此下去哪还有咱穷人的活路!""厨业工会"人员带领群众一起到盐务局找局长讲理。局长见众怒难犯,躲藏起来,群众找不到局长,一怒之下砸了盐务局。此后,他们再也不敢征收盐务税了,国民党当局征收盐务税的计划流产。

三、市民抗税游行示威

上蔡县,1934年征牙贴税43.4万元,1935年征到115.1万元,1936年达138.8万元。除正税外,还有各种附加和临时性募捐,附加数额往往超过正税数倍甚至数十倍,临时性募捐也时常出现。连年灾荒造成广大农民群众的极度贫困和国民党政府、各军阀混战中对农民的残酷勒索,把贫苦农民推上绝望的境地。当时,民众中流传一首"十怕"歌谣:"一怕军,二怕淹,三怕天灾四怕捐,五怕官兵恶如虎,六怕衙门评理偏,七怕抓丁八怕打,九怕保长乱派款,提起怕,实在怕,十怕没吃又没穿。"1937年,国民党上蔡县政府为了达到顺利收税,又免遭"厨业工会"反对的目的,准备把"厨业工会"代理会长周占元抓起来。周占元闻讯逃脱,他们便封了周家的饭馆。中共党组织得知这一消息后,冷静地分析形势,通过"厨业工会"动员会员,将计就计,干脆来个不封门也停业。城关60多户饮食业和其他冷熟食商贩停业罢市,一直持续6天。这样一来,县政府又慌了手脚,忙派警察找人开业,警察到处找人,强令开门,但无济于事。党组织召开"厨业工会"会员会议,指出:"这次抗税不同以往,反动政府狗急跳墙,必定抓人,咱们拧成一股绳,跟他们拼!"有的说:"抓咱一个人,大伙儿都跟着去,看他们的监狱有多大!"厨业从业人员及大部分县城居民遂上街游行示威,抗税斗争达到高潮。国民党政府考虑法不治众,不敢轻举妄动抓人,差人撕去了周占元家饭馆门上的封条。国民党搜刮民财的阴谋再次流产。

四、各业开展罢市斗争

1935年12月,北平爆发"一二·九"运动,它使中国人民被压抑的爱国情绪猛烈爆发出来。在全国形势发生骤变之时,国民党上蔡政府依然强化其反动统治,妄图继续对民众大肆搜刮。特别是国民党上蔡县政府对饮食业的抗税坐卧不安,报告到国民党河南省政府。之后,国民党河南省政府派一姓吴的委员来上蔡坐催税收,将"厨业工会"周占元、李振清等8人抓了起来。并贴出告示,通知厨业人员在城关北街民教馆开会。开会这天,国民党县长宁文庄主持会议,省政府催税委员吴某压阵,税务局长于友三、警察局长陈平甫助威。会场上几十名警察荷枪实弹、布岗放哨。县长在会上大发雷霆,指责"厨业工会"不交税。厨业会长张天祥当即站起,慷慨陈词,针锋相对,据理力争:"我们都是穷苦百姓,今天缴这税,明天缴那税,咋叫俺活下去呀?"县长一听,气急败坏,当场就把张天祥抓了起来。在场的群众一千多人,一见抓人,喊声四起:"我们交不起税呀!""要抓,把俺都抓起来吧!"并不约而同地拥向讲台。县长见此场景,感到事要闹大,不好收场,偷偷溜走。其他参加会议的官员,一见县长走了,也一个个离开会场,征税会不欢而散。但是,国民党政府还是把人抓着不放。此时,上蔡党组织虽然已被破坏,但是,一些党员骨干仍在密切注意着这场斗争的发展,通过做工作,立即把这次会议变成了罢市动员会,整个城关的饮食业罢市,其他行业在厨业人员抗税斗争的影响下,也停业、罢工。国民党政府看到群众齐心协力,不放人解决不了问题,迫于压力不得不把抓走的人员全部放回。城关人民的抗税斗争又一次取得胜利。

附:

土地革命战争时期上蔡县党组织隶属关系示意图

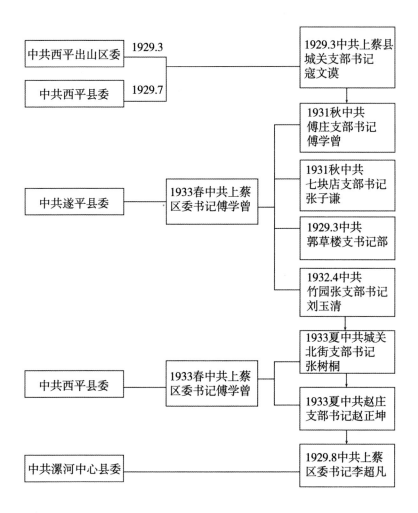

第二章
抗日烽火

1937 年 7 月,日本帝国主义发动了蓄谋已久的全面侵华战争,在中华民族生死存亡的危急关头,中国共产党提出了团结一切可以团结的力量,一致对外全面抗战的政治主张,指明了抗日战争胜利的道路。在中国共产党的努力争取和全国人民的舆论压力下,国民党承认中国共产党的合法地位,1937 年 9 月国共两党实现了第二次合作。

第一节　抗战初期上蔡人民的抗日救国热潮

1936 年 4 月 18 日,日本内阁通过向华北增兵的决议,并将原天津驻屯军扩编为中国驻屯军。9 月,日军抢占丰台镇。日本一系列的罪恶侵略行径,激起中国人民的强烈愤慨。抗日救亡图存的浪潮冲破国民党的反动统治,席卷全国。这种浪潮也直接冲击着古蔡大地。特别是"西安事变"后,在中国共产党的领导和推动下,在全国由城市发展到农村,掀起了宣传抗日的高潮,尤其是青年学生纷纷走出校门,投身抗日救亡的伟大斗争。上蔡中学学生会在省城来的进步学生代表的指导下,组织学生列队到街上宣传,他们手持彩旗,高呼"打倒日本帝国主义""团结抗日,一致对外""坚决抵制日货"等口号,走遍县城大街小巷,得到县城民众的大力支持,反应十分强烈。之后,他们又动员全校学生分成若干小组,分散到城郊村庄进行宣传。当他们听说城东北武庄正在唱戏,学生们就到现场进行演讲宣传,围听群众无不激愤地表示"只要咱们齐心协力,就一定能打败小日本"!七七事变后,全国性抗日战争爆发,在七七事变的第二天,中国共产党中央委员会就通电全国,呼吁"全中国同胞们,平津危急! 华北危急! 中华民族危急! 只有全民族实行抗战,才是我们的出路!"并提出了"不让日本帝国主义占领中国寸土!""为保卫国土流最后一滴血!"的响亮口号,国民党蒋介石政府也提出了"不屈服,不扩大"和"不求战,必抗战"的方针,在新的斗争形势下,上蔡县共产党员和共青团员,团结各种进步势力,利用多种形式宣传抗日,发动群众,组织抗日宣传队伍。"坚决抗击日本侵略者,誓死不做亡国奴"的口号,响遍古蔡城乡,全县各学校开展讲爱国故事,教唱《松花江上》《义勇军进行曲》《到敌人后方去》等抗日进步歌曲,上蔡国立第四小学利用"双十节"等节日组织师生,编演抗日活报剧。他们把卢沟桥事变、日军侵占东北三省都编进了《小放牛》中,每日演出,方圆十几里的群众争相观看,抗日气氛十分浓厚,对于促进上蔡全县实现全民族抗战起到积极作用。

与此同时,具有光荣革命斗争传统的上蔡县人民,亦自发地组织民间抗日武装开展斗争。七七事变后,上蔡县洙湖乡南王庄农民张振清,曾在确山竹沟一带受到共产党领导的豫南红军游击队(后改称"豫南抗日自卫团")的影响,1937年10月率600多人的农民武装,以"抗日除暴、打富济贫"为纲领,在上蔡洙湖董楼村富济庙发动起义,张振清任司令,韩希勇任副司令,李汝贵任参谋长。首先,处死大梁庄顽固分子、保长梁洪恩父子3人,月余时间发展义军3 000多人,筹集枪支400余支。张振清决定把队伍拉到确山竹沟一带,当队伍行至确山县罗店(现属汝南县)时遭到当地地主武装的截击,张振清、刘进修、韩希勇率领精干勇士数十人,跳到冰冷的河水里,向对岸敌人反击,迫使敌人向西北溃逃,此次战斗缴获枪支五六十支。但是,这次起义阻碍了进山的计划。12月16日返回上蔡后,多数人探家未归,司令部内部空虚。次日拂晓,天降大雪,县保安队和地主武装400多人包围了张振清的司令部,张振清措手不及,仓促应战,伤亡很大。后决定分三路突围,刘进修掩护主力突围负伤被捕。天亮后,张振清率数十人突出重围,到邵店小姜庄,又被追上来的敌人包围。张振清战至一人,弹尽被捕。12月19日,被国民党县长顾尧阶以"土匪"罪名,枪杀于县城西关。韩希勇率100多人突围后,在确山、遂平一带活动,后在鲁山被当地土顽势力戴权部包围,韩只身一人逃回,1938年

2月1日,在汝南小王桥被捕,5月解往上蔡县,8月13日被杀害。张振清农民武装起义,以"抗日除暴、打富济贫"为号召,得到当时多数贫苦农民的支持,具有进步意义,在当时的上蔡甚至汝南、遂平等县都有很大的影响。

第二节　建立上蔡县抗日民族统一战线

1938年春,日军大举进犯中国,河南形势日趋危急,豫东吃紧,来上蔡逃难的人群络绎不绝。有爱国思想的人都感到亡国的威胁。上蔡县万寿恒等一批热血青年更感"救亡图存,抗日救国"责无旁贷。毅然和汝南园艺专科学校的同班同学张茂松(又名张子明)参加了汝南青年救国会。这年暑假,万寿恒回县作抗日宣传动员工作,参与组建了上蔡县青年救国会(会址在县图书馆)。后根据新四军竹沟留守处派驻汝南救国会负责人的指示,回上蔡争取一切愿意抗日的力量和人员。他当即回上蔡找到李冠英,一同到城东白圭庙找到李应安(李冠英和李应安是少小同学,李应安过去参加过革命,当时任联保主任)。经谈话后李应安表示愿意抗日。李应安的叔父李建中在国民党上蔡县政府任财务委员长,正愁抗日救国没有办法。他们一同去见李建中,李建中表示愿意抗日:"不能坐等当亡国奴,日本人来了就得和他们拼。愁的是对游击战不熟悉,如有八路军指导就好了!"他看到面前的年轻人对抗日如此积极,好似看到了抗日的希望。他当时表示"你们青年人在外面上学接触的人多,多打听一下有没有与八路军认识的人",表现出与八路军合作抗日的紧迫心情。万寿恒当即答应他代为寻找八路军。万寿恒又回汝南同张茂松见了汝南救国会党的工作人员老邓,经研究,决定先派人到上蔡了解一下情况。中共上蔡县党组织负责人寇文谟、王伯重也素知国民党县政府财务委员长李建中具有爱国思想,并与县党部党务特派员李云有矛盾,决心做李建中的统战工作。7月,王伯重与李建中多次谈心,坚定其抗战的思想。在王伯重的引荐下,李建中会见新四军第八团留守处的许遇之(当时是新四军第八团参谋)、郭峰等,李建中坦诚表示愿意抗日,恳请新四军派一人常驻上蔡指导工作。经过努力,李建中同意在白圭庙举办"抗日青年训练班"。训练班由李建中负责经费、物资、枪支的筹备工作,由新四军负责派员执教。至此,上蔡县抗日统一战线基本形成。

第三节　举办上蔡县抗日青年训练班

一、中共上蔡县党组织举办抗日青年训练班

1938 年 7 月初,上蔡县抗日青年训练班正式举办,地点在城东白圭庙(见图 2-1)。

图 2-1　白圭庙抗日青年训练班旧址

李建中慷慨出资筹办校舍,对外以李建中办改良私塾学校的名义,招收 100 多名青年学生。确山竹沟新四军第八团留守处指派抗日军政大学毕业生、共产党员郭峰来执教。李建中为师生配发了武器。训练班开设课程有国文、军训、时事、数学、历史、音乐等。时事课以毛泽东同志的《论持久战》《抗日游击战争的战略问题》和《大众哲学》《大众报》抗日报道为主要教材。重点课程是军训。学生均穿制服打绑腿、束皮带,俨然战士装束。郭峰教官精神饱满,神态严峻,20 多岁,对学生要求非常严格,学生非常喜欢并听从。学校建立"救

31

亡室",对师生进行爱国主义教育,坚定教职工、学员抗战必胜的信念和决心,还在教职员中组织了十多人参加的宣传队,白天在校工作学习,夜晚到附近村庄以演唱的形式集合群众,以讲演和谈话的方式,向群众宣传抗日救国的道理,深受群众欢迎。特别是李华庵老师编写的短剧大调曲子《卢沟桥》,更激发了群众的爱国抗战热情。

训练班开课,经过一段训练和政治教育后,学生的爱国抗战热情普遍得到提高。通过中共上蔡县地下党组织的工作,由李建中资助,选派万寿恒、苗德功、李兰芳、宋辑五、马成骧、李冠英、周继武、王秀应、翟炳仁、王德选、吴修身、刘华甫、李应安等十几人,到确山竹沟新四军留守处学习。万寿恒等人在竹沟新四军留守处学习月余后,返回上蔡积极宣传党的抗日主张,纷纷向李建中等人建议成立上蔡县本地的抗日武装。

1938年7月下旬,以彭雪枫为司令员的新四军东征支队380多人,在彭雪枫、参谋长张震的率领下,从竹沟出发,途经确山蚁蜂、驻马店镇、遂平到达上蔡县,彭雪枫为在上蔡扩大抗日民族统一战线,在共产党员王伯重、王清轩的引荐下,专访了国民党上蔡县财务委员长、开明民主人士李建中。李建中向彭雪枫表达了与共产党真诚合作、共同抗日、共赴国难的愿望和决心,并要求新四军派人帮助上蔡县组织抗日武装。临别时,李建中还送新四军部队两箱子弹,以表达合作抗日的诚意。

之后,竹沟新四军留守处指派郭峰常驻上蔡白圭庙,指导和组织上蔡县的地方抗日武装工作,加强对抗日青年训练班的军事训练,为上蔡县抗日武装培养了一批骨干力量。

是年,上蔡县在国共两党积极努力下,共同发动群众、组织群众,全县青壮年出征参军6 490多人。11月,美国女作家、《法兰克福日报》特派记者史沫特莱曾到上蔡县,在县城中山公园演讲,宣传抗日,极大地鼓舞了民心和士气。

二、上蔡县顽固派对抗战的破坏

抗战开始后,国民党上蔡县党部由干事长制改为书记长制,李云也由省党部特派员改任书记长。1938年9月,在国难当头,日寇入侵

的危急关头,有国共第二次合作和抗日民族统一战线的大环境制约,国民党上蔡县党部也设立了抗战建国青年训练班,办了三个班,每班50人,三个月结业。应该说在当时的大环境下,举办这个训练班的初衷是为了抗战救国。但随着时局变化,侵华日军占领武汉、广州之后,在战略方针上做了大的改变,对国民党以军事打击为主改变为政治诱降为主,国民党蒋介石也由认真抗战,转变为保存实力,积极反共,连续制造反共事件。因此,他举办的抗战训练班毕业生皆被任命为上蔡县各乡镇联保主任或乡长,成为自己的反共党羽,对共产党开展抗日活动进行破坏。作为国民党河南省党部执行委员的李云,在自己辖区是不能让共产党存在,更不允许县政府内部的人资助共产党发展武装。于是,李云向国民党河南省党部和省政府告发李建中,首先逮捕了上蔡县地下共产党党员寇文谟、张吟塘和潘石安。接着,经国民党河南省政府批准,由新任县长宁文庄组织实施逮捕李建中。宁文庄采取诱捕方式,将李建中拘禁。李建中被捕后,中共竹沟地委指示中共汝南县委,通过用国民党河南第八区督察专员张振江的统战关系,由张振江做工作,在押往省政府途中,使李建中得以逃脱。后李建中投奔了豫南民众抗日救国军(后该地方武装被国民党豫南挺进军收编),在指挥部任参谋一职。上蔡县顽固势力的破坏和李建中的离开,使得白圭庙抗战训练班失去了外部支持,训练班经费来源切断,致使这个抗战训练班提前结束。

第四节　彭雪枫与"五云轩"

1934 年,上蔡县党组织已发展党员 30 余人。为了掩护地下党秘密开展革命活动,中共上蔡县城关支部指派共产党员王清轩以租店经营的商人身份,与张寿轩、程寿轩、孔庆元、程效孔等 5 人合伙入股,在城关东街开一家京货店。王清轩是王伯重之弟,排行老五,且 5 人中又有 3 人名中带"轩"字,故店名便取为"五云轩"。这家货店,坐南向北,为二层小楼,虽然门面不大,但生意甚是红火。店主经营有方,说话和气,秤平尺足,童叟无欺,生意曾做到西北至郾城、五沟营,东至安徽界首。

1938年2月,党中央派八路军驻临汾办事处少将处长彭雪枫到确山竹沟任河南省委军事部长。3月,周恩来从长江局电示河南省委和彭雪枫,一定要重视根据地建设和后方工作。7月,通过统战工作关系,彭雪枫了解到国民党上蔡县政府财务主任李建中倾向抗日,在上蔡党组织负责人王伯重和王清轩的引荐下,彭雪枫专程来到上蔡拜访了李建中。李建中表示愿意与共产党真诚合作,共同抗日。之后,彭雪枫多次委派新四军第八团参谋许遇之到"五云轩"来开展工作,吃住由十字街西北角开饭馆的张天翔照管。从此,"五云轩"便成为新四军竹沟八团留守处驻上蔡联络站,王清轩为联络站负责人。

1938年9月3日,中共河南省委在竹沟召开常委会议,研究决定,军事工作重心东移。9月27日,组成东征游击支队,彭雪枫任司令员。9月30日,在军民欢呼声中,司令员彭雪枫率领新四军东征游击支队380余人从竹沟出发,途经蚁蜂、刘阁、界牌、上蔡等地,抵达新黄河西岸的西华县杜岗村,与吴芝圃率领的地方武装、肖望东领导的先遣大队会师后,于10月24日东渡新黄河到达敌后豫皖苏边区。彭雪枫司令员在安徽涡阳、蒙城一带建立了根据地。王清轩任中共蒙城区委书记期间仍以"五云轩"掌柜的身份为掩护,经常奔波于上蔡、蒙城之间。1940年春,王清轩去安徽蒙城工作,一去数日,杳无音信,"五云轩"京货店关闭。王清轩的宅院被国民党上蔡县县长李云付之一炬,家人离散。1956年镇反时,国民党上蔡县原保安团长李俊峰被缉拿归案。他供述:1940年麦收后,李云和他各派2名便衣特务跟踪王清轩,行至安徽界首北18里处,4人合谋将王清轩杀害。王清轩遇害时年仅36岁。上蔡县人民政府派人去界首调查核实后,遂将李俊峰依法枪决,并按程序上报追认王清轩为革命烈士。

第五节　重建党的组织　开展抗日活动

在以刘少奇同志为首的中原局直接领导下,豫鄂边区党委决定将中共豫南特委改称中共竹沟地委,管辖竹沟、确山、泌阳、遂平、汝南、上蔡、新蔡、正阳等8个县委或工委,中心任务是巩固和发展竹沟抗日根据地。1939年3月,为加强对平汉铁路以东的汝南、上蔡、新

蔡等县的领导,中共竹沟地委在汝南成立了中共汝南中心县委,隶属竹沟地委领导,辖汝南、上蔡、正阳、新蔡、沈丘5县。张鹤亭任书记,郭子清任副书记兼汝南县委书记,肖章为委员,兼任正阳县委书记。4月底,郭子清主持中心县委工作。8月,郭子清调离,方德鑫接任中心县委书记。

1939年7月,中共汝南中心县委派胡亮来上蔡开展革命活动。胡亮住在百尺前王村王伯重家里,以教书为掩护,开办学习班,宣传抗日民族统一战线方针和党的团结抗日政策,200多人参加学习。10月,中共上蔡县工作委员会组建,胡亮任书记,张修范任组织部长,李超凡任宣传部长,王伯重任统战部长,隶属中共汝南中心县委。中共上蔡县工委将上蔡划为4个工作区,即北区、东区、南区和城关区。北区由王伯重负责,东区和城关区由寇文谟、张吟塘负责,南区由张修范负责。各人在自己的责任区内秘密宣传群众,组织群众,以群众自治的方式,一方面在群众中组织互助社、贫农借贷所,一方面带领群众与劣绅展开斗争。一次,国民党顽固派乡长刘泽远无端敲诈贫农王珠,在王伯重的支持下,诉诸法庭,取得胜利。

1939年11月11日,国民党顽固派悍然发动了对竹沟的进攻,制造了震惊全国的"竹沟(确山)惨案"。随后,国民党召开了五届六中全会,不顾国家民族危亡和中共中央的抗议谴责,竟然决定由政治反共进入军事"剿共",在全国范围内发动了第一次反共高潮。

国民党上蔡县党部书记长李云遵照国民党顽固派的指示,雷厉风行,决定秘密将中共上蔡县工委书记胡亮、统战部长王伯重及组织部长张修范逮捕。王伯重从统战工作建立的特殊关系中获知讯息,首先赶往百尺告知工委书记胡亮,敌人逮捕计划落空,胡亮、张修范2人脱险,胡亮回汝南。当王伯重潜回县城准备下步行动时,敌人追至县城将王伯重逮捕。中共上蔡工作委员会遭到破坏。

李超凡、张修范等同志转移到汝南金铺后,组建上蔡区委,张慧川任书记,耿文海任组织委员,李超凡任宣传委员。上蔡区委隶属汝南中心县委领导。年底,中共豫鄂边区党委决定放弃坚持竹沟地区公开斗争的设想,撤销中共竹沟地委,建立中共汝南地委,原汝南中心县委书记方德鑫任书记,原竹沟地委书记王景瑞任副书记兼组织部长。中共汝南地委辖汝南、上蔡、新蔡、遂平（翌年秋归豫中地委）、确山、正阳、罗山等县。机关先后设在汝南县城内、老君庙阁寨、正阳梁庙小黄庄、王楼、何李庄等地。方德鑫分管汝南、上蔡、新蔡工作；王景瑞分管正阳、确山、罗山工作。中共汝南地委成立后，即按照豫鄂边区党委的指示，把整顿和巩固党组织作为全区的基本任务。首先，加强党员和干部教育，进行组织整顿。汝南地委和各县先后通过开办小型训练班和个别干部谈话的方式，对党员干部进行党的基本知识教育、形势与任务教育、革命气节教育、秘密工作纪律教育。然后，对县区组织进行考察、整顿、改组。后调汝南和孝区委书记刘茂林到上蔡区负责工作。

1940 年初，中共河南省委秘书长危拱之在西华召开汝南、豫中等地党的负责人会议，主要传达中央集中七大代表到延安和河南省委关于撤离党的干部决定，方德鑫参加了会议。会议结束后，根据上级党委指示，汝南中心县委把所属党员分别建立支部，严禁发生横向联系。为了对党员进一步加强教育，中心县委宣传部编印了秘密刊物《曙光报》，向表现好的党员散发，鼓舞他们坚持革命到底的信念。为培养当地干部，汝南地委选派上蔡的寇文谟、张吟塘赴新四军彭雪枫部开辟的豫东肖（县）、宿（县）、永（城）、夏（邑）地区受训学习。当年底，寇文谟、张吟塘学习结束，以弹唱艺人的身份作为掩护，从豫东回到家乡，着手恢复党的组织。次年，日军侵略中原，上蔡县城首次沦陷。国民党上蔡县政府逃离，监狱一时无人看管，王伯重也趁机出狱。经与寇文谟商定，王伯重去郾城县五沟营镇开药铺，以行医为掩护继续从事抗日斗争。5 月，寇文谟等同志根据中共豫皖苏边区委员会的指示，在五沟营建立中共上蔡县委，寇文谟任书记，王伯重任组织部长，张吟塘任宣传部长，秘密开展党的工作。同年秋，由于形势进一步恶化，县委撤离。

第六节　日军在上蔡的暴行

一、日军在上蔡县城内的暴行

日本帝国主义发动的全面侵华战争,给中华民族造成深重灾难。日军铁蹄所至,杀人放火,奸淫掳掠,无恶不作,所犯罪行,罄竹难书。日军侵占上蔡,给上蔡人民造成严重伤害。1941 年 1 月下旬,盘踞在信阳地区的日军疯狂北犯。驻马店、汝南、上蔡等地一度沦陷在日本侵略者的铁蹄之下。日寇每到一处,先对中小城镇进行狂轰滥炸,之后地面部队对村庄烧杀抢掠。

国民党上蔡县党部和县政府,得知日军将从信阳方向北犯的消息,将县政府各机关转移到距县城东北 50 华里外的郏庄寨及东岸等地。日军在城内大肆烧杀,县署、县初中、武津高中、警察局、奎星楼、民生工厂、中山公园、中山图书馆和部分民房付之一炬,房舍尽成瓦砾,城内人民财产被洗劫一空。他们还将躲藏在东街书铺里的几名妇女侮辱后,又用刺刀扎,割头发,然后浇上汽油,将她们活活烧死。手段之残忍,令人发指。日军在县城连续糟蹋五日才离开。

二、日军在城外的暴行

1 月 29 日,农历正月初三,盘踞在信阳的日军再次北窜入侵上蔡县境。下午 3 时许,国民党军队从遂平、驻马店一带退至上蔡之金井吴、三官庙、郭屯等村,进行设防。下午 5 时许,日军飞机在城西南金井吴等村低空盘旋侦察。这时日军已进入蔡埠口、疙瘩李村方向,用大炮不间断地向国民党中央军布防的几个村实施轰炸。霎时间,炮声隆隆,尘土漫天。夜幕降临后,借着夜色,国民党军队逃得无影无踪。附近的老百姓也只能东躲西藏,熬过漫长的恐怖之夜。次日天亮,日军荷枪实弹、杀气腾腾疯狂冲进村庄,见人就杀,见房即烧。在上蔡县城西南七八里的马店,一个日本士兵在村头见农民李富功牵一头毛驴,便向他招手,李富功不解其意,很害怕,手一松毛驴跑了,这日兵马上恼怒起来,拔出东洋刀冲上去。李富功吓得倒在地上,刚

刚站起,日兵赶到,一刀砍掉李富功一只胳膊,鲜血飞溅,李富功还在跑,日兵又一刀砍掉了李富功脑袋。李富功倒在一家门口,刚好那家的一个人从屋里出来,这日兵上去就把刺刀插进出来人的胸膛。这杀红眼的恶魔又在不远处见到李世祥,又是一刺刀刺进李世祥的胸口,李世祥立即身亡。当时李世祥三四岁的小孩在身旁,看此情景吓得号啕大哭,这恶魔听见,又将刺刀刺向这个不懂事的孩子。就这样,4名无辜的中国人被残忍杀害,连三四岁的孩子也不能幸免。

2月2日,日军从县城撤出,一路滥杀无辜百姓。在湾李村一条沟里,就积尸40多具。其中李宛林一家死了3口。在孟桥村拉夫多人,行至驻马店途中,杀死李清仁、李赖毛,扎伤李斌、李水礼、尼占魁、李国宾、李文等人。在黑庄放火烧毁房屋80余间,麦秸垛20余个。在徐庄打伤陈青山、吴治等多人,放火烧房20多间,麦秸垛5个,轮奸幼女6人,妇女2人。日军暴行真是罄竹难书。

第七节　日军二次侵犯上蔡与冢王庄惨案

一、上蔡第二次沦陷

1944年1月24日,日军大本营向中国派遣军和南方军总司令官发出命令:"一、大本营之企图是覆灭中国西南部之敌空军主要基地;二、中国派遣军总司令官应攻略湘桂、粤汉及南部平汉铁路沿线要域。"日本大本营把这次作战命名为"一号作战",并将整个战役划分为两个阶段,即在河南进行的平汉作战(称为虎号作战),和在南方进行的湘桂作战(称为特号作战)。

日军发动平汉作战(即河南战役)的"重要目的之一",是为了"打通平汉铁路,恢复北京—汉口的铁路交通"。日军在河南战役中的指挥官为华北方面军司令官冈村宁次。其主力部队总兵力为14.8万人。当时驻守河南的为国民党第一战区部队,战区司令官蒋鼎文,副长官汤恩伯,辖9个集团军,共计40万兵力。河南战役爆发于4月18日凌晨3时,豫东日军第30师团,独立混成第7旅团,"由中牟和南北地区分三股强渡黄泛区"西进,向国民党守军发动突然进攻。

4月20日,郑州沦陷。南犯的日军27师团于5月3日攻陷临颍,6日侵郾城,当晚占西平,7日犯遂平,8日晚遂平不守,9日侵确山、遂平之日军南北对进,当晚两股敌人于驻马店会合,不久上蔡沦陷。至此,日军打通平汉线的目的实现。

上蔡二次沦陷后,日军为了保护平汉铁路线,派中尉高野率日军26大队3中队60多人,盘踞上蔡县城,建立日伪政权。国民党县政府人员逃至城东和合乡(今和店镇)高庙寨。日军占领上蔡县城后,为消灭上蔡抗日进步力量,不断强化其法西斯统治,根本不把中国人当人看,经常组织队伍,四处扫荡,烧杀抢掠。在县城随意枪杀无辜人士,在城南关黄埠路口杀死无辜百姓20余人。同年冬,一日军谍报员庞海桥在城南小杨庄被群众杀死,日军因此把小杨庄烧成灰烬,并搜出躲在红薯窖里的百姓10多人,大部分是妇女、儿童,全部杀死。日军在县城组织维持会、皇协军,建立伪政权。先是汉奸程子敏任维持会长,充当日军走狗。不久由程子敏推荐康荣森出任上蔡县日伪县长。康荣森,上蔡县东洪乡人,生性好强,性情剽悍,善于投机钻营,在东洪一带欺行霸市。康荣森成为暴发户后,一直在政治上投机,一心想当官。日军占领上蔡,他便通过维持会长程子敏与日军驻上蔡头目高野搭上关系,卖国求荣,陷害抗日进步人士,终于当上了伪县长。康荣森上任后,依仗日本人组织起数百人的维持会武装,在全县为所欲为,到处烧杀抢掠,就连他的家乡东洪乡,他也多次祸害,并在东洪小学门口挂起"上蔡临时县政府"的招牌,做起自己的伪县长梦。多行不义必自毙,1944年年底,康荣森的儿子玩枪走火,自毙身亡。同时,上蔡进步人士动员全县百姓,控告康荣森贪污、枪杀无辜等罪行,日军迫于社会压力,以贪污罪名,将其治罪,另找代理人,继续进行其法西斯统治。广大上蔡人民备受侵略之苦。此间,日军多次强行将一部分青壮年抓到前线做苦役,为其侵华战争服务,也有一部分被强行掳掠到日本本土,从事苦役,至今没有音讯。有些虽经历千辛万苦,抗战胜利后回到家乡,但已是终身伤残。

二、聚王庄屠杀血案

1944年5月,日军侵占上蔡县城后,国民党上蔡县党部书记长李

云等带县政府及有关人员逃至城东和合乡（今和店镇）高庙寨。为了防御日本人，也为自保，组建了由该乡副乡长吴润德兼任中队长的国民党地方武装。同年11月25日，上蔡县城日伪军联合漯河日伪军1 000余人，向县东扫荡烧杀至高庙，吴润德带队由高庙寨到杨集乡前吕村南边窑场里躲避。黄昏时分，发现日军从包河桥向李湾方向开去，距离他们只有200米。分队长田功力主张打击日寇，多数人表示赞同。而吴润德避战不许队员开枪，等日军过后躲至前吕村住了一夜。11月26日早晨，他们从前吕村往捞抹庄转移。刚出前吕村不远，就发现日兵数百人向他们包抄过来。这时他们有的要打，有的分散逃跑，吴润德既不许打，也不允许逃，命令分队长："谁跑了，割班长的头叫大家看！"当队伍到达包河桥以北时，吴润德和他所带的73人全部被日军包围。后张潮亭带着本班战士张根、张明、张子贺，一行4人奋力突围，被日军骑兵追上，将他们砍伤。吴润德和中队其余69人，被日伪军俘虏。

日寇先把他们五花大绑地串连起来，拉到较近的冢王庄里。敌人把中队长吴德润找出来，毒打一顿。然后又把人拉到冢王庄村西头打麦场上，分成两排。一排就地留下，一排拉到场面南约几十米的一个小坑边，在这两处同时进行大屠杀。嗜杀成性的日本强盗们，每杀一人以后，还都拍手称快，并发出狼嚎般的狞笑声。砍杀中间，只见敌人中几个头目模样的人在一起嘀咕一阵，就不再一个一个地杀了，便一齐下手，对未被杀死的几十个人乱砍乱捅一阵，然后匆匆离去。经后来查实，这73人中，除张潮亭、张明、张根、张子贺和张述道、杨云亭、王文生、刘秀兰、张汉云、卓潮海十人受伤未死外，其他63人均当场被杀死（如图2-2、图2-3所示）。

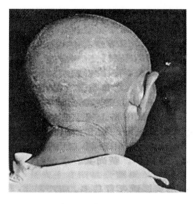

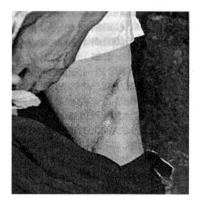

图2-2　惨案幸存者张述道的伤疤　　图2-3　惨案幸存者杨云亭的伤疤

第八节　开辟抗日根据地

一、迎接新四军北上和八路军南下

1944年4月,日军发动河南战役后,中共中央对河南战场给予密切高度关注,并根据战场形势变化,果断做出决定。5月1日,中共中央做出了《关于向河南发展方针的指示》,要求在目前情况下,河南地方党员应该组织起来,参加与领导河南人民抗战,组织抗日游击队和人民武装,建立敌后抗日根据地,保卫家乡。

6月,中央电示新四军第五师:尽快进军河南,控制中原。7月1日,中共豫鄂边区党委在湖北大悟县白果树湾召开会议,决定抽派淮南支队、信(阳)应(山)独立25团等部7个连共计千余人,组成豫南游击兵团,同时成立豫南指挥部和中共豫南工委。豫南游击兵团由新四军第五师一纵队司令员黄霖兼指挥长,中共豫南工委先后由新四军群工部长夏忠武和宣传部长夏农台担任书记(均未到职),时刻准备北上。

7月25日,中共中央向北方局、华中局和冀鲁豫分局发布了向河南敌后进军的命令。7月下旬,新四军第五师师长李先念,亲自向进军河南的部队干部传达中央和中原局的指示,勉励大家执行党的方

针、政策,深入敌后,为建立敌后抗日根据地,打通与八路军、新四军第四师的联系,改善第五师的战略处境和解放中原而斗争,并指示中共淮南县委迅速做好进军河南的准备工作。

1944年8月下旬,受命开辟豫南地区抗日游击战争的豫南游击兵团主力,在司令员黄霖率领下渡淮北上,与信应独立团汇合,横扫敌伪顽势力,按照豫鄂边区党委指示,在信(阳)、正(阳)、汝(南)、确(山)、遂(平)、上(蔡)等广大地区,创建抗日游击根据地。

中共上蔡县委的主要负责同志,在抗日战争最艰苦的岁月,被迫转入地下坚持斗争。日军发动河南战役后,中共中央决定八路军南下,新四军第五师北上,新四军第四师西进,开辟河南,组织党员干部赴河南新沦陷区,发动群众,组建武装,开展敌后游击战争。原上蔡县委负责人寇文谟从水东(黄泛区以东)地区回到上蔡,秘密组织党员骨干和抗日进步分子,发动群众,组织武装,并到淮南地区与中共豫鄂边区党组织取得联系。1944年7月,河南游击兵团先遣支队,挺进淮北以后,寇文谟再次与支队长赖鹏会面,汇报上蔡党组织的情况和群众抗日武装斗争的活动。为了尽快在上蔡开展抗日武装斗争,上蔡地下党组织派刚出狱的中共上蔡县原负责人王伯重、张吟塘,以及原区委负责人李超凡等同志,到正阳熊寨参加新四军淮南支队军事会议,学习武装斗争经验,并为河南游击兵团提供情报,充当北进向导,积极为新四军第五师北进,打通与冀鲁豫八路军的联系,完成中央缩毂中原的战略任务做贡献。

二、中共上蔡县委争取伪军"单团"起义

1944年8月,中共汝(南)(上)蔡遂(平)工委、行政委员会及武装总队建立,根据豫鄂边区党委指示,寇文谟参加中共汝蔡遂工委的工作,为便于开展敌后党的抗日活动,中共豫鄂边区党委指示,中共汝蔡遂工委不与上蔡县党组织发生关系,上蔡党组织独立开展活动,主要担负沟通八路军水东八团和新四军第五师的联系(水东地区党组织在1941年新四军第四师撤往津浦路东后,划归冀鲁豫地区党组织),同时积极做好皇协军"单团"的起义工作。

"单团"的团长单秉钧,原名单欢,上蔡人。上蔡沦陷后,在当地

组织数百人的武装,队伍拉起来后,因生存困难,被迫投靠伪政权,打起了伪"皇协军"的番号。但是,单秉钧本人本质还是正派的,其队伍大多数是贫苦农民,因此,中共上蔡党组织根据豫鄂边区党委指示,积极做争取"单团"的起义工作。1945年初,寇文谟和王伯重多次深入"单团"做单秉钧的思想工作,宣传抗日救国思想,使争取单团的工作取得了突破性进展,单秉钧接受了共产党的抗日主张,并正式加入中国共产党,之后单秉钧任命王伯重为该团参谋长,寇文谟为随从副官。

1945年5月,在中共上蔡党组织的不懈努力下,终于和已经渡过新黄河进入水西地区的八路军水东八团取得了联系,同时向水东八团政委李士才汇报了争取皇协军"单团"起义情况,请求支持。5月中旬,根据上级指示,中共上蔡县委在华陂的史彭村建立,寇文谟任书记,王伯重任组织部长,张吟塘任宣传部长。但不久,张吟塘在参加无量寺竹园张会议返回途中,行至东洪西陈桥时,被国民党顽固派、上蔡县党务工作团副团长李耀武杀害。

5月22日,八路军水东八团政委李士才到华陂史彭召开会议。会上,李士才重新明确宣布,寇文谟仍为中共上蔡县委书记,王伯重为组织部长,并组建了县政府政权和军事班子,单秉钧为县长,单秉悦为副县长、县大队长。会后,李士才交给与会人员60支枪,要求继续扩大武装。寇文谟、王伯重到竹园扩兵与布置工作,单秉钧返回驻地。不久,经八路军水东八团与寇文谟、王伯重协商,决定趁日军兵少的时机袭击上蔡县城。寇文谟、王伯重回城安排单秉钧起义策应。但是,由于"单团"是在非常时期组织起来的游杂武装,人员复杂,没有进行很好的整顿改造,5月26日,副团长单汉东向伪中国先遣绥靖第一军第二师部告发,说"单团"以王伯重为主谋,以单秉钧为领导,暗通八路,不服从师部指令,危及地方。伪军师部遂将单秉钧逮捕,就地枪杀,将王伯重、寇文谟、单秉悦送进城关伪中国先遣绥靖第一军部扣押,抗战胜利后被投入国民党看守所。"单团"虽然起义失败了,但上蔡党组织为抗日所做的不懈努力和付出的生命代价将永垂史册。

三、汝(南)(上)蔡遂(平)抗日根据地的开辟与发展

(一)汝(南)(上)蔡遂(平)抗日根据地的创建

1944年7月,中共豫南工委和新四军第五师河南挺进兵团,奉命开进淮北地区后,发动群众,开展抗日武装斗争,所到之处经过奸伪打顽,震慑了豫南、淮北地区之敌,受到广大人民群众的热烈拥护,成功立足。先后建立了中共京汉路东工委、中共汝(南)正(阳)确(山)县委、行政委员会(亦称县政府)、县武装总队,开辟了汝(南)正(阳)确(山)边区抗日根据地。

随着新四军河南挺进兵团挺进淮北地区,中共豫鄂边区党委就积极着手创建汝(南)(上)蔡遂(平)地区抗日民主政权的准备工作。1944年7月,中共豫鄂边区党委组织部长陈少敏,从豫鄂边区党委第一期整风班中将张子明调往淮北开展工作。张子明的家乡紧靠上蔡县的项城,原在汝南地委工作。在抗战最艰苦的时期,他奉命撤往豫鄂边区,担任淮南与淮北地区的联络和侦察工作,经常以卖针线和做木匠活为掩护,往返于淮河南北,因此对汝(南)(上)蔡遂(平)地区敌伪顽情况十分熟悉。临行前边区党委组织科长孙西歧向其交代任务:在豫鄂边区和冀鲁豫、豫皖苏两个边区连接起来,实现八路军驻水东的部队与新四军第五师的会合。为了完成以上任务,边区党委决定从淮南支队抽出两个连,由张子明率领作为开辟汝(南)(上)蔡遂(平)根据地的主力。张子明从湖北大梧山的八角门楼区党委驻地回到淮南,向中共豫南工委负责人娄光琦等同志汇报工作和接受新的任务,并很快确定了汝蔡遂工委成员人选。同时,张子明会见了寇文谟派去的上蔡地下党员、区委干部李超凡和其他交通员同志,听取了这些同志关于上蔡情况的汇报。之后张子明等领导同志明确了上蔡同志的分工,做好与水东地区八路军的具体联络工作,同时明确规定,不要参与地下党的组织工作,以免游击区环境恶化时,暴露党的地下组织情况。8月,中共汝蔡遂工委和行政委员会宣布成立。张子明任工委书记兼行政委员会主席、总队政治委员,胡友禄任组织部长兼行政委员会副主席,张久英任军事部长兼总队长。并建立了汝蔡

遂武装总队。后来,上蔡又派涂守成任总队副政委,商毅任政治协理员。

新四军河南挺进兵团,在豫南沦陷区建立抗日民主政权,引起敌伪势力的恐慌和不安,敌伪势力多次对豫南地区进行扫荡。1945 年 2 月 5 日,汝南、确山、正阳、驻马店等处敌伪为解除新四军部队的威胁,纠集两千余人,分三路进犯汝蔡遂边区抗日根据地,一股敌伪 500 余人窜入罗店,携炮 3 门,机枪 5 挺,汝蔡遂边区武装总队,配合新四军河南挺进兵团一部集中力量向该敌伪进击,激战后敌不支溃窜。此战毙伤敌人 10 余人,我军毫无损伤。此路敌人被击溃后,其余两路敌军亦相继窜回原防地。2 月 26 日深夜,汝蔡遂总队与新四军挺进二团、汝正确部队相配合,在新四军第五师司令部秘书长齐光和路东指挥长胡仁指挥下,突袭汝南三桥乡祝庄,全歼阻我抗日、极端反共的祝凌云顽匪武装 30 多人,缴枪 30 余支,并将罪大恶极的祝凌云处决。敌伪顽对此大为震惊,对我军闻风丧胆,纷纷逃跑。

1945 年春季以后,随着全国抗日反攻高潮的到来,在中共汝蔡遂工委领导下,汝蔡遂武装总队机动灵活打击敌人,取得了姚湾、王刘庄、吴宋家、雷寨等一次次战斗的胜利,缴获了日制歪把机枪和数以百计的步枪,打击了敌人的嚣张气焰,保护了人民的生产生活和生命安全。汝蔡遂总队也在斗争中发展壮大到 4 个战斗连和 1 个警卫连。

(二)汝蔡遂武装总队与八路军水东八团会师上蔡

在汝蔡遂武装总队积极向北挺进的同时,八路军水东八团在团长王定烈、政委李士才率领下,遵照中央关于开辟河南,控制中原战略要地的指示,于 1945 年 5 月 12 日黄昏渡过新黄河西进,攻占了日军据点南曹,打开了进军豫中南的大门。水东八团渡过新黄河后,于 5 月 27 日一举消灭了盘踞西平五沟营镇伪暂编第八师。不久,水东八团消灭国民党顽军第 12 军第 2 师一部,并乘胜连续进行了一系列的反日、伪、顽蚕食据点大小战斗 10 余次,在五沟营镇建立了鄢(城)上(蔡)西(华)抗日民主政府。同时,积极与新四军第五师部队进行联系。

1945 年 5 月上旬,中共上蔡县委成立后,积极沟通八路军水东八

团与新四军的联系,为早日实现中央关于八路军和新四军武装会师豫南的指示而努力。5月中旬,经过寇文谟等多次联络,汝蔡遂武装总队约定八路军水东八团,在上蔡县境吴宋家一带会师。按照约定,张子明、张九英率汝蔡遂武装总队,与新四军第五师派往八路军水东八团联络的代表刘子凯,一同星夜北进。到上蔡吴宋家寨时已是后半夜,不料情况发生变化,寨内驻有伪军"自卫队",寨门也上了锁。张子明与张九英等武装总队领导当机研究,部队急行军几十里,十分疲劳,已插入日军统治区,折回已来不及;若打起来,将暴露我军兵少的弱点。于是决定以本地人回寨敲门的方式,智取吴宋家寨,达到既要进入寨内解决伪军武装,又不发生战乱的目的。李超凡是本地人,部队首长向其讲明了情况,并告知其家庭所承担的风险。李超凡当即斩钉截铁地说:"我一定出面,就是全家遭难,也要为除顽会师做出贡献。"李超凡稍作准备后,沉着自如地喊开了寨门。我军趁机而入,不发一枪地将伪军全部缴械,占领了该寨。从俘虏中得知伪自卫队长"狡兔三窟",当晚未与部队住在一起,现已有极大可能闻讯逃脱,向敌伪军报告。情况危急,张子明和张九英当即决定撤出寨内,驻在附近一个小村里,并做好战斗部署。次日拂晓前,数百名伪军从北、东、西三面向我军所在村围攻上来。当敌人进入有效射程内时,我军机枪、手榴弹同时射向敌人,部队冲出院落。这股伪军原来把我军当成国民党的游击队,当听到手榴弹和日制轻机枪响时,认为是正规军,便仓皇逃窜。我军一直追击至京汉铁路附近,并将其全部缴械。汝蔡遂武装总队向俘虏晓以大义,讲明政策,而后将俘虏全部释放,但这次因八路军水东八团部队路上受阻,没能赶到会合地点,张子明率部队撤至黄埠镇以南。部队修整一天,又向吴宋家进军,同时,八路军水东八团政委李士才和鄢上西县委书记赵舒天,带领部分部队进入上蔡西部地区,积极寻找新四军第五师部队。终于在一天清晨,在吴宋家以南的几个村子里,汝蔡遂武装总队和八路军水东八团胜利会师。两军会师后,水东八团团长王定烈、政委李士才、参谋长常志义、政治部主任杨劲率领全团指战员,开进汝(南)(上)蔡遂(平)根据地。之后,汝蔡遂武装部队南下开展根据地建设。水东八团派两个连一同南下,配合路东指挥部开展武装斗争。首先击溃不抗日、

专门反共的豫南挺进纵队"剿匪"指挥部，活捉总指挥吴一启，迫使伪顽残部逃窜到汝河以东和新蔡一带。之后，汝蔡遂总队乘胜向汝（南）上（蔡）公路以东进军。在小王桥、留盆店、金铺镇等地区宣传发动群众，张贴布告，扩大政治影响。7月，基本上消灭了伪顽武装，汝（南）（上）蔡遂（平）和汝（南）正（阳）确（山）两块根据地连成一片。这时，汝蔡遂边区党政军已控制南起确山刘店，北至上蔡黄埠、吴宋家，东抵沈丘、项城边境，西至遂平石寨铺，驻马店附近顺河店的广阔地域，纵横百里，人口近百万。

四、郾（城）上（蔡）西（华）抗日根据地的创建与发展

（一）郾（城）上（蔡）西（华）抗日根据地的创建

1945年元月，冀鲁豫军八路军部队根据中央军委关于水东分区，应以睢县、杞县、太康、通许为基点，肃清淮阳、西华地区之日伪军和土、顽、杂，控制新黄河渡口，渡河开辟河西，向商水、上蔡地区及以南发展的指示，命令冀鲁豫八分区第八团（即水东八团）西渡新黄河，挺进豫中，深入水西敌后，在新黄河以西建立一个桥头阵地，迎接主力部队，并和新四军第五师打成一片，建立豫中游击根据地，完成中央缩縠中原战略任务。

此后，冀鲁豫军区司令员杨勇和政委宋任穷，亲自向八团团长王定烈和团政治部主任杨劲布置任务："举兵南进，西渡黄河，插入敌后，开辟新区。"八团接受任务后，在团长王定烈、政委李士才的率领下，于1945年1月27日进入新黄河以东地区，并在水东分区（同年3月改为冀鲁豫第十二分区）独立团的配合下，一举攻克睢县堤岭伪军据点。2月12日又歼灭了国民党泛东挺进军所属第五纵队少将司令耿明轩，不仅扩大了水东抗日根据地，而且控制了从西华到尉氏一段的新黄河河岸。水东八团为通过荒无人烟达数十里宽的黄泛区，渡新黄河西进，紧密依靠地方党组织和人民群众，做了深入的调查研究。水东八团参谋长常志文在地下党员协助下，潜入水西侦察，对敌人兵力部署、部队番号、指挥系统、工事构筑、活动规律及当地民情，都了如指掌。在此基础上，5月12日夜，水东八团由扶沟县白潭一带

开始强渡新黄河。先头部队登上西岸后，攻克南曹日伪据点，控制西岸渡口，并找到被敌人扣起来的20多条渡船，加快了部队渡河速度。黎明时分，水东八团顺利渡过了新黄河，迅速插入西华、上蔡、商水三县接壤地区，攻克伪暂编第八师师部所在地宋寨，歼灭伪军一部。5月26日，水东八团乘胜包围上蔡县砖桥镇，全歼顽匪西华县自卫队，缴枪600余支，生擒团长张坦然，收复20多个被日伪占领的村庄。

6月初，国民党第十二军霍守义部5个团的正规军，以及上蔡、汝南、商水等国民党5个县的保安大队，约1万4千余人，杀气腾腾地向鄢（城）上（蔡）西（华）地区扑来，妄图将水东八团赶回黄河以东或一举消灭。情况相当严重，敌十倍于我，水东八团又有半数兵力在掩护地方开展工作，能够集中的兵力不到5个连。为此，水东八团紧紧依靠群众，坚决执行毛主席"以少胜多，集中优势兵力、各个歼灭敌人"的战略战术，攻占了上蔡县暂编第八师老巢五沟营镇（今属西平县），消灭了国民党暂编第八师800余人。之后，水东八团又乘胜追击，星夜奔袭，经过大小40余次战斗，连克18个寨，粉碎了日、伪、顽武装的联合进攻，先后攻克了逍遥镇、老窝、张明、邓囊、万金、五沟营、华陂、百尺等日伪军据点。为巩固发展有利形势，实现与新四军第五师会合的战略目标，与上蔡地下党组织取得了联系。因上蔡县地下党组织独立开展活动，遂建立了中共鄢（城）上（蔡）西（平）（以下简称鄢上西）县委和抗日民主政府。县委和民主政府成员为：县委书记赵舒天、县长侯杰、县委副书记兼组织部长冯高明。经与中共上蔡县地下党组织沟通联络，水东八团和中央鄢上西县委即派水东八团政委李士才、县委书记赵舒天2位同志带一个连抵达上蔡、汝南、遂平3县边区，与新四军第五师联系。

中共鄢上西县委和抗日民主政府建立后，遂放手发动群众，组织鄢上西县武装大队，积极开展敌后抗日活动，摧毁日、伪、顽地方反动武装。当时，中共鄢上西县委和抗日民主政府内，成立了公安局，在公安局设两个分队，80余人，配合县武装大队，经常活动在上蔡县西北一带。

（二）鄢（城）上（蔡）西（华）抗日根据地的巩固和发展

中共鄢上西县委和县民主政权建立后，根据当时的斗争形势，结

48

合冀鲁豫创建根据地的经验,遵照党的"七大"路线方针政策,放手发动群众,积极开展敌后抗日根据地的各项工作:一是发动群众,组织民兵,开展武装斗争,摧毁日、伪、顽地方反动武装。在上蔡华陂史彭寨建立了以彭国保为首的一支百余人的民兵队伍,配合八团积极开展武装斗争。先后打垮了敌人在王桥的维持会和伪三师朱春芳一个连,打死打伤40多人,缴枪150多支。之后,又偷袭了日军和反动维护会驻地五沟营镇,除个别顽固的被打死外,其余100多人全被俘虏,缴枪150多支,乘胜歼灭了驻唐桥的土顽武装,这样有力地打击敌人,发动群众,为建立地方政权打下了基础。二是积极进行组建区、镇抗日民主政府和部分改造基层保甲政权工作。在郾上西边区先后建立了一个镇、六个民主区政府。即五沟营镇(镇长吕玉斋)、华陂区(政委孙华田、区长张清国)、百尺区(区长王威)、邓囊区(区长张超)、砖桥区(区长张学崇)、张明区(区长张凤楼)、老窝区(区长张学文)。区镇抗日民主政府的建立,吸收了地方进步人士参加政府工作,并组织了抗日自卫队、儿童团,积极站岗放哨,维持社会治安,保护人民财产。三是组织农会,展开以赎地为中心的群众运动。抗日战争爆发后,河南在汤恩伯统治时期,饱受"水、旱、蝗、汤"四大害之苦。地主豪绅乘机掠夺和低价收买农民的土地,使农民无法生活。抗日民主政府公布和宣传赎地法令后,受到广大人民的热烈拥护。将地主豪绅攫取的人民的土地,按原价还给农民;中农的土地,采取协商的办法解决;对罪大恶极、为群众痛恨的地霸进行了严厉的制裁。如华陂区史彭寨在政委孙华田和区长张清国的领导下,建立了农会。接着,先后又发展了报载、小于、王桥、后郑四个农会。农会建立后,县、区政府领导深入村寨,访贫问苦,宣传赎地政策,近两个月赎回土地1 200多亩,仅史彭寨打击了恶霸地主史安仁,就赎回土地120多亩。赎回土地的农民无不欢欣鼓舞,竞相称颂"共产党、八路军是人民的大救星"。是年秋季,群众积极缴纳公粮200多万斤,有力地支援了部队建设。四是认真贯彻执行党的统战政策,孤立瓦解敌人,团结一切可以团结的抗日力量。在军事上集中打击最顽固日伪顽军,对一般伪顽部队采取分化瓦解政策,使之保持中立的立场。在地方工作中,重点打击那些为虎作伥、为广大人民深恶痛绝的地主、豪绅,团结

和争取在社会上有声望的开明绅士。如原五沟营镇镇长吕玉斋,其在伪军师长朱新斋的庇护下,当上了伪镇长。八路军水东八团配合地方武装将朱部击溃后,吕玉斋成为俘虏。经教育,吕表示愿意抗日,遂将其释放,并令其担任抗日民主政府五沟营镇长,积极为抗日军民服务。五是号召群众拥军优属,积极参军,扩大抗日队伍。由于八路军水东八团及各地抗日部队所到之处纪律严明,秋毫无犯,宣传我党我军政策,为此广大青年农民主动要求参军参战,使抗日武装不断壮大,几个月后,冀鲁豫军区八团由原3个营1 900多人,发展到4个营2 900多人。

1945年7月,冀鲁豫军区为扩大巩固水西地区,建立与新四军沟通的桥头堡,又调冀鲁豫分局党校警卫团进入水西地区,以加强该区的军事力量。该团进入水西地区后,与八团并肩作战,扫除了西华、商水、上蔡等县大批日伪据点,使水西根据地日益扩大。至7月底,八路军挺进水西短短两个月时间,解放人口100多万,收复国土3 000多平方千米。

第九节　抗日烽火燃遍古蔡大地

在抗日战争全面爆发后,中共中央全民族抗战的方针和全面抗战思想,在全国人民抗日战争中深入人心,也深深影响着上蔡人民,特别是日军在上蔡的残酷暴行,更激起了上蔡人民誓死抗战的决心和勇气,抗日激情日益高涨,抗日烽火越烧越旺。在中国共产党"全民族抗战"口号的感召和中共上蔡地下党组织及进步力量的宣传鼓励下,从1937—1942年,据不完全统计,上蔡青壮年约25 000人加入抗日军队。

一、上蔡人民的抗日斗争

(一)高培显大队浴血抗敌

高培显,上蔡县邵店镇大高庄人,原系冯玉祥22师64团的一名连长,在对日作战中,他舍生忘死,屡立战功。特别是1943年2月他

目睹了日寇在郑州五里堡杀害800余名无辜群众的惨烈情景,内心受到极大震撼,发誓坚决抗日。他对蒋介石政府消极抗日、积极反共的政策极为不满。在他驻军的地方有一支地方顽固武装,经常冒充抗日游击队残害百姓,甚至勾结日伪追捕中共抗日人员。高培显知道后,将这支顽固地方武装全部消灭,收缴的武器全部转交当地中共地下抗日武装。而他对共产党领导的八路军、新四军英勇抗战壮举十分钦佩。他曾借送家属返乡为名,到西华的水东地区新四军独立旅驻地,谒见曾任西北军冯玉祥部的军长、时任新四军独立旅旅长的魏凤楼和旅政委金少山,向他们表达敬慕之情,陈述要学习八路军、新四军那样抗日的愿望,当即得到魏凤楼、金少山的赞许和鼓励。1944年2月高培显所在的国民党部队22师,在河南襄县战斗中失利,经许昌地区党组织联系,高培显带领一连及朱洪云(上蔡人)三连、朱冠英(上蔡人)机枪连320余人,脱离国民党部队,投奔到新四军抗日根据地,被整编为新四军独立旅第五大队,由高培显任大队长、朱冠英任副大队长、尚震荣(中共地下党员)任政委。高培显的大队虽打着新四军的旗号,但仍独立行动,并回到家乡从事抗日斗争,配合支持敌后抗日根据地。

1944年日寇发动河南战役后,高培显率领部队在京汉铁路两侧,灵活机动地打击敌人。是年5月18日,高培显带队驻扎上蔡县东部陈法寨,在此休整29天。在驻地宣传抗日救国,对群众秋毫无犯。此后,他率部四次出击汝、上边界及上蔡县城四郊,击毙日军4人,伪军30多人,俘敌70多人,缴获长短枪150多支。6月,高培显部队在古蔡大地的抗日斗争,引起国民党部队王之波的注意,企图将高培显部收在自己的麾下。6月底,高培显识破王之波企图收编的阴谋,遂果断率部远离王部,来到比较熟悉的家乡汝蔡遂边区的邵店、黄埠一带开展活动。当时在上蔡城南尚堂伪军乡公所,驻扎有伪军30多人,他们鱼肉乡里,抢掠四乡百姓,干尽坏事。8月14日,高培显亲带朱洪云连跑步突袭,在伪军开饭之际,将其包围,未发一枪将敌全俘,缴获长枪36支,手榴弹百余枚。接连几次胜仗,高部军威大振,很多青年踊跃报名入伍,仅高培显本村上蔡县邵店镇大高庄就有30多名青年参加抗日队伍。不到5天,高培显大队就扩充了1个百余人的新兵

连。9月,高培显率队返回陈法寨整训,对部队进行整编,设置为一个团,下设3个营、7个连和一个炮排。全团750余人,8挺机枪和1门迫击炮,3个掷弹筒和10多箱手榴弹。高培显部英勇抗日,深受当地百姓拥护,他们主动配合高部侦察敌情,传递情报,高部每战皆捷。9月20日,在邵店前杨庄一次围歼战斗,37名伪军及王霍庄寨维持会40多人全被缴械俘虏,并将罪大恶极的汉奸当场处决。10月15日在黄埠北无量寺奇袭汉奸任安武,击毙40人,俘虏30余人,把任安武搜刮的财物全部分给百姓。邵店西袁寨是上蔡县日伪汉奸刘小云的据点,驻有100多个伪军,经常骚扰四乡百姓,抢掠财粮衣物。高培显根据群众的反映和侦察的情报,于10月28日晚带3个主力连夜奔袭袁寨。伪军除刘小云带十几人逃脱外,其余全部被俘,缴获百余支长枪和1挺轻机枪。战后将敌伪抢掠的粮食分给群众。战俘目睹高部受到群众热烈拥护的场面,回顾日伪军欺侮乡亲的惨状,经过教育,多数人愿意参加高的抗日队伍。12月10日、18日高部两次奔袭城北湖岗寺日伪据点,歼敌伪警备师80多人,俘虏57人,缴获多种军用物资和1匹战马。12月20日,高培显率三连奇袭县城西北据点,击毙日军3名,毙伤伪军30多人。从此,日伪军闻风丧胆,龟缩城内,不敢再出城骚扰。他平时对部队军纪抓得很严,如有一个士兵是他的近亲,名叫张延龄,一次张抢拿群众香油、小鸡,并打骂群众。高培显得知后,怒不可遏,随即召开官兵大会,历数张违反军纪事实,为严整军纪,将张处决示众。

高培显是一个有政治头脑的抗日军人,由于受八路军、新四军的影响,他注意在斗争中团结友军共同抗日,同时,对破坏抗日、危害百姓的事,他亦进行坚决的斗争。1944年上蔡县城被日军占领后,国民党上蔡县党部李云弃城东逃高庙。高培显为了团结抗日,对李云采取积极团结的态度。每有俘虏,大都交李云处理。但邀其配合的军事行动,李云大都失约,高仍强忍作罢。而对李云部下的县大队冒充高部危害百姓的罪恶活动,高培显却十分气愤。1944年11月15日,李云的县大队李华初部在李楼、田庄一带,冒充高部抢掠百姓。群众告发后,高培显召开排以上干部会议,他对干部们讲:"不要说李云的部队,就是蒋委员长的部队不事抗日危害百姓,撞见我部,没有不挨

揍的道理。"正当李华初部在李楼胡作非为时,高培显命其弟高培仁带领新五连迅速包围该村。高培仁一马当先,在村里与李部展开激战。当场打死该部为非作歹之徒多名,在追歼逃敌中,高培仁不幸中弹牺牲。战士们见连长倒下,顿时怒火中烧,群情激奋,奋勇追歼,最后李华初带几人拼死逃脱。继严惩李华初后,高培显又连续在湖岗寺等地痛击李云部的故意挑衅,使其"吃干队"再也不敢横行乡里。

12月21日,据侦察获悉,驻在河南中部的日、伪军正在向高部驻地一带集结。高培显一边派人继续侦察敌情,筹划如何迎战,一边积极布置三打湖岗寺的战斗。25日晚,高培显派主力三连和机枪连由朱洪云带领,攻打上蔡城北湖岗寺伪军据点。不料,由于叛徒汉奸王治国向日军告密,高部主力三连和机枪连在赶回之际,西平、上蔡、汝南、遂平、项城5县的300多个日兵和1 000多个伪军包围了高部驻地陈法寨,当时寨内兵力严重不足。高培显与刚从许昌出差归来的朱冠英召开紧急会议,根据现实情况,如强行突围,不但成功把握甚微,而且躲到寨内的1万多个百姓也蒙受灾难。于是,决定加紧抢修工事固守,等待主力回来内外夹击敌人。午夜,高培显得知朱洪云回师增援陈法寨受阻的消息,预感情况危急,便和朱冠英等人商议,因不知四周虚实,决定固守到第二天天黑后突围,宁可流血也要掩护百姓突围出去。拂晓时分,日军从四面开始攻击。日寇的迫击炮轰塌南门楼,高培显、朱冠英、崔周臣等率领战士们拼死用土袋堵封缺口,战斗异常激烈,部队伤亡很大。高培显从南门巡视到东门时,见很多青壮年农民自动上寨墙凭借垛口,用砖头、石块和树木、农具御敌,很是感动。有的老百姓主动送弹药、抬伤员,他感动得泪水直流。早晨7时左右,他带领警卫员又一次来到东寨门,发现寨外饭馆的房屋后,有1挺敌人的机枪正吐着火舌,顿时两眼冒火,遂从一战士手中夺过长枪,一枪击毙了日军的机枪射手。当他连续两次击毙日军射手又第三次准备射击时,一颗子弹飞来,从他的左眉际穿过。临终前他还在断断续续地说:"继续——战斗——掩护——百姓——撤退。"时年37岁。高部与群众同仇敌忾,浴血奋战,终于突出重围。后来,部队铲除了叛徒,满怀悲痛地厚葬了高培显。高培显在共产党抗日民族统一战线政策的影响下,从一个旧军人逐渐走上锐意抗日的道路,直

到最后壮烈战死,英勇献身于祖国的抗日救亡事业,是上蔡人民不畏强敌精神的代表,也是中华民族自强不息的英雄代表。

(二)胡群抗日自卫大队英勇抗战

胡群家境贫寒,自幼性情刚烈,身强力壮,爱打抱不平,颇能威震一方。1944年1月,上蔡县黄埠乡乡长为利用胡群,任命其为黄埠乡一保保长。但胡群不愿追随上司,屈当奴才。上蔡二次沦陷后,日军占领上蔡县城,日军高野中尉妄图长期奴役上蔡县,相继在县城及周边地区建立日伪政权——维持会以及地方乡、保、村基层组织。高野曾派黄埠乡长陈彦臣等人三次诱降胡群,均遭胡群严词拒绝。此后,阴险狡诈的高野,多次密谋后,派人将胡群擒获,以土匪罪名把他关押在日军司令部水牢里,百般折磨,迫其就范。胡群入狱后,宁死不屈,并与另两名难友通力合作,拆掉了一扇牢门,用砖头砸死一名日军哨兵,从牢中逃出。这次虎口逃生更加深了胡群对日寇的仇恨。陈仿岭是日伪军的一个大队长,统领伪军300多人,他奴颜婢膝、死心塌地地为日军效劳,经常在城西一带敲诈、勒索民众,作恶多端,百姓恨之入骨。胡群从日军水牢逃出后,招来自愿抗日的50多名青壮年。虽然队伍小,武器差、弹药少,但士兵情绪高涨。胡群有勇有谋,他知道,要想扩充势力,发展武装,必须夺取敌人的枪支、弹药来装备自己。他分析了敌众我寡、敌强我弱的特点后,决定攻其不备,力争首战告捷,以灭敌人锐气,长自己威风,既除恶,又壮大自己。11月3日,陈仿岭部驻扎在上蔡县黄埠镇北的张庄村。胡群率部星夜前往,凌晨3时逼近张庄附近。因天黑,队员们在左臂扎白布条作为识别标志。进至村边,尖刀组首先干掉敌哨兵,随之冲进村里,陈仿岭伪军大队被这一突然的攻击吓得丧魂落魄,惊恐万状,乱作一团。当陈仿岭清醒后,企图组织反扑,负隅顽抗。但这群乌合之众,根本不堪一击,陈仓皇率残部逃窜。战斗仅持续半个多小时就胜利结束。此次战斗击毙敌人15人,伤21人,生俘31人,缴获枪支40多支和大批弹药及军用物资等。第二天下午,胡群将作恶多端、民愤极大的少数汉奸当众枪毙,为民除害。

驻扎在上蔡县城的日军,每隔一段时间,就要往返于遂平和上蔡

一趟,拉粮食和军需物资。所用车辆全是从群众中强行摊派的。起初,日军重兵押运,国民党的地方武装见之唯恐避之不及,骄横不可一世的日军日渐麻痹起来,后来只派少量日军配合伪军押运,放松了戒备。胡群利用日军的这一麻痹心理和行动规律,决定寻机狠狠地揍他们一顿,打击日寇的嚣张气焰。也就在消灭陈仿岭伪军后不久,他便侦察到日军会在1944年11月8日前往遂平拉军用物资,日军车队要经黄埠回上蔡县城,机不可失,胡群遂决定伏击敌车队。11月8日凌晨,在高湾和蔡埠口村之间的大道两旁,胡群自卫大队已在有利的地形处埋伏下来,封锁了两村的进出要道,要求两村群众不准随便出入,以免泄露消息惊动敌人。直到下午三四点钟,上蔡通往遂平的大道上尘土飞扬,日军车队仍和过去一样,没有重兵押运,傲慢地由西向东行驶。第一辆车已进入伏击圈,车上还插着日寇的一面旗。日伪军那得意的狂叫声、斥骂车夫的嚎叫声已清晰可闻。装满物资的大车一辆接一辆地驶进伏击圈。"一辆,二辆……"胡群默默地数着,一共23辆。每辆车上都有日军和伪军押车,他们躺的躺,坐的坐,毫无戒备。车队后面只有六七个荷枪实弹的伪军步行尾随。"打!"随着一声枪响,胡群一声令下,顿时枪声大作,喊声震天。"车夫们快趴下!"胡群怕误伤车夫,高声叫道。正得意扬扬驱车行进的日军遭此迎头痛击,措手不及,仓促应战,利用军车、路沟做掩护,拼命顽抗,战斗异常激烈。胡群利用占据的有利地形,组织火力猛烈攻击,打得日伪军丢下军车狼狈逃窜。胡群率部一口气把敌人追至距县城仅有六七里地的李七楼村边。此次战斗,共缴获日军装载粮食和军需物资的大车23辆,步枪6支,机枪1挺,打死打伤日军3人,伪军5人。胡群把缴获的一部分物资交给国民党地方政府黄埠乡长耿林彬,大部分粮食分给当地贫苦农民。从此,胡群抗日自卫大队名声大振。

日军千方百计要消灭胡群和他的抗日自卫大队。1945年5月19日,驻上蔡县日军头目高野,指使3名汉奸来到胡群驻地诈降,妄图打入胡群内部,里应外合消灭胡群。胡群识破其阴谋,令手下人审讯3人,终于露出马脚。胡群怒不可褐,令分队长胡得海将3名汉奸处决,日军的阴谋化为泡影。6月4日下午2时许,情报员报告:驻上蔡县城日伪军100多人正向城南王营、南大吴、丁楼扫荡,将很快进抵郭

屯。胡群闻讯,立即集合队伍迎敌,在金井吴村后布防抗击敌人。3时许,日伪军刚出丁楼不远,便遭到胡群的迎头痛击,只好退回丁楼。胡群率部在村前占据有利地形组织射击。丁楼至金井吴之间,地带开阔,易守难攻。日伪军又深知胡群的厉害,不敢出村与胡部战斗。双方相持10多分钟,各自坚守阵地,谁也不敢轻易进攻。狡猾的日军从右侧三官庙村迂回包抄过来,企图对胡部实施围歼。胡群一看阵势,一旦包围合拢,就有全部被歼的危险,后果不堪设想。胡群猛地把上衣一甩,随即发出攻击令,队员们光着膀子朝敌阵冲去,日伪军一看抵挡不住,便抱头鼠窜,抛下数十具尸体逃回县城。战斗中胡群负伤,考虑到敌人肯定会组织重兵再来袭击,敌众我寡,不宜久留,遂率部向县城东部日伪力量薄弱处转移。8月,日寇投降后,国民党上蔡县县长李云回城主持政权,于1946年7月设计,将胡群杀害。

(三)史彭寨保卫战

华陂镇史彭村历史上称史彭寨,又名义和寨,寨四周围墙高筑,寨壕水深面宽,四面设有寨门,四角设有炮台,易守难攻。1945年5月中共上蔡县委、县抗日民主政府在史彭寨建立。

1945年7月的一天,侦察获悉,周口、漯河、西平、上蔡四地的日伪势力,要乘八路军128团东征之际,扫荡史彭寨,妄图一举消灭我们根据地的抗日力量,形势非常严峻。时任县抗日民主政府第二武装区队队长彭国保(1935年加入中国共产党,1949年腊月三十日被国民党残余势力杀害,1950年被追认为革命烈士)立即召开区队部会议,大家一致决定,紧闭寨门,修筑工事,拼死应战,固守待援。他们一边发动群众,把青壮年男子全部编入了战斗,没有枪的拿着刀权、棍棒,把自制的两门生铁炮和能作为武器的砖头、石块、车轮都搬上了寨墙;一边派人去128团留守处求援。

半夜时分,四地纠集的200多名日伪军包围了史彭寨,并迅速组织攻击西门。但等他们从寨壕里游到寨墙边,寨墙上的长短枪、轻机枪、生铁炮、手榴弹一齐开火,砖头、石块也如雨点般砸向敌人,立马打得攻寨伪军退回200米以外。看到伪军几次进攻未能得逞,20多名日军组成的冲锋队又强攻北门,寨墙上的民兵,群众再展雄威,日

军死伤近半退出 200 米以外,再也不敢贸然进攻。天刚蒙蒙亮,一二八团留守处一个骑兵排赶来增援。他们十几个人齐吹冲锋号,大造声势;20 多人用轻机枪猛扫,枪声、号角声响成一片,弄得围寨的日伪军晕头转向,以为八路军的大部队来了,如鸟兽散去般争相逃命。这曲军民同仇敌忾顽强抗日的战歌经久不息地回荡在史彭寨上空。

二、国民党地方驻军在上蔡的抗战

(一)天良寨战斗

1945 年正值春节,日寇从河南周口镇分两路大举南犯。一路从周口往西南至上蔡方向,另一路从周口南经上蔡之蔡沟镇朝汝南方向。正月初三凌晨 3 时,日军一个中队 40 余人,沿周口、上蔡一线,南进至上蔡之天良寨。在汉奸维持会带领下,突然包围了时属西洪乡管辖的天良寨,企图洗劫寨内财物以供军需。日军把大部兵力布置在北门外,以猛烈炮火袭击寨门,炮轰寨墙,同时以少数兵力于南门外设伏,架起两挺机枪严阵以待。日军判断:一个小小天良寨,一些地方武装,根本抵挡不住他们猛烈炮火的攻击,一定会开南门逃命。天良寨原驻守着上蔡县一个地方武装大队,但当晚因有急事不在寨内,因此,寨内空虚,仅有 9 人的一个班驻守,加上乡公所自卫队 30 多人,总共不到 50 人。他们武器相当破旧,但大敌当前,已无退路,不得不与日寇决一死战。他们在班长刘华林、李富安率领下沉着应战。根据兵力不足的实际情况,他们分成数组,采取运动战术,在寨墙上来往穿梭,打一枪换一个地方。为壮声威,他们还把寨内的富户陈景贤家的两只大黄狗带到寨墙上,随他们奔跑其间,不时发出几声瓮声瓮气的叫声。日寇在寨外只听到寨内处处枪声,以为守兵众多。维持会汉奸对"二郎神"显灵之事早有耳闻,几声犬叫声便吓破胆,哪个还敢强行攻寨。相持到天明之后,寨内百姓拿着蒸馍、油条慰劳战士,并自动加入守寨行列。9 时许,国民党驻天良寨的武装大队主力赶回,从东北方向鸣枪射击,向日军进攻。日军看攻寨无望,只得抬着两具尸体、3 个伤员,灰溜溜地撤出阵地,经大王庄、穆庄,赶往县城。此次战斗,第三中队班长刘华林、队员刘林、娄宝山 3 位勇士壮烈

牺牲。水寨村人徐改名,小王庄人朱安均在战斗中负伤。但不久日军再度攻击天良寨,寨内驻军不在,只有少数官兵,虽奋不顾身,终因寡不敌众,战斗失利,副班长关运喜被日军俘虏,用刺刀捅死。至此,日军两次袭击天良寨,共有4名烈士为国家捐躯。

(二)蔡沟战役

上蔡县二次沦陷后,国民党县政府迁驻城东高庙寨,国民党第十二师第三三六团一营驻防蔡沟,作为县政府西部屏障。一营把一连驻守到距蔡沟15华里的孙店,蔡沟只留两个连和一个小炮排,官兵200多人。1945年农历春节,驻守官兵提前开饭。驻军长官要求全体人员牢记"地勿分南北,人勿分老幼,皆有守土抗战之责"的指令,以鼓舞士气。官兵迅速进入各自阵地。日军骑兵、步兵和炮兵部队约2000人抵达蔡沟镇。上午8时许,为打日军一个出其不意,机枪连派一个排埋伏在寨北西马庄的一个高堤下,当一队骑着高头大马的日军走出马庄时,一阵机枪打过去,顿时日军人仰马翻,该排迅速撤回寨内。日军受阻,很快兵分三路,一路去大朱家桥,两路去田庄、东陈,妄图包抄蔡沟驻军。这时,寨内小炮排在排长指挥下,向日军发起猛攻,一发发炮弹打得日军不得不匍匐而行,躲藏在寨北两排小屋周围,动弹不得。寨内军队居高临下炮火封锁,日军迟迟未能靠近寨门。后日军用轻重机枪将北门打烂,并用小炮将北门楼打塌,一股日军趁着硝烟冲入寨内。在此危急时刻,机枪连连长一声高喊,数十名官兵应声跳出战壕进行反击。北门争夺战僵持多时,双方伤亡惨重,连长等官兵在外门两侧为国捐躯。日军进寨后,寨内官兵各自为战,顽强与敌人展开肉搏战。驻军营长赵复兴在日军逼近时,曾组织队伍从东门突围,但因盘踞在田庄的日军在东门外增强火力,突围不成。他们从东寨墙内由河北岸打到河南岸一造纸厂内,组织队伍跳墙突围,一排士兵跳下,多人牺牲,余者翻过寨河已所剩无几。这时,国民党第十二师第三三六团增援蔡沟的两支队伍被日军阻止。赵营长眼看突围无望,援军受阻,就号召大家自杀殉国。他首先打死自己的战马,举枪自杀时,被几个士兵抱着。有一受伤排长,被几个士兵扶到寨南黑庄,被赶来的日军用刺刀扎死。第二连连长率众杀出寨

外,又成了日军俘虏,当天被带到汝南关押。日军大部队进寨后,纸厂被炮火击中焚烧,赵复兴营长被俘,蔡沟寨失守。此次战斗,由于敌我力量悬殊太大,虽然击毙敌军150余人,但我县国民党驻军伤亡、失踪百余名,上蔡县保安团参战官兵20余名,亦伤亡殆尽。

附:

抗日战争时期上蔡县党组织隶属关系示意图

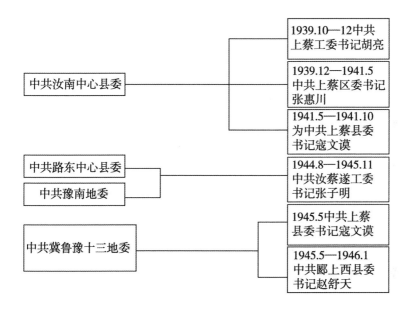

中共汝南中心县委	1939.10—12中共上蔡工委书记胡亮
	1939.12—1941.5中共上蔡区委书记张惠川
	1941.5—1941.10为中共上蔡县委书记寇文谟
中共路东中心县委 中共豫南地委	1944.8—1945.11中共汝蔡遂工委书记张子明
中共冀鲁豫十三地委	1945.5中共上蔡县委书记寇文谟
	1945.5—1946.1中共郾上西县委书记赵舒天

第三章
解放之战

抗日战争胜利后,国民党统治集团在美帝国主义的支持下,不顾人民的和平愿望,挑起了全面内战。1946 年 6 月,国民党 30 万大军向中原解放区发起进攻。中共中央审时度势,及时科学地做出了把战争引向敌占区的战略决策。1947 年 6 月底,刘(伯承)邓(小平)大军强渡黄河,千里跃进大别山。8 月,豫皖苏区党委决定乘刘邓大军南下的强劲东风,开辟沙河以南解放区。8 月 7 日,豫皖苏军区第一团在政委苗九锐的率领下开辟上蔡至平汉线新区。之后,上蔡县各级政权逐步建立。全县军民在党的领导下开展了剿匪反霸、减租减息、参军支前等运动,巩固了后方,有力地支援了解放战争,为新中国的建立做出了积极贡献。

第一节 刘邓大军千里跃进大别山途经上蔡

1947 年 6 月底,中央命令在晋冀鲁豫的刘伯承、邓小平领导晋冀鲁豫野战军,实行"千里跃进大别山"的战略之举,下大决心,不要后方,力争到大别山区站稳脚跟。

1947 年 6 月 30 日,刘伯承、邓小平率领晋冀鲁豫野战军主力第一、第二、第三、第六 4 个纵队 12 万余人,首先突破黄河天险,揭开了人民解放军战略反攻的序幕。刘邓大军强渡黄河后,乘胜发起鲁西南战役,为挺进大别山开辟道路。7 月 23 日,中央军委指示刘伯承、邓小平"对羊山集、济宁两点之敌,判断确有迅速攻歼把握,则歼灭之。否则,立即集中全军休整 10 天左右,除扫清过路小敌及民团外,不打陇海,不打黄河以东,亦不打平汉路,下决心不要后方。以半月

行程直挺大别山,占领大别山为中心的数十县,肃清民团,发动群众,建立根据地,吸引敌人向我进攻打运动战"。刘邓大军在山东菏泽地区羊山集歼敌第六十师后,原计划休整半个月,于8月16日南进大别山。蒋介石错误地认为刘邓大军作战近月,已疲惫不堪,紧急纠合8个整编师18个旅约14万人的兵力分进合击。同时,企图破坏黄河大堤,水淹刘邓大军。根据这一新的情况,刘邓决定提前结束休整,乘敌合击部署尚未完成之际,突然南进,执行挺进大别山的战略任务。8月7日夜,正当蒋介石在开封指挥军队分路向鲁西南合击时,刘邓大军已跳出包围圈,兵分3路,迅速向大别山进军。8月11日至13日,刘邓大军从民权至商丘间跨越陇海路,十分艰难地涉过宽达20余里的积水没膝、遍地淤泥的黄泛区,继续推进,渡过沙河、洪河、汝河、淮河。在驻马店正阳汝南埠,刘邓部队肖永银部顽强攻击,奋勇血战,一举突破汝河防线,于8月27日胜利进入大别山北麓的潢川、固始地区,完成了千里跃进的战略任务。

刘邓大军跃进大别山途经上蔡,为上蔡县党组织和广大人民群众带来了希望和信心。不久,中共豫皖苏区党委派部队和干部,到豫南开辟解放区,配合刘邓大军,在沙河地区建立豫皖苏四地委、行署、军分区,开辟了汝南、上蔡、项城,包括今平舆等广大豫南地区根据地,使生活在水深火热之中的广大上蔡县人民看到了希望和光明。

第二节　上蔡县解放区的开辟及民主政权的建立

一、上蔡县解放区的开辟

1947年8月,随着革命斗争形势的变化,豫皖苏区党委决定乘刘邓大军南下的强劲东风,开辟沙河以南,东起项城、沈丘,西至平汉线,北起沙河南畔,南至平舆射桥,纵横百余平方千米的新区。豫皖苏军区首长命令军区独立旅第一、第三两团渡沙河执行任务。第一团主力随团长张绍武配合第三团东进,开辟项城、沈丘、临泉地区,苗九锐政委率领第一团第一营开辟上蔡至平汉线新区。8月7日,苗九锐率第一团第一营进入上蔡县境(见图3-1)。为避免与不知虚实的国民党上蔡县武装发生冲突,苗九锐率部化妆活动在上蔡东北部,近六至八千米的三里党、高岳、高庙、大朱、大杨、大袁一带。在上蔡革命群众和进步力量的帮助下,经过侦察暗访,基本上摸清了这一带的敌情。8月8日夜,苗九锐与一营主要干部在三里党不引人注意的一家贫苦农家开会,经分析研究认为:上蔡县塔桥以东,国民党的反动武装仅有一个高岳乡联保队,要想在上蔡县东部开辟新区,立足扎根,必须尽快拔掉国民党高岳乡联保队这颗"钉子"。等成功拔掉这颗"钉子"之后,再宣布豫皖苏党委拟定的中共上蔡县委和县民主政府的成立,这样可以大造声势,扩大共产党的政治影响。高岳寨地处上蔡县、项城县(今项城市)交界处上蔡一侧,寨墙高大坚固,墙外护城河两丈余宽,水深数尺,易守难攻。以前土匪虎视眈眈,几次欲攻寨劫财均未得逞。戚德喜当上高岳联保队长后,自恃有几十号人、几十杆枪和坚固的寨墙,欺压百姓,霸人妻女,当地群众恨得咬牙切齿。8月9日,高岳逢集,苗九锐和随从扮成商人模样,肩挑行李货担,到高岳集镇侦察戚德喜行踪,摸清情况之后,决定立即突袭高岳寨。

图 3-1　苗九锐率部进驻上蔡

　　8月10日傍晚,苗九锐率部急行军来到高岳寨外,悄悄埋伏在寨子周围。午夜两点时分,戚德喜已进入梦乡,巡逻兵夜餐后在乡政府三楼打牌。忽然,"砰!砰!砰!"三声枪响传来。值班联保队员打开楼门一听,寨东门枪声大作。这时候不明情况的人们在大街上东奔西闯,有人高喊:"解放军攻寨了,四门都打开了,快跑哇!"群众潮水般往寨中心涌来。此时,戚德喜从梦中惊醒,抓起手枪,跑了出来。他和几十个联保队员,惊慌失措,只好钻进混乱的人群中瞎跑起来。人群涌向西门,解放军用机枪将其道路封锁,人们恐慌不安,哭声叫声响成一片。"乡亲们,大家不要害怕,我们是解放军,解放你们来了,我们是专捉欺负你们的戚德喜的。"听到解放军喊话,骚乱不安的人群开始镇静下来。戚德喜一听要捉拿自己,吓得浑身打战,慌忙溜走。天色已亮,全寨人都集中在空场上,唯独不见戚德喜。苗九锐命令部队继续搜索,后在高岳寨西小付庄一家猪圈里将其生擒。

二、中共上蔡县委及县民主政府的成立

消灭高岳寨国民党联保队,活捉戚德喜,拔掉了上蔡县东部阻碍革命力量发展的"钉子"。为扩大战果鼓舞群众,8月10日上午,豫皖苏入蔡部队,在高岳集召开群众大会,苗九锐首先代表部队党委,宣布中共上蔡县委、县民主政府成立。苗九锐任县委书记,李跻青任县长。县政府内设民教、司法、公安、工商等工作部门。同时,在豫皖苏军区第一团第一营的基础上,组建上蔡县武装大队,一营营长刘德昌任大队长,耿继廷任教导员。宣布县委、县政府、县大队组成人员之后,群众无不踊跃欢呼。然后,公审戚德喜,在群众一片"打死他!打死他!"的强烈要求下,中共上蔡县委、县民主政府当即决定,将戚德喜就地处决。会后,群众奔走相告,无不称快。不久,洪河东解放军在华东野战军骑兵部队(群众称之为"黑马团""白马团")配合下,迅速突破国民党上蔡县武装大队的防线,进入上蔡县城,上蔡县城第一次解放。9月,李跻青县长调离,苗九锐兼任县长。到10月,县境东部已经建立高庙、蔡沟、东岸、塔桥等7个区的人民政权。上蔡县委和民主政府领导下的上蔡县武装大队,有3个连扩编为4个连,达到500多人。下属还有各区队武装300多人。县武装大队的主要任务是保卫地方政权,维护地方治安,保护人民生命财产安全。

第三节　扩大政治影响稳固革命政权

一、骑兵团驰骋上蔡县境

1947年8月，豫皖苏军区第一团进入上蔡县境的同时，华东野战军骑兵团也奉命调至商水、上蔡、项城一线，配合第一团为解放上蔡等县开辟新区。华东野战军骑兵团是原新四军四师彭雪枫师长亲自创建，这支部队作风严谨，战斗顽强，素有"铁骑"的盛名。"铁骑"曾踏遍华东、华中地区，所向披靡，战果辉煌。由于是按马的颜色分编大队（连），有红马、黑马、白马、黄马之分，也有颜色混杂的大队。广大群众敬仰这支"铁骑"部队，看到红马就叫红马团，看到黑马就叫黑马团，看到白马就叫白马团。这样一来，也不知道究竟有多少个骑兵团。国民党的杂牌军、地方武装、还乡团闻之，无不胆战心惊。上蔡县民主政府建立不久，骑兵部队分三路攻打上蔡县城，不到两个小时就将城内3 000多个敌人击溃至城西南马堂一带，打死、打伤、俘虏数百敌人，缴获一批枪支、弹药和物资。当晚宿营在东大街，并将县委书记苗九锐等领导同志和武装人员接回县城住了3天。3天后，骑兵部队又向南开拔，在城南邵店和汝南金铺一带又与西平、扶沟、商水、周口等县市的残敌相遇。经过半天激战，敌人死伤数十人。骑兵团配合兄弟部队，再次攻克上蔡县城。一个白马大队随县政府进城，在城关做了一次马术表演：跃上跃下、镫里藏身、马上劈刺、马上拾物、背后射击、马上倒立等等，观者大饱眼福，看了无不咂舌称赞："骑兵部队真是厉害！"于是一传十，十传百，就这样越传越奇，骑兵成了"奇兵"。

1948年4月中旬，中共上蔡县委、县民主政府决定，为安定民心，维护社会秩序，扩大政治影响，在军区骑兵团的配合下，进行一次规模盛大的全县战略性阅兵式示威活动。整个活动分两路进行：一路以军区骑兵团一部、县大队一部，在苗九锐书记率领下，走外线，从大袁村出发路经黑河、洪河、黄泥桥、石桥、县城、邵店、洪山庙到达射桥、雍乐寨；另一路以县大队一部、三区、五区区队全部，在刘德昌大队长的率领下,走内线,经蔡沟、塔桥、齐海、五龙、洙湖、党店,到达射桥、雍乐寨与一路阅兵队会合。全线行程100余华里。路线之长,这也是上蔡县民主政府建立后的第一次军事大行动。天黑之后,受阅和示威队伍按时返回原地,与李汝生副县长和一区、二区、四区留守人员安全会合。此次阅兵示威活动,是在敌我两军中原拉锯战的时刻,群众心中无底,惶恐不安、情绪不稳之时进行的。大阅兵中,民主政府上蔡县武装大队和各区小队战士们,配合骑兵团等野战部队,个个精神焕发,士气高昂,人民群众争相观看,夹道欢迎。阅兵给人民壮了胆,撑了腰,消除了他们心头的恐惧和疑虑,坚定了人民群众"中国共产党解放军必胜,国民党必败"的信念,也为后来开展上蔡全县的各项工作,奠定了坚实的群众基础。此次阅兵示威活动,对匪顽及反动势力起到了威慑作用,使其不敢轻举妄动,闻讯逃之夭夭,大灭其往日的威风,为上蔡县当时仍很严峻的斗争形势,提供了相对安定的社会环境。

二、扩大战果,拓展新区

1947年8月10日,中共上蔡县委和县民主政府宣布建立后,县委机关曾设驻在三里党、大朱、大杨、高岳、蔡沟、白圭庙等地,隶属于中共豫皖苏区党委下属的中共西北工委。10月23日,晋冀鲁豫解放军陈(赓)谢(富治)兵团七纵南下,横扫上蔡县境内国民党反动势力。11月,豫皖苏军区骑兵团和上蔡县民主政府武装大队,在高庙乡蒋集与国民党上蔡县民众自卫总队相遇,骑兵团和上蔡县武装大队奋勇出击,经过激战,国民党上蔡县自卫总队溃败,逃至洪河以西,再也不敢轻易到洪河以东活动,上蔡县东部新区逐步实现稳固。12月下旬,中共上蔡县委书记苗九锐带领部队,向盘踞在塔桥集上的上蔡、项城保安团发起进攻,激战半日,歼敌200多人,并乘胜攻克县城,进而解放了上蔡大部分区域。

1947年10月20日,中共豫皖苏区党委在沈丘莲花池召开会议,宣布成立四地委、行署、军分区,上蔡县隶属于第四地委的西北工委(后改称中共豫皖苏第七地委)。当时,中心任务是:发展武装、发动群众、建立政权。要求各部队和随军干部开辟新区后,向群众宣布解

放战争的根本任务,民主政府的施政纲领和人民解放军有关政策,以扩大影响,安定民心。在消灭地主反动武装,摧垮国民党地方政权的基础上,建立各级人民民主政权。

为贯彻执行上级方针,县委县政府召开会议,认真分析上蔡县当时形势,决定把大朱、大杨村作为开辟上蔡解放区的基地。

是年冬,中共上蔡县委和县民主政府先后开辟了高岳区,区委书记王长明、区长于健吾;高庙区,区委书记张文韵、区长李定国。1948年2月开辟林堂区,区委书记杨进贤、区长袁明德;杨丘区,区委书记严仲儒、区长孙发金;3月开辟射桥区(5月划归汝南县)。10月开辟洙湖区,区委书记张文韵;塔桥区,区委书记韩开祥。后将区排序为:一区高庙,二区高岳,三区林堂,四区杨丘,五区塔桥,六区洙湖。

1948年1月,在豫皖苏西北工委的基础上,建立中共豫皖苏七地委、七专署、七军分区,下辖上蔡、项城、商水3个县,地委书记张太生兼分区司令员、政委,副书记安明,专员李斌。2月底,王伯重经人保释,由信阳监狱获释,随即赴豫皖苏区,经王幼平介绍,回上蔡协助苗九锐开展工作。

1948年4月初,中共上蔡县委、县民主政府决定:将五区和三区合并成新三区,五区的建制撤销,原五区的干部,分别调往一区、四区和县政府机关。合并后的新三区袁明德任区委书记兼区队政委,王金铎任区长。新三区拥有干部、战士计80余人,新三区的区域为,沿洪河两岸,南达汝南县界,北起杨丘东洪,东至项城界西,西跨洪河至齐海,是县民主政府的前沿区域,与国民党上蔡县李云政权正面相对。

上蔡三区区政府所在地林堂集处在上蔡至项城的必经道路之上。解放军上蔡县大队到三区地界活动,常与国民党保安队形成对峙,双方战斗频繁,局势非常紧张。其间发生在三区的较大战斗就有6次之多。如高庙战斗,蔡沟战斗,洙湖战斗,陈庄、田庄战斗,黄泥桥、塔桥战斗。一个多月之后,三区区长王金铎调地委学习,袁明德书记兼任区长。为加强三区斗争力量,上蔡县委调以韩开祥为队长的工作队,到三区加强干部力量。随着各区干部队伍的扩大,县委对各区工作分工进行了明确:要求各区小队配合解放军县大队,剿匪除

霸打击反动武装;各区工作队深入乡村,发动群众,组织乡村农会,废除保甲制度,建立新的乡村政权,实行减租减息。通过县、区各级党组织的积极努力,上蔡全县各项工作都有较大进展。然而在刚刚稳住脚步,工作有序开展之时,中原地区的形势又发生了变化,国共军事斗争又进入拉锯状态,战略性运动再次展开。刘伯承中原部队和胡琏国民党部队频繁交锋,县、区活动再度艰难。特别是三区工作最为艰难和繁重。4月4日清晨6时,国民党飞机轰炸三区所在地林堂寨,炸死人畜,炸毁房屋,民众惊恐不安。8时至下午3时,县武装大队、骑兵团白马大队先后在郏庄、庄头、黄泥桥、塔桥与国民党第十一师遭遇战斗,各有伤亡。敌众我寡,对我方十分不利,如一步不慎就有被敌吃掉的危险。为保存革命力量,骑兵团白马大队与县大队决定立即组织夜间突围,并脱离了险境。

第四节　消灭国民党反动武装

1947年10月,上蔡县的斗争形势还十分严峻。以李云为首的国民党上蔡县政府仍统治着上蔡县全境,拥有县、乡两级自卫队武装2 000余人。武津乡乡长董天栋拥有土匪武装300多人,占据县城东北一带。从沙河以北解放区,窜入上蔡县境的睢县田中天、太康郭馨波等国民党残部拥有六七十挺机枪和千余人员的武装,也与李云相互配合。另外,还有数股土匪,少者数十人,多者上百人,都与恶霸地主有着不同程度的勾结,有的直接就是他们掌握的武装。而豫皖苏军区第一团担负着东起项城、沈丘,西至平汉线,北起沙河南畔,南至平舆射桥,纵横百余千米的新区开辟任务,李云及其帮凶认为上蔡县民主政府的县武装大队人数不多,几度寻机挑战,企图消灭我武装大队。

根据形势,苗九锐政委领导的县武装大队采取避实击虚、长途奔袭的游击战术,先后取得了塔桥和蒋桥战斗的胜利,使敌人躲进洪河以西老巢不敢轻易越河东一步。其间,中共上蔡县委和县民主政府采取访贫问苦的方法,查找匪首,落实罪证,公开镇压了一批土匪恶霸。先后召开群众大会公开宣判处决了高岳联保队长戚德喜、土匪

保长常世廉和齐亭宣等人,涨了人民的志气,灭了敌人的威风。大小股敌人闻风丧胆,不敢轻举妄动。高岳、高庙、林堂、杨丘等区政府很快建立起来,区级武装也相继建立。为了巩固新生的人民政权,中共上蔡县委、县政府努力推进对敌斗争,把发动群众,武装群众,铲除反动武装,巩固扩大解放区作为工作重心。

一、智取顽匪董天栋

董天栋,上蔡朱里人,抗战时期毕业于黄埔军校,因不愿寄人篱下,弃职回乡。在国民党上蔡县政府第六大队长张子重手下当中队长。1947年2月,董天栋采取手段"竞选"上武津乡乡长后,纠集东岸乡郑好民、杨丘乡朱海霞、东洪乡李应安等人,伙同张占魁(原国民党某师师长)组织了上蔡、商水、项城三县联防队,又勾结部分土匪,组成了一支号称千人的队伍。这支队伍下设5个连,有轻机枪12挺,冲锋枪20多支,手枪50多支,步枪百余支,称霸于上蔡县东北一带。开始,董天栋与国民党上蔡县县长李云关系不错。后因董天栋倾向于上蔡三青团头目刘逢辰,同李云发生了矛盾。1947年秋,解放军进驻上蔡县境,董天栋怕受李云与解放军的双重夹击,决定先投靠解放军,企图利用解放军消灭自己的对手李云。1948年腊月初的一天,姜廷杰(当地知名人士)、吴俊青(董部副官)受董天栋之命,趁天黑到东洪东南的李楼找到豫皖苏军区第一团团部。他们代表董天栋表示,要投靠解放军。董部是一支不可忽视的地方武装,如加强教育,可以成为一支非常有用的力量。经过谈判,达成协议,同意董部改编为解放军。

第二天,解放军部队在东洪集大街上张贴欢迎董部的红绿标语,还组织了以军号、锣鼓为主的乐队,列队欢迎董天栋率部来东洪接受改编。在东洪东边的空地上,双方部队集合。豫皖苏军区第一团首长对董天栋的大义之举给予表扬,宣布了改编协议。按协议,董部改编为中国人民解放军上蔡县"独立营",同时要求其必须服从解放军的军纪,接受解放军的领导,在上蔡县朱里一带活动。但是,改编后,董天栋却置改编协议于不顾,匪气不改,以解放军的名义在朱里称王称霸,敲诈勒索,拉丁派夫,抢劫民财,奸淫妇女。他为再筹建一个骑兵连,派人到四乡抢掠群众的马匹。腊月中旬,"独立营"副营长吴俊青带20多人到东岸一带强拉群众的10多匹马,返回途中恰与豫皖苏军区第一团一支小分队相遇。一阵枪战,董部士兵被击毙几个,11人被捉。经审问,方知是董天栋的部下。因违反军纪,遂将其扣押。董天栋得知后,三番五次找团首长索要人马,未获准许。董天栋见劣迹败露,便与心腹策划,脱离解放军,扩充兵马,配合李云消灭豫皖苏军区第一团。

1948年1月,豫皖苏军区第一团党委根据群众的反映,研究决定,将"独立营"调离朱里,靠近主力部队,对董天栋本人进行教育,对部队按解放军的纪律进行整顿。董天栋拒不服从,继续在原地扩充兵力。2月初,时值刘邓解放大军3个纵队实施外线作战进至东洪桥东北一线。第一团党委决定乘势将董部彻底改编,又遭董天栋拒绝。经团党委研究,请示刘邓大军第一纵队首长同意,决定将"独立营"缴械。2月9日,董天栋在朱里郑庄寨接到团首长命令:"趁过春节敌人麻痹之际全歼李云部,速将部队带至东洪刘寨村待命。"董天栋为不暴露诈降之谋,且迫于当时解放军兵力数倍于他的情况,只得从命。这天上午十点许,董天栋带领"独立营",到达东洪乡刘寨村关帝庙,豫皖苏军区第一团第一营和三营也按时到达。"独立营"居北面南,呈东西纵队约500人(部分人回家过年),"独立营"南约30米处是居南面北呈、东西列队的一营约300人,"独立营"的东侧是呈南北队列的三营约300人。

队伍刚到,董天栋和一营、三营营长,就接到团部通讯员送来的命令:排以上干部都到杜庄(刘寨附近)团部开会,商讨除夕夜进攻上蔡县城的战斗方案。董天栋接到命令后,便带"独立营"40多名排以上干部随同一、三营的干部前往杜庄开会。余下队伍仍在原位置集合后,团部的一位指导员讲话说:"在郑庄寨驻防时,群众反映我们有人拿了人家的东西,为弄清情况,严明纪律,现在趁空搜一搜。"于是他先命令三营:"架枪!""向后转!""向前三步走!""解开背包!"几个干部跑步过去进行"检查"。正当"检查"三营时,指挥员说:"下面检查一下'独立营'。"遂令:"架枪!""独立营"把枪支架在队前。指挥员下令:"向后转!""跑步走!""独立营"跑了20多步。指挥员猛地脱下帽子往地上一甩,打出了信号。只听一营的两挺机枪顿时响了起来,子弹呼啸着从"独立营"头上扫去。同时,解放军战士大喊:"不许动,谁动打死谁!"枪声过后,他们回头看时,一营的战士已冲到"独立营"架枪处,把枪尽数缴走,其余战士持枪对准"独立营"。一阵惊恐过后,指挥员重新整理队伍,对"独立营"战士讲解放军纪律和共产党的政策。指出愿接受改编的,欢迎加入解放军队伍;不愿意参加,就地遣返。在"独立营"被缴械的同时,杜庄团部一听到刘寨的枪声,当董天栋还没有反应过来是怎么回事时,豫皖苏军区第一团一、三营排以上干部以迅雷不及掩耳之势,以绝对优势逼向董天栋及其部下,将其全部擒拿缴械。2月14日,上蔡县民主政府在郑庄寨召开公审董天栋大会,董天栋被枪毙在郑庄寨东门外。

二、打垮以李云为首的反动武装

1947年冬,上蔡县境洪河以东,已形成以蔡沟为中心的大片解放区,成为上蔡县民主政府的巩固根据地,洪河以西作为敌占区。广大人民群众吃尽了国民党政府派粮、派款、拉丁、拉夫的苦头,急切盼望解放军尽快把以李云为首的反动政府推翻。当听到李云的武装有什么活动时,就立即向上蔡县民主政府报告。城东白圭庙有个群众叫班世瑞,他在冯玉祥部下当过兵,富有正义感,和解放军交上了朋友,并送儿子参加革命,成了一名光荣的军属。1948年6月初,班世瑞听说李云准备纠集两个团奔袭上蔡县民主政府,及时向县委报告了情况。原来,在5月下旬,李云得知县民主政府机关驻在蔡沟东门里,人员不多,且武器装备薄弱,就决定突袭蔡沟寨,消灭中共上蔡县委、县民主政府。但迫于全国解放战争的大势,李云认为,共产党在洪河东已得人心,且已将河东与沙河两岸连成大片解放区,即便此举得逞,河东也不是唾手可得之地。但他的父亲却葬在河东,他深知自己为百姓所痛恨,为防群众"掘墓鞭尸",欲将葬于高庙寨外白庄的他父亲的灵柩,移葬于自己领地的祖坟。他自以为,此战一举两得,事不宜迟。6月5日,李云命保安团周志远、李守成两个中队230余人,带轻机枪4挺,步枪200余支,手榴弹百余枚,由蔡沟镇镇长宋敬宗带领,同蔡沟镇自卫队600余人一起,执行夜袭中共上蔡县委、县政府机关

的任务。命令其胞弟李心坦(和平镇镇长,今蔡都镇)带领本乡自卫队执行起墓任务。下午7时,为神不知鬼不觉,李部不取道河上架有桥梁的塔桥、洙湖两镇,而将两路人员均集结于塔桥南洪河西岸,架浮桥通过。李云亲临河岸督师,以壮士气。

蔡沟是个大镇,南北长3华里,黑河东西穿过,把该镇一分为二,镇中架有大桥一座,上蔡县民主政府驻在河北寨东门里路南一个四合院里。当天,得知李云要来夜袭的消息后,中共上蔡县委立即召开紧急会议。会议认为,如果要消灭李云还得去河西,且我力量不足;今天敌人送上门来,正是歼敌的有利时机。敌人原以为县民主政府只有一个连的兵力,消灭县民主政府很有把握,却不知我军已得到消息早有防备。县民主政府武装大队两个连已调到寨北马庄、康湖等村待命,军分区骑兵大队和一个主力团,已进至蔡沟东北八华里的坡朱、大杨一线。县委书记苗九锐决定将计就计,按兵不动,以静制动。将县政府机关作为诱饵诱敌上钩,待机歼敌。密告马庄、坡朱、大杨各部做好应战准备。黄昏时分,县委、县政府召开由各科科长和连排干部参加的紧急会议,进一步说明敌情和战斗部署,把零散在大街上的单位撤至县政府大院,要求一连对在押犯严加看管,通知冯庄(蔡沟西南二里)工作组,准备应付突发情况,同时再次向各部门通报了情况。6日凌晨1时,敌人首先偷袭了冯庄工作组。工作组刘志运等4位同志因寡不敌众,且有麻痹的轻敌思想,被敌俘虏,后被李云保安团中队长李守成残酷地杀害。冯庄的枪声传来,苗九锐书记立即做了战前动员,要求同志们沉着机智,英勇善战,无论发生什么情况都要固守县政府大院,以待援兵,为节约子弹,敌人不进攻时,不得射击。为防不测,他最后指示,将在押的顽固派杨丘乡乡长贾洪模及4名卫士立即处决,将其他犯人交一人看守。并警告犯人,胆敢妄动,立即处决。凌晨2时许,敌人从南门和西门进入蔡沟寨内,为了壮胆,胡乱打了一阵机枪。过河后,敌人首先以部分兵力将县政府大院包围,为防援兵,将重兵部署在寨东门地区。苗九锐沉着应战,指挥战士上房上墙,占领有利位置,做好战斗准备。接近县政府大院时,敌人的机枪扫射声、手榴弹爆炸声响成一片。在"活捉苗九锐"的鼓噪下,几次发动冲击,企图突破我军阵地,均未得逞。延至破晓,敌人越

攻越猛。苗九锐命令两机枪手集中火力,猛烈扫射,很快把敌人压了下去。激战一个多小时,双方停止了射击。激战的枪声停后,苗九锐书记焦急地等待着援兵到来。此时驻在北马庄的县武装大队两个连和驻坡朱、大杨的骑兵大队已从北门进寨,但由于没有听到枪声,也没有发现敌人的踪影,误认为县民主政府已安全转移,决定主动撤退。天色大亮后,苗九锐书记不见援兵到来,心中万分焦急,他当机立断,派人突围求援,求援人员在机枪掩护下骑马从东门冲出重围。开始,敌人误认为是县民主政府全部人马要冒险突围,企图待县武装大队人马出院后再进行歼灭,后才发现其主力并未出院,醒悟过来时,求援人马已冲出东门驰于射程之外,敌人无计可施,害怕解放军援兵赶到,不敢恋战,开始撤退。这时,接到求援的三路援军赶到,在苗九锐的统一指挥下,迅速向敌人追去。敌人溃不成军,四处逃窜。敌领队宋敬宗逃至蔡沟南大杨,被解放军骑兵大队发现,宋敬宗连同两个卫兵被击毙。解放军乘胜追击,将敌人追至河岸边。敌人的残兵败将一部分朝洙湖方向逃窜,骑兵大队一直猛追不舍,下午2时许,当骑兵大队追至洙湖毛楼村附近,恰巧与李云之弟李心坦率领的起墓敌兵相遇。在战斗中李心坦被骑兵击毙,其父的棺材被战士们焚毁。此次战斗,不但打死李云的两名领队宋敬宗、李心坦,还击毙、击伤、俘虏敌兵百余人,缴获大批枪支弹药。

蔡沟战斗是上蔡全境解放的关键一仗。此战李云赔了兄弟又折兵,其父死无葬身之地。他赖以苟延残喘的县保安团及地方武装被彻底击溃,其全部家当也快丧失殆尽。事后李云为之痛哭流涕,悔恨失策。战后,李云及其残部摄于解放军的强大威力,从上蔡县城仓皇撤往平汉路附近,龟缩在国民党控制的几个大据点内,不敢轻易步入蔡境。从此,上蔡的形势发生根本性的变化,洪河以东解放区更加巩固。

三、打击国民党"便衣团"

豫皖苏军区第一团进驻上蔡后,经过近一年的武装斗争,国民党在上蔡的地方武装势力基本上被肃清。龟缩在平汉线国民党几个大据点的李云却贼心不死,常与驻在平汉线附近的国民党第十一师相

互勾结,利用第十一师便衣团,常到解放区洪河以东骚扰。敌人的便衣团是专门对付解放军地方武装而整编的,其团下不设营,连下不设排,每班十七八个老兵,共计官兵400余人,全是美式装备,经常穿便衣冒充地方团队或还乡团,进入解放区进行破坏。

　　1948年7月的一天夜晚,上蔡县大队刘德昌大队长,率二、三两个连冒雨行军30余里到高庙一带,伺机消灭高庙一带的土顽势力。天将破晓,雨停了,他们才赶到高庙寨。二连指导员负责收容,几个掉队的战士还在寨围壕下洗脚,部队正在西门里集结休息,等管理员分配好房子才进入宿营地。就在此时,侦察战士报告发现敌情,刘德昌命令部队赶快关闭寨门,遂向其他各门派出了警戒。不久,敌人先头部队进至西门外百米远的小村,误把县大队当成了高庙区队;而刘德昌也误把便衣团当成了还乡团。当二连派一个排出击,消灭敌人先头班后,看其装备,才发现来者是第十一师便衣团。这时,敌人后续部队已赶上来,撤离已经来不及了,刘德昌带领两个连队全部投入战斗。双方拼杀了半个小时,敌人不支,向西撤退。刘德昌率领二、三连追击10余里,才往高庙寨返回。返回途中,10时许,队伍在大许村头集结休息,派出1个排的兵力放哨警戒,准备吃早饭。突然,哨兵报告在东北方向发现一股敌人,约二三百人,正向高庙方向前进,即将接近哨位。刘德昌遂率部队迎敌,半路上,敌人已与我排哨接火。敌人装备好,火力猛,排哨虽然打退敌人几次进攻,终因敌我兵力悬殊,排哨20余人全部壮烈牺牲,固守的院子被敌占领。刘德昌赶到后,几次冲杀,又把这个院子夺回来。敌人这才发现我方不是高庙区队,而是解放军的主力部队,慌忙撤退。刘营长从俘获的敌伤员口中得知,这一股敌人是便衣团进攻高庙北门的主力,因敌人在高庙西门没有得手,才撤下来,又在此与我军相遇,刘营长率队乘胜追击,敌人丢弃一些轻机枪和六零炮,狼狈逃窜。两次遭遇战的胜利,令敌便衣团和地方还乡团闻风丧胆,从此再无踪影,再也不敢袭扰洪河以东解放区了。

四、铲除洙湖"钢枪队"

　　上蔡县洪河东解放区的开辟,使得洪河以西国民党,整天提心吊

胆。特别是国民党洙湖镇镇长刘杰廷、保长刘美亭这两个反共分子更是恐慌不安。为保"基业"，便乞求经常往来的国民党第十一师配发枪支，在镇联保队中配备了一支"钢枪队"。洋枪洋炮在手，好像有了底气，刘杰廷狂叫："看那些土八路还敢动我一根汗毛!"猖狂反共，镇压革命群众。中共上蔡县委决定尽早铲除这伙反共分子，消灭洙湖"钢枪队"。1948年9月，时近中秋节，刘杰廷为阻止钢枪队员回家过节，与家人团聚，便许诺十五晚上开个"百鸡宴"慰劳钢枪队员。并下令钢枪队武装到乡村筹粮派款，抢猪牵羊，抓鸡打狗，筹备"百鸡宴"。

农历八月十五日夜，洙湖镇公所大院内，钢枪队宴饮正酣。刘杰廷穿梭于士卒之间劝酒，以表关心，个个喝得酩酊大醉，头重脚轻。"啪、啪、啪——"几声枪响，划破夜空。保长刘美亭已有几分醉意，听到响声向刘杰廷发问说："镇长，哪儿打炮呢?""还不是河东那帮穷小子放铁炮(民间铁制爆竹)庆贺什么'解放'哩，别管他，有钢枪在手，还怕他不成。喝——喝——!"外面枪声骤紧，人声嘈杂，屋里醉汉酒兴正浓，充耳不闻。几个端枪的解放军战士冲进镇公所，大声喊道："不许动! 不许动!"醉酒的"钢枪队"队员目瞪口呆，不知所措。"缴枪不杀，举起手来!"解放军战士再次喝令，此时狂欢正酣的钢枪队员如梦方醒，大声喊叫起来："解放军来啦，快跑啊!"一时间，桌翻、凳倒、碟碎、杯破，几个屋里乱作一团;在另一间屋喝酒的刘杰廷的几个贴身保镖听到喊声，不敢怠慢，架着主子溜了出去，从隐蔽处翻墙而逃。解放军战士相继破门而入，钢枪队50余人还没来得及还手，就成了俘虏。

原来，林堂区政府得知刘杰廷在八月十五宴请钢枪队的情报，迅速报告上蔡县民主政府，认为这是消灭洙湖钢枪队的好机会。根据县委、县政府指示，县大队立即决定由三连配合林堂区小队中秋节夜袭"钢枪队"。洙湖之战，一举全歼"钢枪队"，解放军战士无一伤亡，再现了"神八路"的威风，洙湖镇及周边国民党反动武装闻风而逃，群众拍手称快。

第五节　刘伯承与上蔡县城第四次解放

一、刘伯承率部途经上蔡

刘伯承是中国现代史上著名的无产阶级革命家、军事家。1947年,他和中原军区政委邓小平按照中央部署,率12万大军挺进大别山,引起国民党的极大恐慌,集中23个旅围攻大别山区。刘邓大军为了在大别山区落地生根,根据中央指示,决定一部主力坚持大别山内线斗争,以一部主力向敌外围实施战略再次展开,以策应陈粟、陈谢两支大军,开辟新的解放区。刘伯承司令员亲自率领一部主力部队,从大别山北进豫南。1948年4月3日,天灰蒙蒙的,几天来淅淅沥沥的小雨仍在下个不停。接上级指示,上蔡县林堂区区长袁明德率领区武装小队冒雨集合在大路旁等候命令。他们迎着东来的解放军大队,又目送他们西去,这就是刘邓率领的人民解放军中原野战军大部队,路过距上蔡县城45华里的林堂集。10点多钟,邻街药铺里,区长袁明德和同志们正在商量工作。突然,窗外传来询问声:"老乡,请问这寨里有无地方机关,你们的区长在哪里?"袁明德同志闻声出来,急忙答道:"我就是,有事请讲!"那人翻身下马,说:"首长要借地休息,请区长行个方便。"袁明德一看,从林堂寨南门进街一支百人小部队,为首的几个人骑着马,已经来到面前。后边的两个战士扶着一位身披雨衣的老战士,踩着泥泞艰难地走来。自己的队伍来到面前,无须寒暄,袁明德领着他们走进了区政府—房东家里。袁明德就是从冀鲁豫根据地南下到上蔡的,当警卫员帮老战士脱下雨衣时,袁明德眼睛一亮,马上认出这位老战士就是他的老师长——刘伯承司令员。为能再次见到刘伯承师长,亲耳聆听老师长指示,袁明德激动不已,高兴万分。中午时分,入寨部队在店铺或群众家里借灶做饭,首长的勤务员也在跟房东借粮做饭。袁明德看到部队用粮如此紧张,遂安排司务长把区政府机关仅有的一部分粮食全部分给大家先用。安排完毕,袁明德回到首长休息的房间,为首长生火取暖,烤衣服。一位参谋询问了袁明德的基本情况后,指着两位首长介绍:"这位是刘伯

承司令员,那位是参谋长李达同志。"袁明德迅速站起,行个军礼,报告说:"本人是上蔡县林堂区区长袁明德,请首长指示!"李达参谋长亲切地说:"坐下谈,坐下说!"袁明德找个凳子坐下,向首长汇报了个人随军南下,留到这里工作的情况及当地民情。

刘伯承听完袁明德的话若有所思,看了看参谋长李达,没有作声。李达似乎领悟了司令员的意思,对袁明德说:"今天午后,我军行进到上蔡县城以西,明日到铁路以西。国民党的军队会到县城以东来。这地方会被敌第十一师、第八十五师所占领。后天敌军可能移至县城以西的铁路沿线,上蔡、项城地界会有国民党尾随部队。这两天你们县、区活动要困难些,估计两天后会逐渐好起来。"刘司令员亲切郑重地指示道:"你们要谨慎活动,保存实力,避实击虚,打击尾随之残敌,安定好地方秩序……"李达参谋长又询问了上蔡县和林堂区的武装力量。袁明德答道:"县大队和区队有400多人,分两部分:苗九锐县长领着白马大队和县大队的一个连200多人在东边活动;另两个连和区队也有200多人,由王副团长、刘大队长率领在这一带活动。"刘伯承司令员很关心地问:"在这里吗?""在北边5里多地的一个村里,找他们来吧!"李达参谋长说:"不要来了,你将刘司令员的指示转告给他们就是了。"又加重语气重复说:"这几百人一定要保存好实力。"接着一位参谋安排:"为了便于行动,请袁区长从区小队抽几位熟悉前方情况的战士,饭后将大部队送出县境。"袁明德安排区部分武装战士随军行动,将大部队送出上蔡县境。

二、上蔡县城第四次解放

司令员刘伯承和参谋长李达率部途经上蔡,虽在战略转移途中,但对上蔡县党组织和广大军民是极大的鼓舞,更加增强了斗争的信心。送走司令员刘伯承后,袁明德及时向中共上蔡县委和民主政府领导传达了刘伯承、李达的指示。中共上蔡县委和县民主政府立即部署政府机关和部队转移。为保存力量,按照分工,4日凌晨,豫皖苏军区一团王副团长和县武装大队刘大队长率领县区机关干部和武装力量全部向北转移出去。6时许,国民党飞机对林堂区机关住地林堂寨进行狂轰滥炸,炸死人畜,炸坏房屋。转移出去的县区政府武装力

量安然无恙,为敌军过后继续开展工作保存了力量。同时,苗九锐书记带领县委、县政府和县大队一个连,按照中原野战军首长指示方案,到林堂西北黑河西岸的西马庄隐蔽,以保存实力。当时,豫南正处于国共两军拉锯状态,战争形势瞬息万变,中共上蔡县委落实刘伯承司令员指示,避敌锋芒,保存实力,为以后夺取全面胜利打下了基础。也就在县区机关和武装转移的第四天,4月8日刘邓大军一部奉命进攻上蔡县城,上蔡军民配合野战部队第四次解放上蔡县城。

第六节　洪河县革命政权建立

1948年8至9月间,上蔡县洪河两岸的匪顽势力基本消灭。但是,由于洪河以西和县城北部的区域地处几县边沿地带,斗争形势十分复杂。上蔡到商水,是顽匪经常出没的必经之路,方圆数十里常有成股乡保政权武装及土匪穿插活动,处于"我走敌来、我来敌走"的状态。而在洪河东的中共上蔡县委和民主政府,剿匪和建立民主政权工作也很繁重。因此,是年10月,中共豫皖苏七地委七专署(驻商水县境),根据现实斗争的需要,决定建立中共洪河县委和县民主政府,由张仁任县委书记,张策任县委副书记,王伯重任县长,江鸣(姜铭)任副县长。因区域和斗争形势复杂,中共洪河县委、县政府机关驻地无固定地点,活动仍属游击形式。常常昼伏夜出,辗转周旋,曾一夜之间转移数处。主要活动在北至华陂,南至西洪,西到王桥,东至朱里一带。不久,中共洪河县委和县民主政府,组建了朱店(朱里)区,蔡中田任副书记,主持工作;百尺区,陈长俊任副书记,主持工作;天良区,朱景灏任副书记,主持工作;盆尧区,张克敏任副书记,主持工作。于11月开辟湖岗区,荆景然任副书记,主持工作;华陂区,荆德龙任副书记,主持工作。

第七节　上蔡人民踊跃支前

随着解放战争的深入,革命力量日渐壮大,上蔡县斗争形势不断发生新的变化。在县区党组织的宣传和鼓动下,上蔡县解放区人民

掀起了支援解放战争的热潮,仅三区人民,在豫东战役解放开封期间,就自愿组织了150副担架及民工,支援了中原及华野部队共同参加的洪河桥阻击战,为豫东战役胜利解放开封赢得了时间,做出了贡献。淮海战役期间,三区青壮年自愿报名,组成300多人的武装力量,奔赴前线参加战斗;另组成500余副担架队,到宿县、永城前线救治伤员,转运粮草、弹药等军需物资,为淮海战役的胜利做出了贡献。

1949年初,淮海战役刚结束,上蔡县进行一次参军大动员,很快有1 000余名青年报名参军,和县大队一起,由时任上蔡县委书记的苗九锐带领,编入张国华司令员新组建的第十八军。上蔡县子弟兵跟随这支英雄部队,先后参加了渡江战役、西南战役,最后进军西藏,为西藏的和平解放、发展稳定做出了不可磨灭的贡献。

1949年4月初,中共上蔡县委召开干部扩大会议。会议指出,当前最迫切的任务是动员青年参军,征购粮食,支援前线。会议号召全县共产党员、革命干部在三大任务中再立新功,将革命进行到底;号召、动员全县青年积极报名参军,随时准备参军参战,为解放全中国做出贡献。会后,新成立了上蔡县支前司令部,李汝生任司令员,张仁任政委。主要干道沿线的各区乡都设立了兵站,保证人民解放军路过上蔡县境时所需各项物资的供应。至月底,全县动员近800名青年参军,征购粮食140万斤,烧柴、饲草300多万斤,超额完成支前任务。

第八节　声势浩大的剿匪反霸运动

1948年,经人民武装力量的打击,县境内大股土匪已基本被歼,但并未彻底消灭,到1949年3月,全县尚有小股土匪34股1 350人,散匪1 000余人,恶霸2 000余人。为彻底摧毁国民党地方反动残余力量,1949年3月20日,县委召开区级干部会,部署剿匪反霸运动的工作和任务。4月,在五龙、东洪、洙湖首先开展剿匪反霸工作试点。7月剿匪反霸运动推向全县。在全县进行军事清剿的斗争中,一方面大力宣传"首恶必办,胁从不问,立功赎罪,立大功受奖"和"坦白从宽,抗拒从严,自首缴械者从轻处理"的政策;另一方面,组织武装小分队进行追剿,同时号召人民群众揭发检举。到11月底,共瓦解散

匪、股匪 2 000 余人,击毙大小匪首 552 人,匪首李林森、李清林、郝金鱼等缴械投降。并破获了以甘雨臣为首的特务组织,18 名成员全部落网,缴获各种枪支 5 852 支,子弹 71 164 发及其他军械。至此,剿匪任务基本完成。从根本上消除了人民群众几十年"日怕保甲长,夜怕土匪抢"的惶恐心理。

8 月 1 日,在庆祝八一建军节大会上,县委、县政府主要领导和驻军首长出席了大会。大会号召全县军民为肃清匪特而努力奋斗,并处决了罪大恶极的土匪头子姜某。

1949 年 11 月,县委召开大会,400 余人参加会议。会议总结了前段剿匪反霸斗争的试点经验,在新老干部中开展了查情况、查政策、查作风、查阶级觉悟的"四查"教育,学习了剿匪反霸清算政策;百尺、黄埠、华陂 3 个区,全面进行清匪,重点进行反霸清算。12 月份,全县转入反霸清算阶段。由于大力发动群众,组织群众诉苦申冤,群众的阶级觉悟大大提高,面对面地向反动地主、恶霸进行诉苦说理斗争。据统计,全县共召开斗争会 896 次,斗争恶霸 3 613 人,从地主恶霸手中清算回土地 2 万余亩,粮食 200 多吨。

1950 年初,为了维护新生的政权,保证土改工作顺利进行,县公安局配合各区中队,对匪霸进行彻底的清剿。是年春,先后歼灭了城东的康某、邝某,城北的于某和城西的刘某等 9 股土匪 1 088 人,缴获各种枪支 1 600 支,子弹 56 800 多发,对罪大恶极的匪首给予了处决,稳定了社会秩序。

在剿匪反霸斗争中,为消除反动势力对人民群众的威胁,把解除他们的武装作为重点。1949 年 12 月至 1950 年 1 月,县委先后两次发出布告,指出不论是匪枪、公枪,还是民枪,都要自动交出;对所收缴的枪支弹药一律交给人民政府进行登记,由政府发给收据,严禁私造、买卖、转移、隐瞒武器枪支等,并号召广大群众积极揭发,对隐匿不交而又顽抗抵赖的分子,发动群众进行斗争,然后交人民法庭处理,给予坚决打击。通过收缴反动地主匪霸的武器弹药,进一步瓦解了敌人,打击了匪霸的反动气焰,社会秩序进一步好转,人民政权得到进一步巩固。

1950 年 3 月,全县全民性的剿匪反霸运动基本结束。通过运动,

摧毁了匪霸势力,废除了旧的保甲制度,稳定了社会秩序,安定了人民生活,巩固了农村基层政权。全县建立了209个乡政府和民兵组织以及1 009个农民协会,入会农民达74 973人,培养和锻炼了一大批基层工作骨干。

为了保卫胜利果实,做到有匪必剿,1950年8月17日,县委建立了剿匪指挥部(剿匪治安委员会),其组成人员有指挥长胡友禄,政委张仁,副政委李汝生,委员王克忠、袁明德。在县剿匪指挥部领导下,各区建立了大众情报站,由各区组织乡干部、民兵,对敌特、匪霸进行监控,各区武委会指派情报员,定期向上级汇报近期敌人活动情况。规定各乡每5天向区报告一次,各区每7天向县书面报告一次。

上蔡县的剿匪反霸斗争,历时2年,打击了全县的土匪、特务、反动地主恶霸及其他国民党残余分子的造谣破坏活动,打破了反动地主、国民党残余分子妄图"变天"的美梦,巩固了各级人民政权,保证了土地改革、抗美援朝、镇压反革命等运动的顺利进行,确保了全县社会稳定、生产发展、人民群众安居乐业。

第九节　上蔡解放之战

一、塔桥战斗

1947年冬,洪河以东已为人民解放军所控制。国民党县政府为了固守洪河以西地区,县长田云樵派自卫总队队长张世轩带领两个大队,在塔桥南北沿洪河布防。年底,人民解放军上蔡县大队向驻守塔桥之敌发起猛攻。战斗由上午开始,下午4时终于突破了桥头阵地。张世轩自卫总队全线溃退,解放军乘胜追击,攻克县城,县长田云樵、自卫总队长张世轩化妆潜逃。

二、射桥战斗

1948年3月,上蔡县民主政府第五区区分队,进入射桥(现属平舆县)开展工作,与豫南反共游击队白旭初部遭遇,经一天激战,区分队100余人,突破敌人阵地,随后组织反击,将白部400余人击溃。

三、郏庄寨、马庄寨战斗

1948 年 4 月,人民解放军县大队与国民党暂编十一师便衣团在郏庄寨遭遇。县大队与敌激战一天,胜利突围。次日凌晨,县大队和三区队在马庄寨将流窜在上蔡的国民党沈丘保安团包围,经 3 小时激战,将敌击溃,并俘敌 130 人。

四、开封战役中的上蔡阻击战

1948 年 6 月 16 日,中国人民解放军华野陈(世渠)唐(亮)兵团围攻开封。蒋介石为解开封之围,命胡琏兵团第三军和十八军从南向北经上蔡增援开封。解放军十纵宋时轮之二十八师、二十九师奉命在上蔡阻击。部队于 18 日拂晓进至上蔡县城西北地带,与正在北进的胡琏兵团遭遇。解放军二十九师的八十六团在西洪桥、坡赵等地对胡琏兵团发起进攻,八十五团在县城郊圈刘、麦仁村打响战斗,八十七团在县城南公路上与敌摩托化部队遭遇,也立即发起进攻,这样胡琏兵团十八军被我军拦腰斩成几截,拖住不能前进。经过一天激战,粉碎了胡琏兵团救援开封的企图,为解放军 18 日晚攻克开封取得胜利创造了条件。

19 日晨,胡琏兵团为避免全军被歼灭的命运,迅速收缩,向汝南方向退却。上蔡阻击战共歼敌 5 000 余人。解放军八十七团团长杨德隆在战斗中牺牲。

五、睢(县)杞(县)战役之上蔡小庄阻击战

1948 年,在宛东战役将要结束之际,粟裕率领的华东野战军主力挥师中原,于 6 月 22 日,一举攻克了当时的河南省会开封。为扩大战果,于 6 月 27 日组织了一次睢(县)杞(县)战役。这样一来,蒋介石更加慌了手脚,随即命令邱清泉、张轸等部火速北援。

为配合"华野"进行的睢杞战役,中原解放军命第四纵队和兄弟部队参加阻击睢杞以南之敌北援的任务。第四纵队在陈赓司令员的统一指挥下,随即开赴战区,在完成西平地区的第一步阻击任务后,又奉命在上蔡、商水一带组织第二次阻击,使北援的张轸兵团,在 7 月

8日以前不得越过太康县。7月5日约14时,中原野战军四纵第十三旅第三十八团一营按时进入上蔡县城东北小庄阻击地域。小庄位于上蔡县朱里镇扶台西北约两华里处,是一个还不到30户人家的小村庄,上蔡到周口的公路从村附近经过,是敌北上增援的必经之路。第三十八团一营进入阻击地域后,即以小庄为主要依托,迅速构筑了环形防御工事。三连配置在小庄南面,并派出一个排前出100米处构筑工事,为营的前哨阵地;一、四连分别布置在小庄东西两侧;二连在小庄以北为营的预备队。各部保留三分之二的兵力做机动、几乎在一营到达小庄的同时,国民党第八十五师的前卫部队二十三旅也进至朱里、段寨一带,趁第三十八团一营立足未稳,国民党二十三旅随即发动了向一营及友邻阵地的猛烈进攻,企图夺路北进。是日14时许,以一个连的兵力,在坦克及炮火的掩护下,凶猛地向我三连阵地和三、四连的结合部扑来。三连指战员沉着应战,待国民党步兵进至离我前沿阵地只有20来米时,全连轻重火器突然向国民党部队射击,国民党部队顿时在三连阵地前留下一片尸体,仓皇败退下去。1个小时后,国民党部队的猛烈进攻又开始了,阵地上的指战员又集中火力,并投出一排排手榴弹,杀伤了大量国民党部队。趁国民党部队混乱之机,三连一排主动出击,又击退了国民党部队的一次进攻。17时许,国民党部队出动两个连的兵力,以14辆坦克为先锋,并集中全师所有重火器为掩护,又开始了比前两次更猛烈的进攻,扬言"非要把这个几十户人家的小庄炸它个大翻身不可"。国民党部队这次的主攻方向是一营的三连和四连的阵地,根据敌我双方态势,营指挥员及时调整了作战部署,决定从担任预备队的二连,抽调两个排,支援前沿阵地战斗,并把部队组织成以班或战斗小组的小分队,充分发挥我军不怕牺牲、机动灵活的战术,采取先放过国民党部队坦克,然后以近战杀伤国民党步兵,坚决拖住国民党部队不放,在预定的时限内,不让进攻之敌越小庄一步。进攻之敌在炮火的掩护下,向三、四连阵地凶猛扑来。当国民党部队进至我预定射击地段时,全营轻重火器,实施猛烈射击,随之各小分队就势出击,与国民党部队展开肉搏战。反坦克小组也随身携带爆破器材,在战友的掩护下向国民党部队坦克扑去。18时左右,战斗仍在激烈进行着。国民党部队为挽回败局,

不断增加兵力,从东西南三面向我小庄阵地猛攻,企图实施分割包围。四连和二连二排的阵地相继被突破,担任预备队的二连被切断联系,小庄的半个村庄被国民党部队占领,这时三连的一个排仍坚守在村南的前沿阵地上,全营伤亡达 80 多人,营指挥员也不幸负伤,形势万分紧急。在此紧要关头,营指挥员亲临前沿阵地,带伤指挥作战,战士们也越战越勇,纷纷跳出掩体与国民党部队展开白刃格斗。此时,营指挥员命令一连一排长高发全带领全排,从侧翼直插占领四连阵地之敌。与此同时,二连的两个排,也勇猛冲入庄内与国民党部队展开村落争夺战,一阵抵近射击与白刃格斗,歼敌 200 余人,国民党部队溃败。小庄阻击战胜利结束。这次阻击战有效地迟滞了国民党部队北援睢杞的速度。战后,一营荣获中原野战军四纵十三旅授予的"坚守阵地,稳如泰山"锦旗一面。

六、黄埠战斗

1948 年秋,淮阳专区专员郭馨波带来 3 个团,转移到上蔡境内,与上蔡县保安团配合,在黄埠与驻马店之间继续与人民解放军顽抗。8 月间,解放军一个连在大王桥与守桥的郭部遭遇,经半小时战斗,解放军夺桥北上,进驻黄埠。次日,郭部及上蔡保安团向黄埠进攻,经过约 4 小时的激烈战斗,解放军向北撤退,双方均有伤亡。

七、解放上蔡县城战斗

1948 年 10 月 17 日,在军分区、县大队和各区分队的配合下,解放军再克上蔡县城。之后,进剿县西南部溃敌。国统区上蔡县县长李云和保安团南逃。至此,国民党上蔡县政权彻底垮台。

第十节　新生政权建立和巩固完善

一、中共上蔡县委成立

经过两年多两党势力的"拉锯"之战,1949 年 3 月,上蔡县全境终于回到人民手中。3 月 17 日,经中共汝南地委批准,在塔桥镇白圭庙

宣布洪河县委、县政府和上蔡县委、县政府合并,建立新的上蔡县委、县政府,并将县委、县政府机关迁至上蔡县城。县委由张仁、张策、李汝生、李惠民、韩开祥、王长明、严仲儒等7人组成。张仁任县委书记,张策任副书记。县政府由王伯重任县长,李汝生任副县长。县委下设办公室、组织部、宣传部、县大队4个机构。

1950年10月11日,中国共产党上蔡县第一次代表会议在县城召开。会议出席代表117人,其中县委及直属机关44人,区级56人,乡级15人,部队2人,列席代表51人。会议通过民主选举,产生了由张仁、张策、李汝生、李惠民、韩开祥、王长明、严仲儒7人组成的中共上蔡县委员会。张仁连任县委书记,张策任县委副书记。会议明确了县委组织机构,内设县委办、宣传部、组织部、武委会。

二、中共上蔡县纪律检查委员会成立

1951年1月,中共上蔡县纪律检查委员会成立,县委副书记张文韵兼任书记,各区设立纪检小组,由区委书记兼任小组长。1952年5月,为加强对纪律检查工作的领导,县委书记李汝生兼任中共上蔡县纪律检查委员会书记。12月18日,县委在《关于1952年纪检工作报告》中指出,少数党员严重滋长资产阶级思想,贪污浪费,腐化堕落,丧失立场,破坏党群关系,根据上级政策精神,从组织上给予严肃处理,全县有26人被开除了党籍,取消预备党员资格的有24人,留党察看5人,撤销职务4人,劝诫谈话16人。严明了党的纪律,纯洁了党的队伍。

三、上蔡县人民武装机构的建立

新中国成立后到1952年,上蔡县地方军事系统先后称上蔡县武装大队、县武装科、县人民武装支队部,后来称上蔡县人民武装部。

(一)上蔡县武装大队

1949年10月建立上蔡县武装大队,隶属信阳军分区和上蔡县委领导。大队长刘德昌,政委张仁,教导员耿继廷。

(二)上蔡县人民武装科、人民武装委员会

1950年7月,上蔡县政府成立了人民武装科,隶属中共上蔡县委

领导,由袁明德任科长。同时,在县委成立人民武装委员会(简称武委会),由县委书记张仁兼任主任,袁明德任副主任。下辖 9 个区武委会,11 月增加到 13 个区武委会。各级武装大队、分队和武装工作队统一隶属中共上蔡县委领导。

(三)上蔡县人民武装支队部

1951 年 1 月至 6 月,上蔡县人民武装科、人民武装委员会合并为上蔡县人民武装支队部,隶属信阳军分区和中共上蔡县委领导。

(四)中国人民解放军上蔡县人民武装部

1951 年 6 月,根据上级指示,上蔡县人民武装支队部改称上蔡县人民武装部(简称"人武部"),编入中国人民解放军序列。县人武部军事上隶属信阳军分区领导。

四、上蔡县人民政府和区级人民政府成立

(一)上蔡县人民政府成立

上蔡县人民政府于 1949 年 3 月 17 日成立,至 1950 年底,县政府内设秘书室、司法科、民教科、公安局、邮电局、实业科、工商科、税务局、合作社、粮库、中国人民银行上蔡支行、县武装大队等 12 个单位。全县设蔡沟、东岸、洙湖、五龙、华陂、百尺、东洪、黄埠、城关 9 个区人民政府。

从 1949 年 10 月至 1952 年 12 月,上蔡县人民政府县长、副县长均由上级任命,曾任上蔡县人民政府县长、副县长的先后有王伯重、李汝生、常青、胡友禄、袁明德、朱剑平等。

(二)上蔡县的区级人民政府

1949 年 10 月至 1950 年 11 月,全县辖 9 个区人民政府,乡 170 个,区均以地名称谓。

蔡沟区人民政府区长吴方山,副区长王桂馨;东岸区人民政府区长张登星,副区长张允扑;洙湖区人民政府区长周启南,副区长许修文、翟相林;华陂(湖岗)区人民政府区长刘春庆,副区长刘俊英;百尺区人民政府区长靳聿龙,副区长陈兴文;黄埠区人民政府区长王进

忠;东洪区人民政府区长巩海云、肖桂华,副区长杨恩宽;城关区人民政府区长韦志成;五龙区人民政府区长杨刚,副区长丁化春、冯荣水。

1950年11月至1952年10月,全县辖13个区人民政府。1951年后增设镇。根据中南局行政委员会及河南省人民政府指示精神,区以数字称谓。

一区人民政府(申庄,1951年7月迁至展庄)区长杨光荣,副区长肖汉才;二区人民政府(白圭庙)区长刘万鸿,副区长张祥;三区人民政府(东洪)区长肖冠华、张克宽,副区长谢春阳、彭长攻、赵云芳;四区人民政府(百尺)区长靳聿龙,副区长陈兴文、关榜申、韩来岭;五区人民政府(黄埠)区长王进忠、孙好谦,副区长万绍善、康粉林、郭海棠;六区人民政府(邵店)区长冯荣水,副区长宋天命;七区人民政府(洙湖)区长周启南,副区长翟相林;八区人民政府(和店)区长(缺),副区长苏林、曹俊彦、孟昭中、朱景尧;九区人民政府(蔡沟)区长诸庆太,副区长杨树显、贾定华;十区人民政府(东岸)区长张允扑,副区长陈文远、徐连金、宋子玉;十一区人民政府(朱里)区长沈守业,副区长康粉林、张占志;十二区人民政府(湖岗)区长刘春庆,副区长刘俊英、张玉恒;城关区人民政府(上蔡城关)区长(缺),副区长叶澎、关锡钧。

1952年10月,上蔡县人民政府辖15个区人民政府,乡镇219个。其间区长、乡镇长均由县委任命。根据河南省人民政府(53)民政字第22号通知精神,1953年4月1日,区人民政府改为区公所。

(三)上蔡县各界人民代表会议

新中国成立初期,为了履行人民当家作主的权利,按照《中国人民政治协商会议共同纲领》的要求,从1949年12月至1953年12月,上蔡县先后召开四届(11次)由工人、农民、学校师生、各人民团体、开明士绅及党政军代表参加的各界人民代表会议。

(四)各界农民代表会

1. 第一届农民代表会

1950年1月29日至2月3日,上蔡县第一届农民代表大会召开。张仁做了关于土改方案的报告,常青做了生产救灾与推销公债的报告。会上,成立了上蔡县农民协会,选举了县农协委员,并选出

了出席省农代会的代表。

2.第二届农民代表会

1950年6月17日,上蔡县第二届农民代表大会召开。会议历时3天。参加会议农民代表211人。

会议主要内容:一是总结土改经验,克服松懈思想,提高革命警惕,防止敌人破坏,巩固土改成果。

县委书记张仁做总结讲话。大会结束,发表了《告全县农民书》:

全县农民父老兄弟姐妹们:

现在,县第二届农民代表大会胜利闭幕了。这个会议开的很好,在这个会议上检查总结了过去的工作,制定了今后的工作方针任务。代表们一致认为,春耕生产、生产救灾以及伟大的土地改革等第一届代表大会的决议,都圆满地完成了。全县共没收地主土地、征收富农多余的土地290 432亩,房屋63 770间,耕畜8 439头,工具164 897件,棉花7 214斤,烟叶12 528斤,粮食1 576 285斤。全县组织起来219 493人的强大的农民队伍,基本上推翻了地主阶级的统治,开始了自己管理自己的民主生活,耕种着自己的土地,再也不受封建地主的剥削。广大农民都在积极购买牲口,添置农具,非常高兴地进行生产,逐步向丰衣足食的道路迈进!

然而,在我们兴高采烈庆祝翻身胜利之际,必须回想我们的胜利是从何而来,为什么会有这样伟大的成绩。首先是人民群众团结与组织起来,形成了不可抗拒的伟大力量,树立了自求解放的信心;其次是坚持党的领导,中国共产党是领导农民翻身解放的带路人。同时,还要感谢人民解放军给我们扫清道路,人民政府给我们撑腰做主,镇压了反动分子,加上城市工人阶级的援助和支持。因此,我们应该从思想上、组织上紧密团结起来,在党和政府的领导下,执行党的政策,加强工农联盟,实行人民民主专政,不准非法地主乱说乱动,做好拥军工作,迅速消灭匪霸残余势力和地主阶级,进行生产建设,消除封建势力在思想文化上的统治。

目前,地主阶级虽已被打垮,但少数非法地主还不服气,特务、土匪、非法地主、反动会道门等破坏分子,勾结在一起,制造谣言,纵火放毒,挑拨离间,破坏团结。这是地主阶级不甘心灭亡的最后挣扎,不是奇怪的事情。我们千万要严加警惕,不仅不上当,而且更加团结。加强治安与民兵工作,严防阶级敌人破坏,保卫生产,保卫我们的胜利果实。

根据河南省农代会关于1950以发展生产为中心的决议精神,目前,全县土地改革任务已经完成,"三夏"到来,久旱无雨,因此,突击夏种,紧防夏荒,增加产量,奖励生产模范与劳动英雄,鼓舞生产情绪,号召省吃俭用,反对大吃大喝,铺张浪费,树立人定胜天、征服自然的思想,反对听天由命、敬神信鬼的迷信观念,克服等待思想,打井抗旱种庄稼,修堤治河防水患,达到发展生产、发家致富的目的。

负担公粮是我们的光荣任务,它取之于民,用之于民。它的用途,一是消灭残余蒋匪军,解放台湾、西藏,为人民根除大害;二是用到修河修路建立工厂等国家建设上。全体农民都要争做交粮模范,保证7月底以前完成夏征。同时注意护仓工作,严防匪特破坏捣乱。

全县农民父老兄弟姐妹们!我们已经取得了很大的胜利,我们要不麻痹,不骄傲,不松懈,来巩固我们的胜利,扩大我们的胜利,为今后的幸福生活而努力奋斗。

特载:原中共上蔡县委书记兼县长苗九锐回忆录

——难忘的一年半

刘邓大军于1947年6月底抢渡黄河,7月,在鲁西南和豫、皖、苏地区,粉碎蒋军几十个师的堵截尾追后,千里挺进大别山。这一伟大的战略部署,使蒋介石东占泰安、西下延安的黄粱美梦一场空,也为我解放战争由相持转为反攻奠定了牢固的基础。

豫、皖、苏区党委决定借大军南下劲风开辟沙河南新区。军区首长命令一、三两团渡沙河执行任务。张绍武和我率一团于8月7日进入上蔡县境。为了很快把民主政权建立起来,第一营长期留在上蔡县,我作为第一团政委先兼任上蔡县委书记,不到一个月又兼任县长,直到渡江前组建十八军,才率一、二两个连重返主力部队。虽然在上蔡县工作只有一年半,但战争年代的一年半,犹如多少个春秋。我同上蔡县的人民有着深厚的感情,回忆片断,责无旁贷。

枪杆子里出政权

"枪杆子里出政权",这是毛主席的名言,千真万确。蒋介石多年来靠反革命武装维护其反动统治,而革命的人民也要靠革命武装粉碎其反革命武装以夺取政权。

沙河以北广大地区已获得解放,原在睢(县)、杞(县)、太(康)一带的顽残势力——还乡团,如睢县的田中田,太康的郭馨波,还有什么张豁子等千余人,已不能在上述地区存在,而经常在上蔡以西的西(平)、遂(平)、驻(马店)一线流窜,他们又和上蔡县县长李云的地方团队结合起来,实力还相当雄厚。

89

当我第一团进至高岳一带时,敌人还摸不着头脑,迅速撤到塔桥设防。我军为了不给敌人喘息之机,连夜发起攻击。经过一个多小时的战斗,敌人不支而逃,一团过了洪河。这是第一仗,缴获虽然不多,却振奋了上蔡县人民,认为解放有望了。

团长(张绍武)率团的主力配合第三团东进,开辟项城、沈丘、临泉地区,只把第一营留在上蔡。李云欺我兵力少,集中其全部人马一千多人卷土重来,过洪河以东寻我军挑战。我军为避实击虚,转移到高岳以东项城所属的蒋桥。营长率二、三两个连远距离奔袭一个还乡团,蒋桥只剩下第一连和营部一个重机枪排。李云迫不及待,想一口把我们这支小部队吃掉,深夜把蒋桥包围,打了一夜,敌人无奈我何,拂晓前撤退,当二、三连胜利返防时,敌人已无踪影。

两周后,一团主力返回上蔡,决定从全团抽调十几个连营干部,先把高岳、东岸、高庙几个区的架子搭起来,也设想把区队很快组成。这时县府机关还是空架子。

华野骑兵团调来上蔡、商水、项城一线,配合第一团解放了上蔡县城,民主县政府的招牌第一次和上蔡县人民见面。敌人听到解放军的骑兵团,无不闻风丧胆。这支铁军是新四军四师前师长彭雪枫亲手创建,战斗作风顽强。因是骑兵,不便押俘虏,战场上不缴枪受降,战刀下绝不留情,国民党的"杂牌军"、地方武装、还乡团更是害怕。铁骑踏遍华东、华中,所向披靡,战果辉煌。骑兵团是按马的颜色分编大队(连),有红马、白马、黑马、黄马之分,也有颜色混杂的大队。广大群众仰望这支铁骑,看到红马就叫红马团,看到黑马就说黑马团,看到白马又称白马团,这样一来也不知究竟有多少个骑兵团。一个白马大队曾随县府进了县城,在城关做了一次马术表演,尤其马上劈刺、射击,更为精彩,群众看了直吐舌头,说真厉害!一传十、十传百,越传越奇,骑兵团成了"奇兵"。

不久,上级又抽调给一批行政干部,他们多半来自山东、山西两省,县府各科局逐步建立起来,区干部也有所加强,县一级领导干部也配了县委副书记和副县长。至此,在红河以东,以蔡沟为中心,成为上蔡县民主县政府的根据地。第一营改称为县大队,新增一个第四连,该连常配合某一个区队活动,这个连的战士都是上蔡人。

得民心者定胜利

上蔡县早有党的组织,只是那时还不敢公开活动。在我们和原地下党的一位老同志王伯重接上头后,他介绍了上蔡县党组织的一些情况,当时在县城北和百尺一带有些基础。王伯重同志已是50多岁的老人,头发花白,很稳重,对人热情诚恳,所以我对他的印象很深刻。他要求队伍到县城周围建立政权。因为铁路沿线有敌重兵,上蔡县国民党地方武装力量还较强大,我告诉他,我部队暂时只能到洪河以西游击活动。

洪河以西的广大群众吃尽了李云的苦头,纷纷要求解放军快把李云消灭掉。他们一听到李云的部队有什么活动,就马上向我县府报告。白圭庙有个叫班世瑞的,在冯玉祥部下干过事,有正义感,和我们交上了朋友,送儿子参加革命,当然成了军属。他听说李云纠集了两个地方团,要奔袭我县政府,很快报告情况,县府带第一连在蔡沟已经住了十几天(当时也常转移驻地),敌人早已知道,蔡沟是个大镇,南北长三里,黑河东西穿过,镇中有座大桥,恰巧把这个镇分为南北各半,县府就住在东门里路南一个大院里。听到李云要来奔袭的消息后,县委同志们开了一个紧急会,认为要消灭李云还得去洪河西,现在找上门来正是机会。敌人原以为县府仅有一个连警卫,他们来两个团吃掉县府很有把握,岂不知情况有了变化,我县大队二、三两个连已调到北门外马庄,分区骑兵大队和一个主力团已进至坡朱、大杨一线,突出前沿的县府不过是一诱饵而已。

黄昏前,召开了一个由县府各科、局长和连、排干部参加的紧急会议,说明敌情和我方部署,把零散在大街上的单位撤至县府大院,要一连把关押的犯人看好,并通知驻冯庄(蔡沟西南二里)的工作组准备应付情况,也向其他各部通报了情况。不出所料,凌晨一时,哨兵报告在西南方向听到有枪声,估计是冯庄,事后得知由于工作组太麻痹吃了亏。蔡沟太大,敌人只能包围县府驻地,重兵部署在东门,一怕我突围,二防我援兵。街上有些老乡也知道李云的兵要来了,诚恳地建议我们赶快转移,以免受损失。敌人进蔡沟南门和西门时,乱

91

打了一阵枪,接近县府大院时,更是机枪扫射、手榴弹、枪榴弹齐放,并高喊活捉 X 县长。正在敌人狂叫一片时,一连集中火力给以还击,把敌人打哑了。开始没有枪声时,老乡们认为县府已转移,放了心,当我们还击后,老乡们更担心县府的安危,有些老太太烧香祷告保佑我大军平安无事。足有一个多小时,双方停止射击,非常寂静,我们是等援兵快到,敌人在琢磨怎样突破县府大院,老乡们担心会遭受李云的兵抢掠。

天已大亮,我援兵没到(实际上步、骑兵从北门两次进入蔡沟,没发现敌人,认为县府已转移),县府便急速派孙排副和曹怀德(奶名二小)两人骑马出后院闯出东门调兵,把守东门的敌兵清醒过来发现是我方骑兵时,再用机枪扫射已经无用了,他们二人都飞马奔驰射程之外。太阳从东方升起,敌人无计可施,开始撤退。正在这时,我三路步、骑援军赶到蔡沟,在统一指挥下追击敌人。第一连把看押的犯人交给三个小侦察员,他们也参加了追歼敌人的行列,骑兵大队发挥了威力,一路砍杀,如入无人之境。步兵在紧紧追赶,从蔡沟一直追到洪河边,敌人剩下的残兵败将向洙湖方向逃窜。从此,李云再也不敢过洪河以东来了。战斗获全胜,毙、伤、俘敌一百余人。老百姓在田野里拾到不少敌人遗弃的枪支弹药,都交到县政府。我军除消耗子弹两千发、手榴弹几十枚外,仅有一个小侦察员被敌人的枪榴弹炸破了一点皮。

步骑奔袭平汉线

李云打蔡沟遭到惨重损失,郭馨波、田中田和张豁子等残部虽然剩下人马不多,但武器倒很好,光说轻机枪就有六七十挺,又都是些亡命之徒、反共的死硬派。这伙人常出没在上蔡、西平、遂平交界处,仍为我拟开辟洪河以西之大敌。

刘邓大军进入大别山后,经过几个月的残酷战斗,消灭了敌人的有生力量,重新建立起民主政权和地方武装力量。为了在运动战中消灭蒋军更多的有生力量,刘邓首长率中原野战军几个纵队返回豫、皖、苏,常常牵着敌人的鼻子在黄泛区周围兜圈子,寻找机会歼灭蒋介石五大主力之一的黄维兵团。一次,大军经过上蔡,后边尾追敌人十多个师,双方的距离总是保持着一天的行程(六十华里左右)。敌人不敢冒进,怕上我军的鱼钩,不追吧,又有蒋光头(蒋介石)的命令,只能缓缓跟进。刘、邓首长,还有军参谋长把我找去,说有二百个伤员随大军行动不便,拟留在上蔡分散隐蔽,并问有困难没有。我回答保证完成任务。动员群众,不到半天,把伤病员抬走。县大队两个连还随大军一起到了平汉线以西,县府带一个连在黑河两岸同敌人大部队兜圈子。三天后,县大队又从敌人的缝隙里穿插回来。

军区独立旅和华野骑兵团一次远距离奔袭,几乎全抄了李云、郭馨波、田中田和张豁子的老家当。1948 年秋天,大雨滂沱,接连下了好几天。上蔡县境地势低洼,多条河水出槽,道路泥泞不堪,部队行动不便。李云等一伙总认为靠近平汉线,有几个大据点的依托,安全没有问题。万万想不到我军长驱直入来一个远距离的奔袭。就在敌人比较麻痹的时候,骑兵团从射桥过了茅河。河水超过桥二尺深,看不到桥面,骑兵通过桥更加困难,不得不牵着马在桥上摸索着走,稍不小心就会掉到河里去。总的讲还算安全,但也有两个战士连马一起被大水冲走,光荣牺牲。骑兵团又顺利地渡过洪河,直奔铁路边。独立旅也按时赶到,把以上所说的几股敌人团团包围。经过一个多小时的激烈战斗,缴获机枪六十余挺,敌人除伤亡外,大部分被我军生俘,只有少数人漏网。

在上蔡县境的国民党反动地主武装基本上肃清,剩下的也仅是小股的还乡团而已。我县大队有时一个连也到洪河以西活动,同时抽调干部在河西一带建立区政权。

反动党、团,一丘之貉

李云的地方团只是国民党在上蔡县党部的武装,还有一股是国民党上蔡县三青团的武装。三青团的头头叫董天栋。国民党的党团之间,历来就有矛盾,是他们内部争夺权利、分赃不均、狗咬狗的矛盾,在其反共、反人民方面是完全一致的,气味也是完全相投的。董天栋这个人很狡猾,看解放军的力量愈来愈大,老百姓拥护共产党,

他亲自找我们,假惺惺地说,他和李云势不两立,要和解放军联合。我们心中也有底细,经过谈判,把他们的三百多人编为县独立营,划地只能在朱里附近活动。一个月不到,董天栋的阴谋败露,他所谓同李云势不两立,是求得我们给以合法的名义,而实际上他在朱里一带称王称霸,招兵买马,大派捐款,暗中又和李云联系,待实力扩大后,有朝一日要与我们政府摊牌。当时,朱里属东岸区管辖,他根本不把区政府看在眼里,老百姓常来告状,说董天栋的部队在朱里奸淫妇女,敲诈勒索,抢去猪羊,无恶不作,解放军的好名声都败坏完啦,快把他们调走吧。调他靠近主力整顿,又不听从,兵员已扩大到五百多,机枪有十多挺,再不处理,就成为尾大不掉之物。

一团主力调来上蔡,又巧遇大军三个纵队进至东洪桥东北一线,团党委研究决定趁机将董部彻底改编,但遭到拒绝,而又企图哗变,请示一纵队首长,同意将董部全部缴械。当收缴其武器时,董竟开枪抵抗,迫使我团三营将其消灭。事后在董部残存的文件里发现董天栋和李云仍有勾结,还策划他们伙同起来把我县府干掉。朱里周围的老百姓听到一片机枪声,还不知发生了什么事情。后来知道把董天栋的独立营解决了,老百姓异口同声地说:"朱里的老百姓算是解放了!"

常营有个伪乡长叫常守连,是当地一霸,死心塌地为国民党效劳,狗仗人势,残酷镇压群众,敲诈勒索良民,老百姓的骨髓被吸尽,而他却买良田(有些是霸占)几百亩,成为大地主。更有甚者,杨集附近的大朱村有个伪保长,他本人就是一个土匪头子,在抢劫群众时被我军抓获。事情是这样的;一天凌晨,我团进驻这个寨,那时,还封锁消息,准进不准出。团部住东门里路北一个大户人家,听说户主是一个保长,已外逃。天快亮时,东门岗哨报告在东南角小村听有妇女哭喊声、救命声,越嚷越厉害,遂命一营派一排武装侦察。一个多小时后,一营送来被捉到的一群土匪,他们抢了东西、耕牛后向东逃跑。这个排追了三四里远,把土匪全部捉拿,被抢去的东西也全部缴获。匪首就是团部住的房主——伪保长。第二天一早在东门场面上召开一个有几百人参加的群众大会,斗争这个恶霸地主、土匪保长。群众听说抓到的土匪头子就是他们的保长,周围一些村的人都受过他的

害,很多人手拿剪子、菜刀、斧头来参加斗争会。有的老太太诉冤时泣不成声,闺女、媳妇被他们奸污过,专抓孤子当兵,罚过很多粮款,闹得许多人家妻离子散,群众愤恨,人们沸腾起来,会场难以控制,成百人一拥而上,硬是把这个土匪保长砍死了,也算是罪有应得。

国民党的地方官僚、党、团、乡镇长、保长,有时他们之间可能会发生点矛盾,从本质上看,他们在反共、反人民、欺压人民方面是共同的,是一丘之貉。

强敌相遇勇者胜

经过近一年的武装斗争,国民党在上蔡的地方势力基本上被肃清,剩下的一点还乡团已成不了什么气候。蒋介石的正规军失去地方乡、团队的支撑,不得不赤膊上阵。十一师的便衣团常来洪河以东骚扰。

刘德昌营长(四川人),从小给地主放牛,不知道挨过多少皮鞭,红军经过四川时他参加了革命,平型关战役他还是一个机枪班的副班长,身经百战,在战场上与敌人相遇,从来没有示弱过。平时,他与同志们相处和在群众面前就像一个寡言少语的大姑娘。

敌人的便衣团可说是针对我地方武装而整编的,因穿便衣常常冒充地方团队或还乡团。敌便衣团的编制,团下不设营,连下不设排,每班十七八个老兵,共计官兵四百余人,全是美式装备。

一天夜晚,刘营长率二、三两个连冒雨行军三十余里,天将破晓,雨停了,他们才赶到高庙寨,二连指导员负责收容,几个掉队的战士还在寨围壕下洗脚,便衣团尾追过来。发现敌情,赶快关闭寨门。部队正在西门里集结休息,等管理员分配好房子才进入宿营地,其他各寨门派出了警戒。说时迟,那时快,敌人先头部队已到西门外百米远的一个小村。敌人把县大队误认为是我高庙区队,刘营长开始也把便衣团当成了还乡团,二连派一个排出击,消灭敌人先头一个班,才发现是十一师便衣团,其后续部队已赶上,撤离已来不及,两个连全部投入战斗。在这个小村,双方拼杀了半个小时,敌人不支,向后撤退。刘营长率领二、三连追击十多里返回途中,在大许村西头集结休

息,准备吃早饭,向村东头派出一个排哨。

十几分钟后,排哨报告在东门方向发现一股敌人,约有二三百,正向我方行进。刘营长率部队去东头,半路上,敌人已和我排哨接火。敌人装备好,火力猛,我排哨虽然打退敌人几次进攻,终因敌我兵力悬殊,赵瑞副指导员所率领的这个排哨二十余人全部壮烈牺牲,固守的院子被敌占领。刘营长赶到后,几次冲杀,又把这个院子夺回来。敌人也发现我方不是高庙区队,而是解放军的主力部队。从俘虏的敌伤员中得知这一股敌人是便衣团进攻高庙北门的主力,因敌人在西门没有得手,才撤下来,在八里湾又和我军相遇。刘营长率队乘胜追击,从敌人手中夺来轻机枪和小炮(六〇炮),敌人狼狈逃窜。自古以来,强敌相遇勇者胜。我不怕敌,敌必怕我。从此,上蔡县大队打出了一个顽强的战斗作风,还乡团再无踪影,便衣团再也不敢袭扰洪河以东。

随着战局的转变,十一师便衣团跟其主子黄维驰援淮海前线,在双堆集其兵团被我大军全歼。捣乱,失败;再捣乱,再失败;最后彻底完蛋,这就是反动派的归宿。

光阴似流星,我离开上蔡转眼三十五年。1980年3月,去驻马店探亲,对上蔡情况略知一二。近期与老战友的通信里,得悉从党的十一届三中全会以来,上蔡县在各条战线上取得很大成就,生产责任制落实后,农业又获得丰收,特此表示祝贺,祝愿在"四化"建设中上蔡县更上一层楼。

96

附：

解放战争时期上蔡县党组织隶属关系示意图

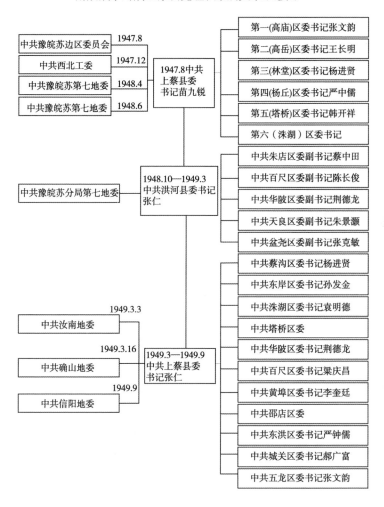

第四章
探索前进

新中国成立后,上蔡革命老区人民在党的领导下,实行了土地改革,实现了"耕者有其田",农民的劳动热情空前高涨,人民生活水平逐步得到改善和提高。随后进行了社会主义改造,迈入了轰轰烈烈的社会主义建设探索时期,逐步建立了初级的农村社会保障、教育、卫生体系,为从根本上消除贫困夯实了制度基础。

第一节　继续完成民主革命各项任务

一、抗美援朝

1950 年 6 月 25 日,朝鲜内战爆发。6 月 26 日,美国派海军第七舰队侵占我台湾海峡,9 月间,美国又纠集 15 个国家打着"联合国军"的旗号在朝鲜仁川登陆,不顾中国政府的一再警告,把战火烧到我国东北边境,轰炸中国领土安东(今丹东),严重威胁我国安全。面对这一严峻形势,应朝鲜劳动党和朝鲜人民的要求,10 月 8 日,中共中央和毛主席向全国发出了"抗美援朝,保家卫国"的战斗号令,10 月 19 日,中国人民志愿军跨过鸭绿江,与朝鲜军民一道抗击美国侵略者。

当时正值中共上蔡县第一次代表会议召开,会上,县委书记张仁针对朝鲜战争爆发后全县干部群众的思想动态,进行了分析,为党员干部指明了方向。同时,会议做出决议,要求党员代表,会后马上奔赴各条战线,协助各级党组织,利用各种有效形式,广泛宣传中央精神,统一思想认识,深入发动群众,迅速掀起支援抗美援朝的高潮。

10 月 26 日,会议闭幕后,各级各部门把宣传"抗美援朝,保家卫国"作为头等大事来抓。县委举办了宣传员培训班,各区委宣传委员和农会、青年团、妇联会负责人及联中、完小校长等组成宣传委员会,各乡有干部宣传员,村村有读报组、"广播站"(用铁制广播筒,口头喊话宣讲)、墙报、漫画、黑板报等。各中小学校还把中央精神作为学习的主要内容,政治课改为时事课,历史课讲美帝侵华史、抗日战争史、解放战争史,地理课反复讲解中国与朝鲜的地理位置和中朝人民唇亡齿寒的友好邻邦关系。通过大张旗鼓的宣传,"抗美援朝"的重大意义家喻户晓,深入人心。

1950年12月,为把支援"抗美援朝"活动引向深入,县委、县政府决定在全县开展忆苦思甜教育,控诉美、日、蒋罪行,各界群众通过今昔对比,更加热爱新中国,热爱中国共产党,决心以实际行动支援"抗美援朝"。

1951年2月1日至8日,工商界在烟草业工会主席刘超群、会员刘振堂、经贸业工会主席吴子衡的倡导和带动下,率先捐献人民币1 000万元(旧人民币),银圆80余块,金银器皿10余两。在工商界的倡导下,各界捐献活动普遍展开,至3月25日,全县各界共捐款约3 827万元(旧人民币),金银400两,银圆90块,另有金银首饰实物,捐献活动初步形成高潮。至1951年12月,全县完成购买飞机、大炮捐款276 456 212元(旧人民币),捐献抗美援朝慰问金7 786 598元(旧人民币),银圆645块。

在轰轰烈烈的抗美援朝工作中,上蔡老区人民表现出极大的爱国热情,自愿报名参军者十分踊跃,全县有8 000多人报名,先后经过4次挑选、政审、体检,有1 908人入伍加入志愿军,奔赴朝鲜战场。朝鲜战场上著名的战斗英雄雷保森,就是上蔡县人。在朝鲜一次战斗中,他带领一个班炸毁美军坦克11辆,荣立特等功,被授予一级战斗英雄称号。

二、镇压反革命运动

为了巩固人民民主专政,保卫新生的人民政权,保卫人民革命的胜利果实,维护人民的根本利益,根据中央统一部署,从1950年底至1953年,上蔡县委、县政府领导全县人民开展了一场声势浩大的镇压

反革命运动(简称"镇反运动")。

1950年3月,中央发出镇压反革命的指示。6月,党的七届三中全会上,又提出镇压反革命的任务。10月,中央发出指示,要求坚决纠正镇反运动中"宽大无边"的倾向。上蔡县的镇反运动在党的正确路线指引下,虽然取得了一些成绩,但是,由于部分干部在政权建设、剿匪反霸和土地改革等项工作取得胜利后,沉浸在一派欢乐气氛中,滋长了和平麻痹思想,到1950年12月初,镇压反革命运动仍处于"重罪轻判、该杀未杀、该捕未捕、首恶中找首恶"的被动局面之中。贾王乡恶霸地主贾某过去曾杀过3个人,是个罪恶累累的反革命分子,被捕后,只判了五年徒刑,且监外执行,让其回家生产,监督劳动。贾回家后,不但不服从改造,反而向群众反攻倒算,把已被没收的房子强行拆掉据为己有。镇反工作中严重的右倾偏向,在客观上放纵了敌人,助长了反革命分子的嚣张气焰,压抑了群众的斗争情绪,损害了党和政府在群众中的威信。

1950年12月3日,中共上蔡县委召开会议,认真学习贯彻中央关于坚决纠正镇反运动中"宽大无边"的倾向等重要指示,检查了过去镇反工作中存在的右倾偏向,决定以土匪、特务的核心组织及宽大释放重犯分子为首批主攻对象。12月6日至9日,镇反工作第一次战役打响,县委组织公安干警及民兵,统一部署,统一时间,统一行动,一举抓获了证据确凿的267名罪犯,破获了"前进指挥所""中央十三军""豫南游击总指挥部""人民救国军"四个地下军反革命组织。为解除群众思想顾虑,打开镇反工作局面,上蔡县委、县政府迅速报请上级核准,处决了一批重犯。

1951年1月6日,中共上蔡县委发出指示,要求结合土改复查中的反破坏、反倒算、反篡夺斗争,发动群众大力揭露恶霸地主的罪恶事实,充实和核查有关罪证。各区乡利用敌人恐慌、动摇、分化、投降的有利条件,继续寻找新的线索,查找各种漏网之敌。经过两个月的日夜奋战、调查摸底,1951年3月9日至10日,县委连夜部署打响了镇反工作的第二次战役。县、区、乡领导亲自带队,公安干警、当地民兵武装相互配合,一举捕获罪证确凿、材料充分、手续完备,经乡区县逐级审批的案犯1 031人,其中反动地霸269人,反动党团骨干133人,惯匪、匪首 98 人,反动会道门道首 20 人,地下军案件 9 起 676 人。在第二次战役打响的同时,群众还自发起来捕捉了罪恶昭彰且证据确凿的反革命分子 157 人,其中漏网地下军 51 人,国民党军政人员 3 人,地霸 19 人,杀人犯 14 人,土匪 14 人,反动会道门道首 1 人,其他犯罪分子 36 人,到外地抓捕地下军首恶分子 18 人,地霸 1 人。

第二次战役将一批反革命分子逮捕归案后,司法、公安部门以案犯的罪恶事实为依据,以《惩治反革命条例》(简称"《惩治条例》")为准绳,迅速审理终结了一批死刑罪犯。县委决定,以罪犯的罪恶大小、犯罪区域,确定宣判处决地点。在县城处决血债累累的国民党县党部委员兼乡长周某时,城北 10 多里地的群众,起五更带着干粮来参加大会,到会群众 5 000 多人,有 30 多人声泪俱下地控诉了周某的滔天罪行。二区孟赵乡公审处决赵某时,到会群众 7 000 多人。孟赵乡群众还筹资唱了一台大戏,庆贺共产党、人民政府为他们除了害,报了仇,雪了恨。

广大群众学习党的镇反政策,以《惩治条例》为准绳,检举密告犯罪分子。有的亲自捕捉现行犯扭送公安机关,有的自带干粮到外地缉拿在逃犯。自 1951 年 5 月中旬到 7 月底,仅两个多月时间,群众就检举犯罪分子 339 人,自觉集资到外地捉回匪霸 135 人,收缴反革命分子的各种枪支 16 支,子弹 752 发,发现新线索数十条。

群众性的镇反运动,强大的政治攻势,极大地震慑了敌人,许多反革命分子被迫出来悔过自首,交出证件、武器,向人民低头认罪。仅 1951 年 7、8 两个月,投案自首的就有 71 人,交出枪械 57 支,子弹 5 124 发,手榴弹 1 044 枚。

镇反运动中,上蔡县坚决贯彻执行中央和中南局关于镇压反革命的方针、政策,取得了全面胜利。全县共打击五个方面的反革命分子 6 652 人(其中判处死刑的 1 211 人,判处无期徒刑和有期徒刑的 1 581 人,交群众管制的 3 860 人),缴获轻机枪 4 挺,步枪 2 974 支,手枪(包括老连子枪)72 019 支,手提枪 10 支,钢笔枪 1 支,各种子弹 29 981 发,手榴弹 1 985 枚,收音机 1 部,电话机 2 部,各种证件 19 961 件,基本肃清了社会不安定因素,为社会主义建设和社会的长治久安打下了坚实基础。

三、"三反""五反"运动

1951 年 12 月至 1952 年 12 月,根据中央和省、地委指示精神,上蔡县在全县党政机关、企事业单位,开展了"反贪污、反浪费、反官僚主义"为内容的"三反"运动;在城镇,开展了"反行贿、反偷税漏税、反盗骗国家财产、反偷工减料、反盗窃国家经济情报"为内容的"五反"运动。

(一)"三反"运动

1952 年 1 月上旬,中共上蔡县委召开干部扩大会议,决定在全县开展"三反"运动,对干部中存在的官僚主义、铺张浪费和贪污行为进行检查。县委书记张仁做动员报告,对"三反"的内容、意义、方法、目的和要求进行全面详解。会上,学习了毛泽东 1952 年的《元旦献辞》和薄一波的讲话精神。会议要求每任干部都要积极认真地检查过去工作中存在的官僚主义、铺张浪费现象和贪污行为。

为了加强对运动的领导,上蔡县委成立"三反"运动办公室,郝广富任办公室主任,薛锡俊任副主任。3、4 月份,县委先后两次召开站队会议,对干部的情况进行摸底。8 月,"三反"运动形成高潮。8 月10 日,县委召开整风会。县委领导首先进行自我检查和相互开展批评,然后由到会的各区、县直单位负责人对县委、县政府领导进行批评,帮助整风。8 月 15 日至 31 日,县委召开了第一期有 841 人参加的县区干部整风会议。9 月 7 日至 15 日,县委召开了第二期有 545人参加的县区干部整风会议。11 月 25 日至 12 月 3 日,县委召开扩大会,参加此次整风会议的县区乡干部 785 人。经过四次大的整风会议,"三反"运动胜利结束。

这次运动自始至终采取民主整风的形式进行,共分三个阶段。

第一阶段,民主检查阶段。主要是反对官僚主义和铺张浪费。首先是领导带头,启发引路,然后是层层检查和群众普遍检查。领导干部采取自觉检查与群众批评相结合的方式,揭发批判官僚主义和铺张浪费的错误,包括思想作风、立场观点、干群关系等问题,哪里有突出问题,就从哪里检查。

通过检查,发现有些部门的领导官僚主义十分严重,对工作不负责任,对物资管理不善,给国家造成了很大的损失。如县粮食局在夏季镇反学习期间,对粮食检查不够,造成小麦被虫蚀27万斤。县供销总社煤油桶漏油,无人过问,漏掉大量的煤油,损失价值120万元(旧人民币),纸霉烂价值100万元(旧人民币),被盗现金、纸烟、火柴价值154万元(旧人民币)。县粮食公司霉坏粮食2 000斤,被盗小麦1 200斤,烂坏麻袋18条,共计损失约1 947万元(旧人民币)。

又如积压资金。县合作社采购零货共积压资金3 846万元(旧人民币),县粮食公司积压高粱10个月30万斤,每斤少卖100元,损失3 000万元(旧人民币)。县贸易公司对货物没有及时处理,积压货物价值4.931亿元(旧人民币)。以上共积压资金5.615 6亿元(旧人民币)。

在铺张浪费方面。县粮库主任不向上级请示,不经批准,动用10 000斤粮食,修仓库27间,买电话和用具,违反了财经纪律,受到撤职处分。同时,各部门有摆阔气、讲排场的思想。如县委拆旧房建新房,县公安局买车、水笔、手表(已处理),县税务局用罚款买收音机、车等。有些区私分结余资金,有些机关开支制度不够严格,造成预算超支。

在贪污方面。县区未发现大的问题,严重的是乡社和个别区干部。如城郊社干部贪污70万元(旧人民币),袁庄社干部贪污50万元(旧人民币),全县12个区有53人贪污捐献款1 002.9万元(旧人民币),追回7.4万元(旧人民币)。

第二阶段,反贪污斗争阶段。反贪污斗争阶段是运动的高潮,也是"三反"要解决的主要问题,其斗争对象是贪污分子。通过群众的检举揭发和个人交代的问题,组织上进行了查实定案,退赃处理。对贪污分子给予政治上、经济上、思想上以严厉的打击,肃清了资产阶级思想对我们的腐蚀,挽救了一大批干部。

第三阶段,是民主建设阶段。组织干部谈体会、挖根源,树立爱国家、爱集体、爱护公共财产的共产主义思想,并对每个干部进行思想鉴定。

此次运动,上蔡县参加的县区乡干部达2 325人,共查出贪污金

额4 166.8万元(旧人民币),其中贪污10万元(旧人民币)以下的297人,10万元(旧人民币)至100万元(旧人民币)的279人,100万元(旧人民币)至500万元(旧人民币)的10人,1 000万元(旧人民币)以上的1人。铺张浪费折款6.249 5亿元(旧人民币),腐化堕落的8人,捆打群众恶霸作风严重者283人,另有520人交代出739件新问题。在查证处理上,本着实事求是的原则,从宽处理,有24人受到不同的刑事处分,87人受到党政纪律处分。

(二)"五反"运动

1952年3月,上蔡县在工商界开展的"反行贿、反偷税漏税、反对盗骗国家财产、反偷工减料、反盗窃国家经济情报"的"五反"运动,在县委、县政府的领导下,揭露了一些不法行为,对严重违法人员进行了批判斗争,为以后对资本主义工商业进行社会主义改造做好了思想准备。后来,省委发出《关于"五反"分批进行的指示》,划定了"五反"的范围,"五反"只限于地市以上的工商界。上蔡县工商界的"五反"运动不久就停止了。

四、土地改革运动

(一)土地改革前的土地占有状况

旧社会,农民赖以生存的土地,被人数很少的地主、富农阶级所占有。据统计,新中国成立前,全县有大中小地主4 562户,占全县总户数的3.7%,占有土地418 247亩,为全县总耕地面积的23%,人均耕地12.5亩;富农5 827户,占总户数的4.8%,占有土地274 878亩,占总耕地面积的15%,人均耕地7亩;贫雇农76 164户,占全县总户数的63.1%,占有土地533 236亩,占总耕地面积的29.1%,人均耕地只有1.45亩。此外,地主、富农还占有大量的生产工具和房屋。在4 562户地主中,占有10顷(1顷=100亩)耕地以上的大地主有9家,他们是:城内的任某占地80顷;杨某占地20顷;单某、张某、侯某各占地10顷;洙湖的陈某占地24顷;五龙的陈某顺、陈某恒各占地20顷;塔桥的李某占地12顷。他们依靠占有的大量耕地盘剥贫苦农民,并利用天灾人祸放高利贷,肆无忌惮地兼并土地,使得地主越来

越富,农民越来越穷,造成两极分化的社会局面。穷苦农民只得靠租种地主的土地,或给地主当长工、打短工生活,成为地主阶级的奴隶,给地主当牛做马,过着极其贫困的生活。

(二)土地改革训练班

1950年1月29日至2月3日,根据地委通知精神,上蔡县委、县政府组织召开第一届农民代表大会,选举并成立上蔡县农民协会。会上,县委书记张仁做了《土地改革方案》的报告,正式宣布在全县进行土地改革运动。

为了保证土地改革运动的顺利开展,根据地委通知精神,从2月10日开始,上蔡县委举办了两期土地改革训练班,历时一个月,3月上旬结束。参加训练人员以区干部为主,共训练干部700人。通过训练,与会同志明确了党在土地改革运动中的方针政策和工作方法、工作步骤,从思想上认识到土地改革是一场伟大的政治运动和社会改革,任务是艰巨的、复杂的。

与此同时,按照地委要求,2月10日以前,上蔡县委在部分区开展了土地改革试点工作,认真探索经验,然后再以点带面,点面结合,全面铺开,推动全县土地改革运动的顺利进行。

(三)胜利完成土地改革

1950年3月14日,上蔡县委派出土地改革工作队进驻各乡,工作队员听取了各乡对各自然村的社会情况介绍。入村以后,工作队员依靠农民协会,按照"紧紧依靠贫雇农,团结中农,中立富家,有步骤、有区别地消灭封建剥削制度,发展生产"的土地改革的总路线和总政策,大力宣传土地改革的伟大意义,深入发动群众,开展访贫问苦活动,启发农民的阶级觉悟,认识地主阶级剥削人民的罪恶本质,从思想上与地主阶级划清界限。通过这些方式,从中发现、培养土地改革积极分子,使他们能够在土地改革运动中站在斗争的第一线。

为全面贯彻落实中央《中国土地法大纲》和省委《土地改革方案》的精神,各村先后召开群众大会,宣传土地改革方针、政策,让群众了解土地改革的目的和划分阶级的标准,以便在向地主阶级发起强有力的政治攻势中,做到心中有数。

经过三个多月的紧张而激烈的群众运动,到 1950 年 5 月 20 日,上蔡县的土地改革任务基本完成,整个运动的过程可以归纳为:一个基点、两个阶段、八个步骤、三个关键、七个政策、四项注意。一个基点,即把"中间不动两头平"作为基点,这样既可解决贫雇农的土地问题,又可以团结中农,也便于消除各种不必要的顾虑。两个阶段就是在反霸清算之后,土地改革再分两步走。即先没收地主的土地财产,后征收富农多余的财产。八个步骤,即一是宣传土地改革,调查情况;二是整编队伍,整党整干,纯洁组织;三是诉苦划分阶级,发动土地改革斗争;四是没收地主的土地、耕畜、农具、粮食、房屋等五大财产,以村为单位分配,以乡为单位调剂;五是征收富农多余的土地、耕畜、农具、粮食和房屋等,填平补齐,复查漏网,划错纠正;六是开展增产节约运动,加强爱国主义教育,搞好民主建设,健全乡村各种组织,开好县区乡人民代表会议;七是颁发土地证,确定地权;八是转入生产。所谓三个关键就是在八个步骤中,以整顿队伍、诉苦划阶级、分配果实为三个主要关键点。七项政策,即一是依靠贫雇农。使贫雇农每人都可获得一份应得的土地、房屋、生产工具和其他生活资料。二是团结中农。中农利益不得侵犯(包括富裕中农在内),下中农土地不足者,补足一份。吸收中农参加农会及其领导,农会委员中应占三分之一。三是有分别地消灭封建制度。先没收地主的土地财产,分配其和贫农相等的一份,后征收富农的多余土地财产,分配其和中农相等的一份,不挖底财,不扫地出门,对开明士绅表示欢迎。四是团结改造知识分子。正确区分以脑力劳动为主要生活来源的知识分子与以剥削为主要生活来源的知识分子,争取地富出身的知识分子,不以地富分子看待。五是建立人民法庭,镇压破坏土地改革的反动分子,但应禁止乱捕乱杀。六是保护民族工商业(包括地富工商业在内),不没收分配。七是保护一切生产资料,不准拆房锯树、杀耕畜、大吃大喝,浪费土地改革胜利果实。严格禁止地富卖地、送地、瞒地、抛荒土地。所谓四项注意,就是要求干部不贪污果实,不包庇地富,遵守群众纪律,执行请示报告制度。

(四)土地改革的伟大意义

1950 年底,上蔡县的土地改革运动胜利完成。它标志着:

1.摧毁了千百年来束缚在农民身上的枷锁,推翻了千百年来剥削农民的封建土地制度,实现了农民"耕者有其田"的千年梦想。据统计,在整个土地改革过程中,全县共没收地主富农的土地327 467亩,耕畜8 304头,农具158 150件,房屋70 663间,粮食4 020 928斤。经过土地改革,农民成了土地的主人,地主剥削阶级成了人民民主专政的对象。

2.通过土地改革壮大了农民队伍和各级组织,巩固了人民民主专政。据全县8个区213个乡统计(除城关区外),农会会员由166 962人,发展到199 427人;民兵由13 734人,发展到15 713人;妇联会员由21 663人,发展到22 852人;少先队员由10 464人,发展到10 482人;青年团员由510人,发展到1 367人;党员由21人,发展到56人。

3.改变了生产关系,解放了生产力,极大地激发了广大农民的生产积极性。通过"土地改革",广大农民以极高的热情在自己分得的土地上生产劳动,全县呈现前所未有的生产热潮,带来了1951年和1952年的粮食持续高产。1951年全县粮食总产达到205 585吨,比1950年的143 778.5吨年增长43.7%。

五、实施《婚姻法》

(一)颁布《婚姻法》

1950年5月1日,《中华人民共和国婚姻法》(简称"《婚姻法》")颁布。《婚姻法》废除包办买卖婚姻、严禁纳妾和养童养媳、提倡寡妇再出嫁、实行一夫一妻的婚姻制度,并实行婚姻登记制度,男女结婚需经政府部门登记批准,才被视为合法婚姻。婚姻登记开始由区政府办理。

(二)实施《婚姻法》

《婚姻法》的颁布实施,废除了几千年以来的封建婚姻制度。全县经过大张旗鼓地宣传贯彻,广大人民的思想观念、婚姻观念有了很大的转变。男女青年自由恋爱,结婚到政府登记。有部分青年,解除了由父母包办的婚姻或婚约,童养媳被送回了娘家。寡妇再嫁,男到

女家落户,不再受歧视,青年男女择偶不再讲究门当户对,妇女主动提出离婚,也得到了社会的同情和支持。

1950 年 6 月,上蔡县第一届妇女代表大会召开,正式成立了上蔡县民主妇女联合会,由林英任妇联主任,妇女的权益更加有了保障。

六、禁毒、禁赌、禁娼

(一)禁毒

新中国成立前,上蔡县吸毒者仅入册的就有 2 000 多人,未入册者更多,吸毒现象甚为严重。1949 年春,县民主政府下令关闭鸦片烟馆。随后,县公安局缉获毒品贩子 12 人,鸦片馆主 21 名,缴获鸦片4 125 克,烟具 15 套,罚款 300 万元(旧人民币)。对 210 名吸毒人员,由县卫生科和司法科,联合举办戒烟训练班进行训诫。1952 年7 月 21 日,县成立禁烟禁毒委员会,县政府副县长朱剑平兼任主任,在全县范围内开展禁烟、禁毒运动。运动中,全县先后查获吸毒贩毒案件 50 余起,依法逮捕吸毒贩毒和种植罂粟的不法分子 100 余名,铲除罂粟 1 万多株。至此,上蔡县境内毒品基本绝迹。

(二)禁赌

新中国成立前,县城和集镇都设有赌馆、赌场,农村的赌风亦很盛行,尤其在古庙会上,赌风更甚。新中国成立初期,县民主政府发布禁赌布告,开展禁赌教育,并结合剿匪反霸、镇压反革命、土地改革等运动,严厉打击赌头、赌棍,坚决取缔赌场,赌博活动逐渐减少,至1952 年,全县赌博现象几乎绝迹。

(三)禁娼

新中国成立前,社会上存在许多封建陋习。在城市,甚至集镇上,嫖娼卖淫活动近乎公开合法。上蔡县城和蔡沟、塔桥、杨集等较大集镇都存在娼妓。新中国成立后,经过各级政府宣传和民兵查封,娼妓活动很快被取缔,广大群众拍手称快,显示了新社会对女性的解放和尊重。

七、城镇民主改革

1951 年 7 月,中共上蔡县委主持召开城镇民主改革会议。会议听取了郝广富传达的地委关于城镇夏季工作指示精神及张玺所做的城镇民主改革的意见,明确了城镇民主改革的方针与任务。

上蔡全县大小集镇共有 43 个,按规定除城关划区外,其余皆为镇。蔡沟、黄埠为乙等镇,东岸、洙湖、华陂为丁等镇,丙等镇 13 个,其余为露水集。

由于过去连年战争,灾荒频繁,多数集镇商业凋敝不堪,除几家药铺外,全县没有像样的工商业,多是小商小贩,即使有几个行店,也多为恶霸、地痞流氓所控制。他们大肆剥削农民,从中投机牟利,农民苦不堪言。

新中国成立,经过剿匪反霸、镇压反革命等政治运动,农村集镇工商业有了发展,但在保护工商业政策下,对操纵集市工商业的这部分人有所放松管理。这部分人不敢明目张胆进行破坏,却在暗处与政府争斗。

为加强对城镇民主改革工作的领导,保证工作的顺利进行,县成立了城镇民主改革运动委员会。委员会由李汝生、马血程、王培祥、郝广富、王克忠、杨纲、王英、韦志成、石振祥 9 人组成,郝广富、杨纲先后任主任。委员会下设办公室,抽调 2 名工作人员专门负责日常工作,办公室设在总工会。

根据省委指示精神,城镇工作主要是三大运动,即抗美援朝、镇压反革命、民主改革。城镇的民主改革,要与抗美援朝、镇压反革命紧密结合起来。在县城和集镇上,依靠工人和广大劳苦人民,把潜伏的反革命分子和封建势力肃清,把有政治问题的人和行为不正的人分清。坚持依靠工人阶级,大力发展手工业,扩大合作社,订立爱国公约,检查爱国公约执行情况,开展劳动生产竞赛,努力发展生产,并完成其他工作。

上蔡县的城镇民主改革运动,由于县委重视,深入发动了群众,进展很顺利。运动先以城关、黄埠镇为试点,各集镇抽出 16 人,包括城关及工会、工商科、青年团、妇联会、公安局干部共 23 人,分为两个

小组,一个小组由郝广富带队,协助城关区委,搞好城关的民主改革,一个小组由工会李国立和工商科副科长诸庆太带队,搞好黄埠镇的民主改革。从7月中旬开始,到7月底结束。1951年8月,各镇的民主改革运动在城关、黄埠试点经验的基础上,全面铺开。运动结合粮食征购,发动农民参加合作社,加强市场管理,组织生产,开展抗美援朝、镇压反革命的宣传教育,订立爱国公约,完成捐献等。9月底,全县的城镇民主改革运动基本结束。

1951年10月,县委在《三个月来城镇民主改革运动的初步总结》中指出,经过三个月的城镇民主改革运动,打倒了敌人,团结了群众,纯洁了组织,工人真正当家做了主,扫除了生产中的障碍,生产积极性大大提高。在运动中,大力培养入党积极分子,发展新党员,建立党支部,建立和改造了11个基层工会,发展会员309人。运动通过大力宣传政策,访贫诉苦,发动广大群众,在县搬运站、建筑社、城关镇、黄埠镇等重点单位,揪出了混入工人队伍中的封建残余分子、逃亡地主恶霸、伪军官48人,坏分子13人。

八、农村民主运动

开展农村民主运动,就是为了从政治上打倒敌人,教育广大干部群众树立长期对敌斗争的观念,克服官僚主义,密切干群关系,巩固人民内部团结,建立健全民主制度,为以后进行大规模的生产建设创造条件。

(一)农村民主运动的步骤

民主运动大体分为以下三个步骤。

1.民主斗争。即充分发动群众,从政治上打倒阶级敌人。采取的主要形式:一是召开群众大会,发动群众检举揭发反动分子历史的、现行的及尚未被专政机关和政府所掌握的罪行、罪恶;二是分门别类地召开运动对象会议,让运动对象自己讲清历史罪行、罪恶及其现实表现,争取宽大处理;三是将同一类运动对象分成若干组,背靠背地相互检举揭发他人的历史罪恶及现实问题,有立功表现的,做结论时酌情宽大处理。运动中,以各级党组织为主导,以农会为主体,

对运动对象的历史罪恶及现实问题进行梳理查证,触犯法律构成犯罪者,依据《惩治反革命条例》予以惩治;未构成犯罪者,交给群众监督,进行劳动改造。

2. 民主团结。为使全县各级干部以全新的状态投入民主运动,从 1951 年 11 月起,县委在全县开展了一次县区乡干部学习整风运动。整风就是通过学习,各级干部联系实际进行"三查",即查思想,看自己是否存在资本主义自发思想和行为,是否坚定了走社会主义道路和继续革命的决心;查作风,看自己在工作中是否存在欺压群众、个人专断等官僚主义作风,是否树立了民主的工作作风;查立场,看自己是否站稳了无产阶级立场,是否在互助生产工作中坚持了贫雇农路线。在开展批评与自我批评的基础上,召开群众会或贫下中农代表会,进行民主批评干部,充分听取群众或代表的批评或建议,密切干部与群众关系。过去国民党骑在人民头上作威作福,而现在县委、县政府让群众批评干部、提意见,号召群众团结起来,同一切不良现象做斗争。通过新旧社会的对比,极大地激发了广大群众的革命热情,在民主运动中掀起了参加农会的热潮,农会队伍得以迅速扩大。

3. 民主建政。即民主政治建设与政权建设的统称。民主运动中,按照上级统一部署,根据《关于基层选举工作的指示》和《关于选民资格若干问题的解答》等文件规定,县委在全县进行民主选举和基层政权建设工作。

(二)民主运动的成效

1. 对农村阶级进行了正确分析,清查了土地复查后农村的阶级关系,农村阶级界限更加明确,加强了人民民主专政的基础。

2. 通过民主运动,消除了干部群众之间的隔阂,打破了新老干部之间的对立情绪。同时,农民之间的宗派矛盾也得到不同程度的解决。提高了群众积极参政议政、监督干部行政的意识。干部行政命令、违法乱纪、脱离群众的行为大大减少,党员干部的群众观念增强,密切了党群干群关系。

3. 民主运动中始终贯彻群众路线方针,培养提拔了一批干部。

计区委干部 39 人,区政府干部 47 人。群众民主选举乡干部(包括部门负责干部)2 417 人。撤销乡干部 176 人,调整了领导成分,使基层组织进一步纯洁,政权进一步巩固。运动中,各系统委员发展到 13 618 人,农会会员发展到 248 166 人,新发展 14 835 人,妇女联会会员发展到 137 432 人,新发展 13 679 人,发展团员 3 880 人,培养发展党团对象 5 254 人,增加党团积极分子 11 116 人,补充了新鲜血液,青壮年积极参加民兵组织,民兵由 27 789 人增加到 40 875 人,基干民兵由 12 878 人增加到 15 137 人,大大增强了农村专政力量。

4.贯彻从生产入手到生产结束的民主运动方针,在运动中注意不脱离发展生产。民主运动中贯彻不动经济、不查漏网、对地主区别对待的原则,各阶层生产情绪稳定,促进了农业生产。据县政府农林科统计,当年(1952 年)粮食总产量达 5 亿斤,创上蔡历史最高纪录。

5.推动了文化教育事业的发展,农民迫切要求学习文化的积极性空前高涨。各乡村小学、完小、县中、简易师范、短期师训学生数量不断增加,农村中的冬学、夜校、扫盲班也应运而生。青壮年男女参加学习,进行扫盲,为他们以后参加社会主义建设创造了条件。

第二节　完成社会主义改造

一、进行社会主义"三大改造"

(一)对农业进行社会主义改造

上蔡县对农业的社会主义改造从 1952 年春开始,到 1956 年结束,经过互助组、初级社、高级社三个阶段。1951 年冬,上蔡县出现了由东岸农民王爱组织的第一个互助组(如图 4-1 所示)。1953 年,转为上蔡县第一个初级农业合作社。1955 年秋,县委以王爱、冀老二等 17 个初级社为重点,试办取消土地报酬的完全社会主义性质的高级社。

图 4-1　王爱互助组正在制订夏收夏种选种计划

　　根据中央"即要办多,又要办好,积极领导,稳步发展"的方针,1953 年 12 月 31 日,中共上蔡县委制定了《1953 年和 1954 年春互助合作发展计划》(下称《计划》)。《计划》指出,在继续发展互助合作的基础上,巩固和扩大现有自发的农业生产合作社,稳步发展新的农业生产合作社,增加农村社会主义成分,逐步改变农村生产关系,实现对小农经济的社会主义改造。《计划》要求,把互助合作工作作为1953 年冬和 1954 年春的中心工作,各区乡要深入调查,摸清现有互助合作的基本情况,逐一排队,制订发展计划,在全县掀起一个提高互助合作水平,自觉组建农业合作社的热潮。1953 年,全县互助组发展到 18 512 个,并建立 4 个农业生产初级合作社,组织起来的农户占全县总户数的 65.3%。到 1955 年 3 月 4 日,全县初级社发展到 255个。年底,全县办起 2 609 个半社会主义性质的初级农业生产合作社,入社农户 120 235 户,占总户数的 95.8%。到 1956 年底,全县发展高级社 484 个,入社农户 139 248 户,组织起来的农户占总户数的99.7%。

(二)对民族工商业进行社会主义改造

　　新中国成立后,上蔡县本着"利用、限制、改造"的政策,对全县民族工商业进行社会主义改造。1953 年,上蔡县委组织全县工商业者

学习贯彻上级关于活跃市场的六项措施和新税制,解除工商业者的思想顾虑,使其积极经营。1954 年,县委组织工商业者学习国家过渡时期的总路线和宪法草案,引导他们走组织起来的道路。当时,经营酒类、煤油、食盐的工商户都纳入了国家资本的轨道。全县 23 个畜牧交易所经过改造保留 17 个,政府派 17 名干部进行管理;24 个棉布经销店经过改造保留 9 个,其他的转向农业;2 个百货店也纳入国家资本轨道。1955 年,上蔡县委贯彻"统筹兼顾、全面安排、积极改造"的方针,通过各种不同形式,初步将全县私营工商业者,纳入国家计划轨道,改造工商业户 806 户,占工商业总户数的 60.19%。1956 年,上蔡县委召开各种会议,传达贯彻对私营工商业的改造政策,并训练骨干 140 人,接着进行清产核资。最后,根据各行各业情况,分期分批改造成合作商店、公私合营等高级形式。到 2 月底,全县共改造私营商业 1 329 户,占总户数 1 382 户的 96.16%;工商业人数 1 717 人,占总人数的 98%。之后,进行人事安排,评定工资,合理分布商业网点,建立规章制度,开展劳动竞赛。至此,上蔡县对私营工商业的社会主义改造胜利结束。

(三)对手工业的社会主义改造

对手工业的社会主义改造,是在对农业和民族工商业的社会主义改造的过程中逐步进行的。1951 年 8 月,上蔡县第一个手工业生产合作社成立(1958 年改为地方国营上蔡县机械厂)。1952 年,全县建立 3 个手工业生产社,共 117 人。1954 年 3 月 24 日至月底,县委召开手工业者代表会,成立上蔡县手工业劳动者协会,宣布对手工业进行社会主义改造。4 月,各区手工业者协会相继建立,会员达 1 694 人。5 月,县手工业劳动者协会组织手工业者学习国家过渡时期的总路线和宪法草案,引导他们走组织起来的道路。1955 年,铁、木、竹等 26 个行业共 341 人建立了 8 个手工业生产社、23 个生产小组。1956 年 1 月,县委召开三级干部会议,传达中央和省委对私营工商业、手工业进行社会主义改造的指示。月底,城关手工业者全部实现合作。2 月,上蔡县委把分散的个体商业企业改为国家的代销、经销店,从原来的国家资本主义初级形式过渡为国家资本主义的高级形式。3 月

17 日,县委宣布对手工业社会主义改造完成。上蔡县共建立起铁业社、木业社、缝纫社、皮革社、染业社、建筑社、竹业社、丝罗社、针棉织社、工艺社、毛笔社等 26 个手工业生产社、24 个手工业生产小组和 3 个手工业供销合作社,从业人员共 2 117 人,占手工业者总数的 98%。

二、第一个五年计划胜利实现

在党中央的直接领导下,由周恩来、陈云同志主持制定了发展国家经济的第一个五年计划(自 1953—1957 年国家经济发展规划)。除了国家全民的大型工矿企业和工业布局总体计划外,在省、地、县各级,主要是以工业化为中心,逐步完成对农业、手工业和资本主义工商业的社会主义改造,实现生产资料私人占有制向社会主义公有制(包括全民和集体两种形式)改造和转变,被称为"一化三改造"。根据这一精神,上蔡县委、县政府编制了上蔡县第一个五年国民经济发展计划,其中涉及农业互助合作向农业合作社的转变,完成农业生产、水利建设、金融财政、文化教育以及对城镇手工业、资本主义工商业的社会主义改造任务。在县委、县政府的领导下,全县人民发奋图强,使得第一个五年计划提前胜利实现。1958 年上蔡县荣获国务院"农业社会主义建设先进单位"称号。如图 4-2 所示。

图 4-2 国务院奖状

（一）农业集体化的实现

1953 年，全县就组织有 12 748 个临时互助社，5 292 个常年互助社，接着组建初级农业生产合作社和高级农业生产合作社。基本完成了农村由私有制到集体所有的公有制转变，实现了农民向社会主义生产的过渡。到 1956 年，全县农村普遍建成高级社。这对推动农业生产和提高农业技术，以及粮食高产稳产起到了有力的保证作用。尽管以后的历史证明，这一过渡之过急，加上天灾人祸，呈现出很多弊端，付出了一些代价，但这是对社会主义建设的积极探索。

（二）农业产量迅速提高

1953 年，上蔡县粮食总产 339 750 480 斤，平均单产 123 斤，芝麻总产 11 637 946 斤，平均单产 57.7 斤。1954 年，粮食总产 348 367 276 斤，平均单产 128.87 斤；棉花总产 594 587 斤，平均单产 62.9 斤；芝麻总产 3 100 104 斤，平均单产 63.4 斤。1955 年，粮食总产 412 468 725 斤，平均单产 147.28 斤，棉花总产 1 234 357 斤，平均单产 70 斤，芝麻总产 5 597 749 斤，平均单产 71.4 斤。1956 年，由于旱涝虫灾，粮食总产下降到 225 511 359 斤，平均单产 107 斤，棉花总产 155 261 斤，平均单产 33.71 斤，芝麻总产 1 694 615 斤，平均单产 52.25 斤。

（三）水利建设

1953—1957 年，全县共打水井 16 122 眼，田间整畦 327 029 亩，修补水井 5 576 眼，整修黑、洪、杨、汝河等，完成土方 4 819 600 立方米，减灾面积 385 000 亩，修小型水库 23 座，拦水坝 520 座，梯田 519 亩，地边埂 12 491 亩，修闸 126 座。大规模水利工程的兴建，对抗旱灌溉、排涝发挥了十分重要的作用。

（四）粮食统购统销

1953 年，我国开始施行粮食统购、统销。1953 年，上蔡县农民共交售给国家粮食 6 766 万斤。1954 年交售 6 824 万斤，1955 年交售 9 142 万斤，1956 年交售 3 368 万斤。这些粮食一方面支援了国家工业建设，另一方面保证了城、乡缺粮人民的需要，支援了工农业生产。

需要说明的是1956年粮食征购减少较多,主要是因为1956年遭受了水、旱、风、雹等灾害,国家调整了征购计划,由1955年占总产量的22%下调为11.4%,确保农民口粮需要。1953年,人均留口粮396斤,遭受严重灾害后,1956年,农民口粮反而增加到439斤,超过国家规定的留粮标准。

自实行粮食统购统销政策起,国家每年都把统销当成一个重要工作去部署。1953年,上蔡县统销粮食4 127万斤,1956年,统销7 787万斤,多出本年征购粮食数4 419万斤。这显示了国家统销粮食的调配优势。

实行粮食统购统销,稳定了市场,稳定了物价。以上蔡城关1953年12种粮食平均销售价位为基数计算,1954年为95.9%,1955年为96%,1956为99.2%,这说明实行粮食统购统销,取消粮食自由市场以后,粮价就一直保持稳定,给农民带来粮价预期,增强战胜灾荒、增加收入的巨大信心和力量。

(五)基层供销合作社

1950年11月,上蔡县正式成立县供销合作总社。随着农业合作化运动的发展,1955年,上蔡县在积极对私营商业进行社会主义改造的基础上,到1956年,全县基层供销合作社共发展基层社14个,门市部116个,社店覆盖193 012人,占总人口的30.1%,资金规模32 760元,营业额9 409 222元。县办公营商店由县商业局管理,基层社队乡村设立供销社或代销门市部。网点开始较少,规模也小,后来逐步扩大,来满足广大人民群众购买生产资料和日用品的需要。销售农副产品一般需要到集镇大商店,粮食购销一般在基层粮所或国家粮食储备库。

(六)金融信用合作社

1952年3月,在百尺区鸳店村设立上蔡县第一个信用合作社。随着农业合作化的发展,经过试办,逐年铺开。信用合作社到1956年已发展到101个,社员达到180 297人,资金规模354 236元,存款3 368 514元,实现了信用合作化。这对农业生产、生产救灾、统购统销、农业合作化的巩固及扩大社会主义合作经济,起着不可替代的作用。

(七)财政工作

1953—1957 年,全县财政收入 2 656.5 万元。支出逐年增长,特别是对文教、卫生公共事业的投入,社会贫困的救济、农业、水利、邮电事业的扶持等力度逐年上升。

(八)文化教育事业

新中国成立以后,文化教育事业得到快速发展。至 1956 年,初中发展到 6 所,44 个班,学生 2 300 余人;业余初中发展到 18 所,22 个班,学生 800 余人;建成中等师范 1 所,6 个班,学生 276 人;新建的高中,招收 3 个班,146 人;小学迅猛发展,其中完小 30 所,中心小学 19 所,乡小 55 所,共有 1 209 个班,学生 55 000 余人。工农业余教育扫除文盲 7 000 余人。师资力量上也有所发展,全县共有小学教师 1 473 人,中学教师 160 人,业余学校教师 2 200 余人,参加扫盲学员每年都在万人以上,最多达到 12 万人,全县掀起一个轰轰烈烈的学习文化高潮。

第三节　开始全面建设社会主义

一、贯彻落实调整国民经济的"八字"方针

(一)调整农村政策,恢复农业生产

1961 年 1 月,鉴于人民公社化后农村存在的严重问题,党的八届九中全会,正式通过对国民经济实行"调整、巩固、充实、提高"的八字方针。在基本政策上,调低工业、农业和其他各行各业的指标,压缩建设项目,本着"积极可靠,留有余地"的原则,遏制"左"倾蛮干。1961 年 4 月 25 日至 29 日,县委召开了县、社、大队三级干部会议。参加会议人员 1 308 人。会议传达学习了中共中央发布的《农村人民公社工作条例(草案)》(简称"农业六十条")和省委三级干部会议精神,安排部署了全面纠正"大跃进"中出现的各种错误做法和对国民经济进行一系列调整恢复的方针措施。

1.开展经济退赔。按照地委要求,上蔡县委、县政府要求县社队

普遍与群众进行算账,以"破产还债"的精神,对"一平二调"的财物,实行退赔。据统计,全县共平调群众 2 540 万元(包括物资折款),当时退赔了 124 万元,退赔房屋 3 万间,土地 21 万亩,机器 112 部,牲畜 1 853 头,马车 170 辆,大车 120 辆,架子车 145 辆,生猪 5.3 万头,羊 2 万只,家禽 4 万只,其他各种农具、家具共 11.3 万件。从而逐渐改善了党群关系的紧张状态,稳定了农村形势。

2.调整社队规模和基本核算单位。1961 年上半年,县委贯彻执行中央"农业六十条"精神,对全县人民公社的社队规模慎重进行了调整。全县人民公社在调整为 14 个的基础上,再调整为 9 个区 50 个公社,大队由 396 个调整为 488 个,生产队由 2 794 个调整为 4 917 个,从而克服了社队规模过大的现象。12 月,中共上蔡县委根据中央和省、地委的指示精神,发布了《关于实行以生产队为基本核算单位和按劳分配的指示》,调动了广大社员参加集体生产的积极性。

3.改进社员之间的分配办法。县委在劳动定额管理、严格评工记分的基础上,贯彻执行"多劳多得,按劳分配"的原则,取消供给制,推行了"五保户"实行供给、困难户进行照顾、生产队分配粮款必须按社员劳动工分占相当比例的分配办法。1961 年夏季预分算账,全县总收入 954 万元,各项扣除 341 万元,社员分配 613 万元,确保了大部分社员收入比 1960 年有较大增加。

4.县委依照群众自愿的原则,普遍解散了农村公共食堂、常年托儿所及部分敬老院等,减轻了所谓"吃饭不要钱"的负担。

5.改进经营管理。上蔡县在调整社队体制的同时,取消了原来的一些不合理制度,逐步建立健全了社队民主管理、计划管理、劳动管理、财务管理、牲畜管理等各项管理制度。

6.改进粮食征购办法。全县普遍实行了定产、定购、定销的"三定"办法,并与"三包"相结合,推行一年一定、一年不变。在正常年景下,增产不增购,减产不减购,即交纳公余粮后,剩余的粮食自己处理,社员生活有了较大改善。1961 年,全县粮食征购完成 5 014 万斤,占地区分配任务数的 203%,棉花收购完成 58 万斤,占地区分配任务数的 103.8%,有力地支援了国家建设。

7.允许社员开荒种地,允许社员经营少量自留地和小规模家庭

副业。1962年5月,上蔡县委在《关于借给社员少量耕地种红薯和有关自留地的几点指示》中指出,实行借地种红薯,每人保证2分,个别地多的地方可以稍多一点,但最多不超过3分。社员自留地在占总耕地5%的基础上,提高到7%。据此,社员应分的9.1万亩自留地,麦前已经全部分到社员手里。广大社员在搞好集体生产、发展集体经济的同时,迅速发展了家庭副业。当年,社员开垦小片荒地4万余亩,植树造林92万棵,私养大家畜49头,生猪14.5万头,羊16.9万只,家禽(包括鸡、鸭、鹅)37.9万只,家兔23.6万只。这种发展速度在历史上是少有的。它不仅增加了社员收入,改善了社员生活,也活跃了农村市场经济。

(二)城市工业的调整

1961年,中共上蔡县委全面贯彻落实调整国民经济的"八字"方针,精减职工,压缩城市人口,降低工业发展速度。全县共精减职工6 845人,占地委分配任务的174.4%。其中下放农村的有6 803人,充实了农业战线劳动力,减少了城市粮食供应的压力。工业战线上实行"关、停、并、转",关停了钢铁、化肥、酿酒、硫酸、水泥、造纸和技校等7个单位,将棉织厂、雨具场由全民转为集体,即转为综合手工业合作社。原来的11个国营厂保留7个。在这7个厂中,赚钱的有印刷厂、制药厂,亏损的是电厂。调整以后,上蔡县国民经济各部门之间的比例关系趋于协调,缓和了城市用粮紧张和物资供应紧张局面。

(三)政治关系的调整

根据中央和省、地委指示精神,从1961年开始,中共上蔡县委对在1957年反右派斗争中被错划为"右派分子"的人进行改正;对1959年"反右倾"运动中被批判斗争,受到错误处理的党员干部和群众,认真地进行了甄别、复议、平反工作。有127人摘掉了"右派分子"帽子,恢复名誉和职务;"反右倾"斗争中受到错误处理的各级党员干部709人,全部平反,从而团结了同志,缓解了党内紧张关系,调动了全党的积极性。

(四)贯彻"七千人大会"精神

1962年1月11日至2月7日,党中央在北京召开扩大的中央工

作会议(又称"七千人大会")。这次会议的主要目的是:总结经验,统一认识,加强党的民主集中制,切实贯彻调整国民经济的方针。

2月27日至3月6日,中共上蔡县委召开全体委员会议。会上,传达贯彻了"七千人大会"精神,检查总结了1958年以来的经验教训,回顾了"五风"的影响给上蔡人民带来的巨大灾难。这次会议,充分发扬了民主,干部群众畅谈了思想感受,交换了真实意见,正确开展了批评与自我批评,统一了思想认识,进一步增进了团结。会议以恢复农业生产为中心议题,全面制定了经济调整工作的方针及措施。会后,全县加快了国民经济全面调整的步伐。

二、实行农业"三包一奖"责任制

"三包一奖"(即包工、包产、包成本和超产奖励)是人民公社管理工作中的一项基本制度。这一时期,特别是1961年,上蔡县把"三包一奖"和"三定"政策(定产、定购、定销)结合起来,激发了生产队和社员的积极性,夏季超产奖励的兑现,对秋季抗拒自然灾害起了积极作用。落实"三包一奖"和"三定"政策,明确了国家、集体和社员三者之间的分配关系。其意义:一是能稳定干群思想,去掉看苗包产的顾虑;二是利于"三秋"生产的开展,促使精耕细作种好小麦;三是便于生产队安排茬口和因地制宜制订种植计划;四是能使生产队及早制定技术措施,合理使用劳动力;五是能促进积肥,多施底肥,早施苗肥;六是能加强计划管理,统筹安排合理用工和资金使用。

县委在实行"三包一奖"工作中,充分发动群众,依靠群众,从实际出发,讲明政策,克服平均主义,由群众讨论提出"三包一奖"方案。

包产是实行"三包"中的关键,也是思想争论的中心。全面正确地贯彻党的政策,必须认真发动群众、依靠群众解决,特别是依靠贫农和办事公道的老农,更能解决这个问题。通过群众讨论代表会决定,定出包产指标,使包产指标既积极可靠又留有余地,使群众感到有产可超,有奖可得。为了把"三定"与"包产"统一起来,更好地把国家分配的征购任务分配到生产队,各公社又实行了定总产、定面积、定征购、定上交粮食的"四定"办法。

包工是大队向生产队分配的依据。把工包好是克服平均主义、

达到合理分配劳力的重要一环。用什么方式包工,是"三合一"(采取产量、地亩、操作规程"三合一")还是"四合一"(采取产量、地亩、操作规程、劳力"四合一"),都要由群众讨论决定。

"三包一奖"责任制迅速在全县推行,大多数地方实行了"包工包产",签订了三包合同,确定了奖罚比例。是年7月至9月,上蔡县遭受严重干旱,全县掀起抗旱保秋运动。由于普遍推行了"三包一奖"分层包干生产责任制,广大群众的生产积极性被有力激发,粮食仍然获得较好收成,总产量达到119 190.5吨。

三、"文化大革命"时期上蔡县的经济发展

1966年8月,上蔡县的"文化大革命"全面展开,从城镇到农村,从学校到工厂、机关的各个单位,都陆续建立了"红卫兵"组织。接着,先后掀起"破"四旧、"立"四新、揪"资产阶级学术权威"、抓"走资本主义道路当权派"运动,各级党政机关相继受到冲击。

在动荡中,上蔡县各级党组织和广大党员、干部、群众,没有动摇热爱祖国、拥护中国共产党、拥护社会主义的立场和信念,冲破重重阻力,坚持"抓革命、促生产",保证了上蔡县经济社会稳步发展。

1968年5月4日,经河南省革命委员会批准,上蔡县革命委员会建立,1970年2月建立了中共上蔡县革命委员会核心小组。1971年2月14日至18日,中共上蔡县第三届代表大会召开,会议通过了中共上蔡县第三届代表大会决议,选举产生了中共上蔡县第三届委员会和常务委员会,委员30人,常务委员10人。接着,县委排除各种干扰,全心全意地抓经济,特别是1975年8月,面对罕见的"75·8"大洪水,上蔡县各级党组织充分发挥战斗堡垒作用,发动群众抗洪抢险,生产救灾,重建家园,大搞农田水利建设,并于1976年底根治了黑河水患。从而,使上蔡经济在大灾之后仍保持较快发展。1976年全县粮食总产达到366 750吨,比1966年的162 618.5吨增长2.25倍,年均递增22.5%。

四、知识青年上山下乡

上蔡县的知识青年(简称"知青")下乡工作,从1965年起到

1982 年止,前后历经 18 年。全县共计动员、接收下乡知识青年 3 637 名(其中包括郑州市、开封市知识青年 1 484 名),至 1983 年底,历年下乡知识青年全部得到了迁转回城、招工安置。

(一)知识青年大规模下乡

"文化大革命"开始后,由于大学不招生、工厂不招工,城市初、高中毕业生既不能升学,也无法分配工作。1968 年 12 月,毛主席发出"知识青年到农村去,接受贫下中农的再教育很有必要"的号召,全国立即掀起知识青年上山下乡的高潮。

(二)四项知青具体工作

1. 知青管理与机构设置。1955 年毛泽东曾指示:"一切可以到农村去工作的这样的知识分子,应该高兴地到那里去。农村是一个广阔的天地,在那里是可以大有作为的。"河南省知识青年下乡集中的郏县,1958 年就成立了"广阔天地,大有作为"人民公社,代表了那个时代的产物。1965 年 6 月,上蔡县原城郊畜牧场(陈桥)改建为城郊新建队(称"知青一队")。8 月,县城第一批下乡知识青年 40 人来此落户锻炼。1968 年秋,在杨集镇常营西建杨集知青场(后称"知青三队")安置开封知青 99 人;在百尺公社聂坡大队新庄建百尺知青场(后称"知青二队"),安置开封知识青年 78 人。1974 年 4 月,郑州市九中、二十七中下乡知青 270 名被安置在全县 22 个公社 66 个大队 145 个生产队接受锻炼。本县的知识青年大部分安置在华陂公社的史彭大队、刘连大队,洙湖公社的桃花店大队,齐海公社的朱庄大队,也有个别知识青年回老家的生产大队参加劳动。1975 年洪水以后,全县再下乡的知识青年一律安置在三个知青队。

1965 年,上蔡县知青管理机构为县人委知青办;1968 年,县成立革委会后由生产组负责;1974 年,县建立知青办公室,与县民劳局合署办公;1977 年,县知青办与县民劳局分家,设立独立机构;1981 年,县五届人代会后,成立县人民政府知青办公室;1982 年 5 月,根据省、地委通知精神,经县委研究,决定县知青办与县劳动局合并,全县的知青工作由县劳动局服务公司承担。

2. 知青教育。李庆霖事件发生后,为摸清全县知青工作的基本

情况,中共上蔡县委组织三个调查组,对全县的知青工作进行了全面调查总结,重新调整充实了上蔡县知识青年工作领导小组,由县委副书记邱有德任组长,县委宣传部部长陈凤良、生产指挥部指挥长黄学胜、副指挥长李尚玉任副组长。各公社成立相应组织,由一名副书记专抓,各大队配备了专干,三个知青队调整了贫农代表,确定该公社的党委副书记任党支部书记,进一步加强了对知青工作的教育管理。

1976年,粉碎"四人帮"后,上蔡县的知青教育工作主要是接受贫下中农的再教育。各级党组织经常邀请贫下中农代表进行忆苦思甜,吃忆苦饭,组织访贫问苦,参观烈士陵园,对知识青年进行革命传统教育。1977年全国恢复高考后,知青教育注重了业余文化学习,由地、县统一购买高、初中文化课本和高考复习资料,《河南教育》等各种学习资料,发给知识青年学习。平时以自学为主,定期请老师上辅导课,提高了他们的文化知识水平,许多知识青年积极参加高考。据统计,全县有89名知识青年被全国及省内各大、中专院校录取。杨集知青场1979年一年就有5人考入大、中专院校深造。知青教育工作的另一形式,就是在插队小组和知青场开展党团活动。三个独立的知青场都建有党团支部,积极培养、吸收符合条件的知识青年入党入团,选配进入场、队领导班子。据统计,全县共在知识青年中发展党员7人,团员1 144人,进入基层班子116人。配合阶段性的教育工作,上蔡县委、县政府召开知青"双先"表彰大会,选出不同类型的知识青年,宣讲接受再教育的心得体会,激励知识青年安心去农村,建设农村。当时影响大、效果好的代表人物是:郑州市女知识青年陈其英,任邵店公社团委副书记、小楼大队革委会副主任;上蔡县知识青年陈明远,任齐海公社朱庄大队革委会副主任;石桥公社75级汝师毕业生史宝珠,任大队党支部书记。

3.知青劳动。知识青年上山下乡,十七八岁的青年从学校奔赴农村插队劳动锻炼,从思想上、生活上、习惯上都来了一个180度的大转弯,都经历了不同程度的艰苦磨炼。尤其是从郑州、开封来的小青年,从麦苗韭菜分不清,到经过老农的传授指导,逐步学会了犁地、耕地、扬场、锄地等农活技术,开始自食其力地独立生活,在他们人生里程碑上打下了深深的烙印。仅城郊、百尺、杨集三个知青场的统计,几年来,他们不仅实现了粮、棉、油自足,而且向国家交售粮食148 000斤,油料12 200斤,皮棉5 000余斤,烟叶14 000斤。在抓好粮食生产的同时,农、林、牧、副、渔全面发展。他们共植树造林78 000多棵,果树2 500多棵,发展大牲畜42匹,养猪77头,鸡鸭500多只,养鱼20 000多条。同时,他们还开办了染房和炕房,增加了集体收入。这三个知青队场地在建场前被群众称为"蛤蟆洼,杂草窝",后来变成了地成方,路成荫,树成林,林茂粮丰,人欢马叫。他们自建房屋209间,实现了三人一间房,有饭厅、有厨房。农工机具也从无到有,逐步发展到拖拉机3台,手扶拖拉机3台,变压器3台,其他农工机械92部。另外,城郊公社知青队已有12名男女青年结婚生了孩子。尤其是杨集知青队,在公社党委副书记王玉山同志(兼任队党支部书记)带领下,艰苦创业,给广大群众和青年留下了深刻的印象。

4.知青安置。知识青年上山下乡,全县从1965年第一批知识青年落户城郊知青一队起,安置经费开始是每人240元,1973年增加到420元,1975年增加到510元,后增加到600元。粮食每人每月45斤成品粮,先是供应半年,1973年后改为供应一年。同时,参加劳动参与分配,集中安置的知青粮款统一使用,除当年下乡经费外,每年国家还拨出支农资金、困难补助款和大批物资。自1968年开始,国家共拨款180多万元,木材470立方米,建房740间(其中瓦房390间),使下乡知识青年吃有粮,住有房,生活有用具,劳动有工具。

上蔡县的知青回城安置就业工作,是由县劳动局通过招工、招生(1976年之前为推荐招生)、参军和转市民回城自谋职业分批进行。分配专项指标,根据先下先招的原则,由贫下中农代表、知青推荐,县社批准,办理录用手续。根据中央《全国知识青年上山下乡工作会议纪要》(中发〔1978〕74号)文件和1979年省劳动厅的文件规定,下乡满五年以上的知识青年招工后享受一级工待遇,满二年的享受学徒工第二年的工资待遇,满三年的享受学徒工第三年的工资待遇。

为了鼓励知青在场就业,国务院知青领导小组〔1980〕2号文件规定,在知青场就业的知青,从进场之日起计算工龄。上山下乡的知识青年参加工作后,工龄从批准上山下乡之日起计算工龄。1980年1月,省公安厅、省粮食局、省知青办联合通知规定:下乡结婚女青年回

城镇后在农村所生子女随迁回城。到 1983 年底,历年下乡知青全部得到了妥善安置。

五、东岸大队民办科学实验站

1969 年初,上蔡县革委会、上蔡县人武部、东岸公社革委会,经联合调查向上级呈报了《东岸大队民办科学实验站》的报告。3 月 25 日,《人民日报》头版头条发表了《一个由贫下中农亲手创办的农业科学实验站》一文,文章从"粗手夺来科技大权,赤脚踏出崭新道路,着眼大局、服务生产"三个方面,报道了上蔡县东岸大队以王泮明为首的 24 位农民,从 1967 年 2 月,白手起家,艰苦奋斗,移土填坑 1 800 多立方米,平整土地 32 亩,办站搞科研的全过程。文章详细介绍了他们的四点做法:一是读红宝书,炼红心;二是自力更生,勤俭办站,少花钱办大事,不花钱也办事;三是对外地经验做试验落实,对本地经验综合提高,对具体问题具体研究解决;四是坚持理论与实践相结合,干中学,学中干,说得出,用得上,做得到。当年《红旗》杂志 3、4 期合刊上也进行了报道。之后,全国有 17 个省市数万名干部、农民及科技工作者前来参观考察。实验站在小麦"高稳低优"研究中获省科研二等奖,在棉花、大豆、玉米等多项研究中也获得一定成果。东岸大队科学实验站的经验在全县得到推广,各公社、大队都先后办起了林场、实验站。1969 年 10 月,王泮明参加了 20 周年国庆观礼活动。1975 年东岸大队创办了农业技术学校,面向全县招生,先后输送近千名农民技术员。

六、大办民兵师

(一)大办民兵师的起因

根据毛主席关于"大办民兵师"的号召,20 世纪 60 年代,上蔡县建立了民兵师,各公社建立了民兵团,大队建立了民兵营,生产队建立了民兵排。当时全县共建了 2 个民兵师,下辖 18 个民兵团、211 个民兵营、5 452 个民兵排,人数达 249 257 人。1964 年,按照毛泽东"民兵工作要政治落实、组织落实、军事落实"(简称"三落实")的指

示,上蔡县各级民兵组织不定期进行学习、演练和执行任务。

（二）学习史彭大队民兵营

1971年2月,中共上蔡县委、县人武部党委作出了《关于在全县范围内开展学习史彭大队民兵营的决定》(以下简称《决定》)文件,文件指出,1971年2月13日,河南省军区党委作出了《关于树立四好连队(单位)标兵,活学活用毛泽东思想积极分子的决定》,上蔡县史彭大队民兵营被树立为"四好"单位标兵之一,这不仅是史彭大队的光荣,也是上蔡县的光荣,是上级对上蔡县极大的关怀、鼓励和鞭策。

《决定》共有五条意见。

1. 坚决执行省军区党委决定,热烈响应省军区党委的号召,立即在全县范围内掀起向史彭大队民兵营学习的热潮。

2. 学习史彭大队民兵营,高举毛泽东思想伟大红旗,活学活用毛泽东思想。

3. 学习史彭大队民兵营,以阶级斗争为纲,抓住"四好"不放,坚定不移地走政治建设队伍、政治建设民兵的道路。

4. 学习史彭大队民兵营,充分发挥民兵组织在"三大"革命运动中的骨干带头作用。遵照毛泽东"抓革命、促生产、促战备"的指示,动员民兵积极参加社会主义革命和社会主义建设。

5. 学习史彭大队党支部,实行全党抓武装。遵照毛泽东"全党抓军事,实行全民皆兵"的伟大号召,把民兵工作列入各级党组织和革委会的议事日程,继而在全县掀起了学习史彭大队民兵营的热潮。

（三）民兵组织调整和训练

为了贯彻党的十大精神,落实毛泽东关于"备战、备荒、为人民""深挖洞、广积粮、不称霸"的伟大战略方针,加强民兵建设,做好反侵略战争准备,根据上级指示,中共上蔡县委、上蔡县人武部提出了1973年度整顿民兵组织的意见,通过对原有民兵组织的整组,组建了1个武装基干民兵团,辖19个连,人数达3 247人,配有步枪、机枪1 212支(挺),子弹2 725发,60迫击炮8门,82迫击炮4门,炮弹90发。

1975年5月,中共上蔡县委、县人武部党委向中共驻马店地委、军分区党委呈报了《关于建立民兵师的报告》(〔1975〕23号),5月22日,中共驻马店地委、军分区党委批复了《关于上蔡县民兵师干部任职的通知》(驻发〔1975〕37号),闫国政任上蔡县民兵师师长,杜宝泉任上蔡县民兵师第一政治委员,闫凤栖、庞传文、李延选任上蔡县民兵师政治委员。全县20个民兵团全部建立,干部任职到位。

1975年4月,县委颁发〔1975〕22号文件,批转上蔡县人武部《关于1975年民兵军事训练工作的报告》(简称《报告》)。要求遵照毛泽东要准备打仗的指示,进一步做好反侵略战争的准备,落实总参《民兵军事训练三年纲要》(简称《纲要》)和《三年纲要补充意见》,并按照河南省军区、驻马店军分区的指示精神,切实加强民兵军事训练工作。

《报告》提出民兵训练的主要任务:一是民兵干部轮训。县训练营长,公社训练副营职干部和排长,争取第二季度完成,每期10至15天。各单位要按《纲要》规定内容,保质保量地完成轮训任务。二是民兵武装基干连的训练,着重抓好单兵战术训练。三是民兵地炮分队的训练,重点是搞好迫击炮分队训练。

1978年6月,中共上蔡县委下发文件(上发〔1978〕64号)决定,7月下旬,县委、县人武部党委将举行全县年度民兵军事训练比赛,并成立民兵军事训练比赛领导小组,组长由县委第一书记闫凤栖担任,副组长分别为县委副书记邱有德、县人武部部长刘怀拴、县委宣传部部长陈凤良、县公安局局长林国顺,成员由县人武部副职及县委有关部门负责人14人组成。领导小组下设办公室,办公室设在县人武部军事科。1978年,共训练干部4 269人,武装基干民兵9 455人。

(四)杨得志到上蔡视察民兵工作

1978年,上蔡县的民兵工作有了很大发展,民兵的政治素质、组织观念、军事技能也有了相应的提高,基本实现了毛泽东提出的"民兵工作要做到组织落实、政治落实、军事落实"的指示,全县涌现出史彭、狮子口、桃花店等民兵工作先进单位典型。上蔡县也被武汉军区评为"民兵工作先进单位"。1978年5月上旬,接省军区通知,武汉军

区司令员杨得志到河南视察工作期间,决定到上蔡视察民兵工作(图4-3)。

图4-3　原武汉军区司令员杨得志到上蔡视察民兵工作

1. 杨得志观看上蔡县民兵军事表演

6月2日上午,天气晴朗,阳光普照。城郊公社黄尼庄大队民兵军事表演场上,隆重壮观,红旗飘飘,巨幅标语环绕四周,高音喇叭不时播放着革命歌曲。坐南向北的主席台两旁,悬挂着"提高警惕,保卫祖国"的巨幅标语。参加表演的民兵和来自全地区各县、公社人武部的领导及参观者近万人早已来到这里,等候杨得志等领导的到来。

7时40分,时任武汉军区司令员杨得志、副司令员林维先及河南省军区司令员尚坦等,在驻马店军分区和县委、县人武部领导的陪同下,驱车来到表演现场,全场响起热烈的掌声。负责民兵军事表演的总指挥——上蔡县人武部副部长施福聚,向杨得志报告,宣布民兵军事表演开始。

表演共分三大场地,7个科目。首先表演的是民兵分列式。2 500名各公社基干民兵组成25个方队,按照兵种,分别佩戴各种武器装备,迈着雄壮而又整齐的步伐,从主席台前通过,接受检阅。分

列式后,参加专业技术表演的民兵,按照其表演的项目迅速就位。在第二表演场上,表演项目有实弹射击、投弹、刺杀、班进攻、防御战术、通信等课目。射击表演有半自动步枪 100 米 10 发连射,半自动步枪100 米打钢板、半自动步枪 100 米打酒瓶、打空飘气球,半自动步枪、冲锋枪、班用机枪 200 米打隐显目标等。参加表演的史彭、狮子口等大队男女民兵,个个发发命中、枪响靶开花,赢得观众席上一片掌声。投弹表演分为徒手投掷、持枪投掷、梯形地靶的投掷。狮子口等大队民兵表演的刺杀更是让人印象深刻。民兵们手持半自动步枪,随着指挥员的口令,整齐一致地表演"预备用枪""突刺""防左刺""防右刺"等刺杀动作,尤其"应用刺",表演更为精彩。参加表演的民兵分为 20 对,他们身着刺杀护具,手握训练木枪,随着"开始"口令的下达,个个精神抖擞,杀声震天,动作协调准确,令人赞叹不已。"班进攻""班防御"战术表演更引人入胜。参加表演的民兵班,把表演当战场,翻越障碍,摸爬滚打,通过"敌炮火封锁区",配合隆隆的爆炸声,更是形象逼真。城郊公社刘楼大队的民兵做了精彩的通信表演,30名司号员按照训练大纲要求,利用跪、跑、站三种姿势吹出了整齐而又标准的号令。无线兵身背电台,手握话筒,头戴耳机,按照时间要求迅速沟通联络,准确无误,人人称快。

在第三表演场上表演的主要是爆破。民兵们把 4 枚手榴弹系在20 公斤的炸药包上,迅速挖好发射阵地,点燃导火索,将手榴弹抛射到 200 米远的"油库""弹药库",随着一声巨响,手榴弹纷纷爆炸,炸点烟尘四起。每个项目表演完毕,杨得志都报以热烈的掌声,露出欣慰的笑容。说来也凑巧,时逢表演高潮时候,驻确山李新店的空军进行飞行训练。一次 3 架飞机,多批次划过表演场上空,给民兵的军事表演更增加了严肃、实战的气氛。

训练表演历经 5 个小时,于下午 1 时在一片持久而热烈的掌声中结束。杨得志司令员兴致勃勃地走到参加表演的民兵面前,同他们一一握手,向他们表示慰问和祝贺,并同全体民兵合影留念。

2. 杨得志的期望

6 月 3 日上午,县委在西街"上蔡影剧院"召开了县直机关党员干部大会。杨得志出席会议并做重要讲话。他首先肯定了上蔡县民兵工作取得的成绩。当他谈到观看民兵表演的情况时说:"我没有想到上蔡县民兵工作搞得这么好,民兵的军事素质这么高,在我观看的河南省 10 个县的民兵表演中,上蔡县民兵表演是最成功的,队伍是最整齐的,士气是最高昂的。"最后,针对今后如何进一步做好民兵工作,他提出四点要求:一是认清形势,提高民兵工作的战略地位;二是狠抓民兵工作"三落实",圆满完成各项任务;三是围绕"中心"办民兵,充分发挥民兵在经济建设中的作用;四是发扬党管武装的优良传统,加强党对民兵工作的领导。下午 3 时,杨得志及其随行人员离开上蔡。

(五)"毛主席接见 罗瑞卿赠枪"的神枪手

图 4-4 李毛妮

李毛妮(图 4-4),上蔡县蔡都镇小刘庄人。1958 年,李毛妮 17 岁,在当时的申庄公社林场工作,毛主席发出了"大办民兵师"的号召,她就在那时当上了民兵,开始学打枪。由于她勤学苦练,逐步成为上蔡民兵师中小有名气的"枪手"。1960 年 3 月,李毛妮被信阳地区推荐出席全省首届民兵代表大会。当时会议进行了飞碟射击表演比赛,5 声枪响后,5 个飞碟碎裂在她的枪下。会议结束后,她被命名为"神枪手",并被选为参加全国民兵代表会议的代表。

1960 年 3 月 27 日至 4 月 4 日,全国民兵代表大会在北京召开。据李毛妮回忆:"会议期间,毛主席在中南海接见我们,毛主席边走边挥手,我们拼命地鼓掌。毛主席看见女民兵很高兴,说:'姑娘们你们好。'我们激动得不知说啥好,只顾鼓掌。"

最让李毛妮激动的是会议闭幕的那天,她被选为上主席台领奖的代表,给她挂奖章的是罗瑞卿副总理。随后,罗瑞卿副总理把一支崭新的五六式半自动步枪、100 发子弹奖给了她,并和她亲切握手。下了主席台,她发现,这支枪的枪托上烙着一个大大的"赠"字。多年

来,李毛妮一直把这支枪作为宝贝珍藏在身边。

七、夺取"75·8"抗洪抢险胜利

(一)"75·8"特大暴雨成灾

1975年8月5日,因受三号台风的影响,暴雨中心由驻马店地区泌阳县祖师庙,经遂平县中部移至上蔡县城一线,次日移出县境,致使上蔡县发生了罕见的特大暴雨。据县水利局雨量记载,8月5日16时至7日24时,三日共降雨879.7毫米,其中最大暴雨强度为每小时63毫米,以县城为中心,其范围约40平方千米。

由于这次暴雨历时短,强度大,致使上蔡县洪、涝灾害叠加。8月7日,全县河道决口20处,漫溢16处。内涝严重的有无量寺、齐海、五龙、洙湖、东洪、西洪、百尺、黄埠、党店、华陂等10个公社,平地一般水深1米左右,深处达2米以上。

8月8日凌晨1时许,驻马店地区泌阳县的板桥水库大坝突然垮塌,接着石漫滩和田岗等水库也相继垮塌。当日8时许,板桥水库洪水冲入上蔡县无量寺、黄埠公社境内,冲毁北汝河堤坝,以8 000 ~ 10 000立方米/秒的流量顺北汝河两岸南下,以20 000 ~ 25 000立方米/秒的流量经陈桥一带北流。茶庵湖内形成5千米宽的洪流,向东北方向狂奔。当天18时,在西洪洪河翻转闸下游,洪水漫堤顶1.85米,北汝河洪水超堤顶0.88米以上。

8月9日—10日,全县除10万亩岗岭地和枯河岭高地外,其余全部上水,一片汪洋。平地一般水深1.5米左右,深处可达5.0米以上,农田淹没,房屋倒塌,人畜被困。

(二)洪水成灾造成极为严重的损失

具体损失情况:全县死亡1 049人,房屋倒塌砸伤8 300人;死亡耕畜14 528头,死亡生猪52 166头;1 606 000亩耕地全部受灾,成灾面积1 577 000亩,绝收面积1 325 000亩;被洪水冲倒泡塌房屋480 900间;全县共损失粮食10 692万公斤;农机损坏27 323台,占65.2%。大农具损坏178 762件;河道决口349处,长36 514米;桥梁损坏19座;涵闸冲毁19座;机井淤塞损坏10 040眼;灌溉硬化渠道

174 000 米,大部分被冲毁;交通、邮电几乎全部中断;柏油路面被洪水冲坏总长 57 千米;县到公社的土路面全长 137 千米,中断 64 处,长 65 千米,公路桥梁冲毁 85 座。全县共损失棉布 44 万米,棉花 150 万公斤,烟叶 14 万公斤,食盐 4 000 吨,面粉 22.5 万公斤,化肥、磷肥 3450 吨,农药 800 吨,煤炭 8 620 吨,柴油、煤油 250 吨。通过粗算,全县共损失(包括物资折款)80 360 万元以上,每人平均损失 744.4 元。

(三)抗洪抢险,处置果断

洪水来到后,在党中央、毛主席的亲切关怀和省、地委的直接领导下,在人民解放军和全国人民的大力支援下,全县党、政、军、民全力以赴,发扬"一不怕苦,二不怕死"的革命精神,夜以继日,英勇奋战,与洪水灾害展开了顽强斗争,取得了决定性胜利。

中共上蔡县委主要采取了以下措施:一是加强领导,书记上前线。县成立抗洪指挥部。县委 7 位书记、正副部长和县人武部政委、部长分别到 10 个公社坐镇指挥,与受灾群众同呼吸,共命运。从县直各单位抽调 600 多名干部、职工协助社队抢险救灾。各公社党委在被洪水围困的情况下,始终坚守在抗洪第一线,尽管洪水淹没了公社所在地,仍然坚持在屋顶上和木筏上指挥战斗。二是组织力量,抢险救人。面对特大洪水的突然袭击,县委决定把抢险救人放在第一位,分别在城郊公社的大路李村、邵店公社的苑寨村、齐海公社的平地村、百尺公社的鸳店村建立了前线指挥所,组织抢险队伍 1 300 多人,出动木筏 164 架,把食物送到被洪水围困的村庄,从水中救出灾民 12 000 多人。同时,出动汽车 20 多辆,向城关运送灾民 13 万人。三是动员县直各企业、事业单位清仓查库,集中一切可以利用的物资投入抗洪抢险。收集木杆 1 565 根,毛竹 800 根,铁丝 3.3 吨,麻绳 1 890 公斤,马车、架子车轮胎 950 副,麻袋 14 000 条,大席 6 210 领,油毡 690 卷,塑料薄膜 18 吨,塑胶电线 32 万米,自制小机动船 2 艘。四是加强思想政治工作,严格组织纪律。在抗洪抢险中,县委组织大批宣传力量,大张旗鼓地宣传中央慰问电和省、地委慰问信等重要文件,大力表扬抗洪抢险先进集体和英雄模范人物。同时,严明组织纪律,对于贪生怕死,临阵脱逃,贪污抢占救灾物资的少数干部、职工,

当机立断,进行了严肃处理,有力地推动了抗洪抢险斗争。

(四)烈火炼真金,洪峰见英雄

全县广大党员、团员、干部、工人、农民闯激流,战恶浪,豪情满怀,斗志昂扬,一幕幕、一桩桩、一件件感人肺腑的动人事迹,永远激励着大家。

黄埠公社汝河大队妇联副主任李素贞,洪水中两次让筏,群众得救,她壮烈牺牲。她爱人马麦得知消息后,化悲痛为力量,不但没有被打倒,反而继续踏着妻子的足迹,主动到邵店抗洪指挥所请战,坚持八天八夜不下火线,往返在邵店、黄埠、无量寺公社翻板闸之间,惊涛骇浪里,奋勇抢险救人,为灾民运送食物、药品,并亲手救出由遂平县漂来的 3 名儿童。马麦夫妇这种高尚的品格,被群众称赞为"洪峰险,英雄出,舍己为人一对红"。

县人武部科长刘福德,在汝河三级提灌工地被洪水包围后,首先想到的是保护国家和人民群众的生命财产安全,完全不顾个人安危。他一面组织人员转移工地物资,一面组织人员用木筏抢救群众。他带领抢险队,先后 8 次跳入急流,从麦秸垛、檩条、门板等漂浮物上救出群众 35 人。他曾闯过 3 道急流,亲自冲筏 7 次,到汝河大队抢救群众 70 多人。他还在急流漩涡中只身入水亲手救出 5 名群众,表现了一个革命战士的铮铮铁骨和崇高品德,被武汉军区荣记一等功。

蔡沟公社东陈大队下派支书冯华堂,奋战几昼夜,把干部、群众全部转移出去后,独自一人坚守大队,在水中保持与公社联系,兼顾看守集体财产。并掏出仅有的 3 元钱,交给最后走的 2 名干部说:"我若被洪水冲走,把这钱交给公社党委,算是我最后一次党费。"县人民法院工作人员陈德林到城郊公社郝坡大队办案,正遇上洪水袭来,为了保护人民群众的生命财产,他不顾个人安危,主动要求留下,与大队干部一起,闯急流,战恶浪,亲自从波涛中救出妇女和儿童共 12 名。齐海公社集南大队老贫农郑进才,不惧惊涛骇浪,5 次往返救牲畜,家里房倒他不顾,硬是一次又一次地从水中将队里 13 头牲畜全部转移出来。无量寺公社竹园张大队共青团员、民兵排长赵如意,只身闯入急流,连续抢救出 18 名群众,累得吐血、便血,仍然坚持战斗。

城郊公社郝坡大队 20 岁的女青年李春莲,面对滔滔洪水,挺身而出,奋战洪峰。在滚滚洪水里,泗水推筏转移群众,亲手救出 7 名落入急流的乡亲,被群众誉为"水上女英雄"。

上蔡县农具厂工人王春枝,是一位船民出身的女工。在洪水威胁人民生命财产的关键时刻,她主动参战,驾驶铁船,日夜出航,与领导同志一道,先后慰问了 7 个公社,转战了 800 多里水上路程,运送干粮和救灾物资 9 000 余斤,救出落水群众 27 人,出色地完成了党和组织交给的光荣任务。洙湖公社桃花店大队下乡知识青年孙玉强,在抗洪抢险中,与贫下中农一起筑堤打坝,漂筏救人,和公社领导干部一块,泗水走遍了 6 个大队,16 个自然村,沿途救出 17 头耕牛。朱里公社古刘大队第九生产队老队长王文彬,在洪水淹没他们村庄时,组织群众全部转移后,拼命打捞集体财产,苦战三天三夜,把架子车胎、小筛子、牛笼咀、牲口套、马扎脖、扬场锨,甚至一把乱麻,一个绳头都一件一件地打捞出来,使全队集体财物基本上没受大的损失。群众称赞他是一心为公的好队长。

上蔡县人武部发扬人民军队爱人民的光荣传统,全力以赴投入抗洪抢险。全体指战员不辞劳苦,不畏艰险,连续奋战 13 天,从激流中救出群众 93 名,用木筏转移群众 391 人,抢救牲畜 12 头,送熟食 11 万斤,为抢救人民的生命财产做出了突出贡献。经武汉军区批准,上蔡县人民武装部荣立集体二等功。

(五)一方有难,八方支援

上蔡县遭受洪水灾害后,党中央和省、地委极为关怀,及时发来了慰问电、慰问信,派来了慰问团,送来了无线电台(图 4-5)。国务院检查组和省委、地委、武汉军区、省军区、军分区的领导同志,曾先后深入上蔡县检查灾情,指导工作,上蔡人民备受鼓舞。洪水包围期间,上级派来飞机,投送食物和救生器材;派来橡皮船,下水救人运物;派来医疗队,帮助治病防疫。洪水过去后,又发放救灾物资,帮助恢复生产,重建家园。3 个多月里,给上蔡县调拨粮食 27 787 万斤,救灾款 2 034 万元,油毡 10.4 万卷,各种木杆 24.8 万根,木材 4 700 立方米,棉衣 30.7 万件,单衣 30.9 万件,被子 9.11 万条,军毯 2.5 万条,鞋 31.8 万双,棉花 159 万斤,布匹 63.6 万米,药品 304 吨,支援大、中、小型拖拉机 444 台,架子车 1.3 万辆,种子 3 000 万斤,等等。

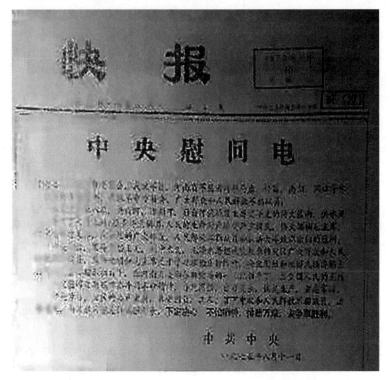

图 4-5 "75·8"洪水后,中共中央给上蔡发慰问电

上蔡遭灾后,人民解放军许多单位、黑龙江农垦局、安阳地区各级领导、交通部汽车运输队、洛阳市医疗队、郑州市各单位医疗队、新乡地区洗井队、驻马店地区卫校和全省许多单位共 3 750 多人,怀着对灾区人民的深厚感情,大力支援了上蔡县抗洪抢险、生产救灾。他们不但从物资上支援,而且从人力上、技术上大力帮助。来自太行山区红旗渠畔的安阳地区的各级领导和全体同志,把上蔡的困难当作自己的困难,与灾民同甘苦,共患难,并肩战斗。黑龙江省农垦局 400 多名干部、职工组成种麦工作队,从祖国东北边陲,带着党中央对灾区人民的亲切关怀,携带 220 部圆盘耙、220 部播种机、15 部连接器,乘车六昼夜,行程 7 000 里,来到上蔡。他们不顾长途疲劳,立即展开工作。老红军高大均局长,不顾年迈体弱,亲自深入重灾区,察看地

形,研究播种方法,帮助解决耕地、播种中的问题。

(六)艰苦奋斗,重建家园

洪水过后,全县绝大部分村庄"远看雾腾腾,近看一场空,进村没有路,只留一片树,吃饭没有锅,睡觉没有窝"。房屋倒塌,庄稼淹没,衣物冲跑,农具损毁,疾病流行,吃、穿、住、用都成了严重问题。但上蔡人民没有被困难吓倒,广大干部群众在党中央"十六字"救灾方针指导下,迅速投入"自力更生,艰苦奋斗,恢复生产,重建家园"的战斗中。群众说:"洪水能冲坏我们的庄稼,冲毁我们的房屋,但它冲不掉我们大干社会主义的雄心壮志,只要我们像大寨那样大灾大干,就一定能够战胜洪水所造成的暂时困难,把我们上蔡建设得更加美好。"

齐海公社朱庄大队,连续受到两次洪水袭击,房屋倒塌800多间,粮食损失30多万斤,农业机械砸毁300多部,但他们"泰山压顶不弯腰",大队党支部提出"重灾面前不减志,自力更生不伸手。不要国家一斤粮、一分钱、一件救济物资"。他们以全局为重,把方便让给别人,把困难留给自己,把下发的救济物资全部退给了公社。自己发动群众大搞"五个损失五个补"(粮食损失蔬菜补,农业损失副业补,个人损失集体补,集体损失大家补,今年损失明年补),千方百计克服困难,坚决不向国家伸手。"人还在,地还在,旗不倒,志不衰,大灾更要学大寨。"玉米、棉花倒了,他们一颗颗扶起来,红薯被淤泥埋了,他们一颗颗扒出来。全大队3 500亩土地,全部见缝插针种上了蔬菜。同时,大力开展勤俭持家、节约用粮活动,最终战胜了灾荒。不仅如此,他们还在困难的情况下,主动支援兄弟大队干粮2 700斤,单衣、鞋子800多件,豆种1.5万斤,红薯种13万斤,牧畜饲草20多万斤。东岸公社东岸大队不仅"三不要"(不要国家一分钱、一斤粮、一件救济物资),而且提出"三不吃"(不吃大豆、不吃棉油、不吃晚红薯),在搞好生产自救的同时,主动支援兄弟大队饲草108万斤,豆种10万斤,棉种10万斤,红薯种50万斤,谷种2万斤。黄埠公社发动群众大搞副业生产,公社、大队、生产队投入生产12万元,层层搞副业,大干一冬一春,纯收入达34万元。东洪公社毛庄大队是重灾区,洪水过后,大队党支部组织群众集资兑料,就地取材,自筹木材12立方米,废钢铁

2 000 斤,条苇 4 000 斤,开展了打铁、木工、编织等 6 种副业,使全大队的工副业生产迅速开展起来,一冬一春收入 3.5 万元,除安排群众生活外,办工厂 4 个,购买大牲畜 8 头,栽种苹果、桃树、核桃树 341 亩。

在全国各地的大力支援下,各条战线紧密配合,干群努力奋斗,全县很快扑灭了灾情,恢复了交通,搭起了庵棚,广大群众生活初步有了着落,生产救灾取得初步胜利。

为了彻底战胜灾荒,在安排好群众生活的基础上,全县紧接着投入小麦备播的战斗。在畜力、农具不足的情况下,很多社、队都组织了人拉车、人拉犁、人挑粪、人刨地,遍地红旗招展,到处热气腾腾。决心一颗红心两只手,种好小麦夺丰收。杨集公社李湾大队提出:"泰山压顶不弯腰,贡献百万不动摇,今年拼命种好麦,明年超额还清国家统销粮。"在广大干群的共同努力下,全县 120 多万亩小麦全部按时播种,在大田种油菜 9.1 万亩,开荒种油菜 5 万多亩。速度之快,质量之好,面积之大,均大大超过了历史上任何一年。

在恢复生产、支援救灾的工作中,县、社各个部门也都抓得很紧,成效很大。商业系统主动到外地联系调运菜籽等 3.8 万斤;供销系统不仅及时对原来被洪水破坏的 30 个门市部、31 个下伸点、140 多个大队服务部进行了恢复,而且紧密配合生产救灾,胶粘胶补各种生产、生活工具 1.2 万件,修配各种生产、生活工具 4 万多件;工业系统一、二工局所属 17 个工厂,灾后不到 20 天时间,全部恢复投产,9、10 两个月的产值超过了上年同期。如化肥厂为支持种足种好小麦,领导下车间,职工齐奋战,日产化肥 30 吨,月产超千吨,最高日产达到 49.5 吨,创造了建厂以来的最高纪录。

八、大搞农田水利基本建设

"75·8"特大洪水灾害后,中共上蔡县委带领全县人民大搞农田水利基本建设,尽快恢复水毁工程,为农业生产奠定基础。

1976 年冬至 1977 年春,全县共投入劳力 168 000 人,深翻土地 42 万亩,平整土地 41.3 万亩,造地 3 642 亩,完成工程项目 13 000 个,其中新打机井 248 眼,新建机灌站 10 座,整修塘、堰、坝 34 座,新

建桥涵 266 座,新挖灌溉渠、埋地管道 32 000 米,开挖、疏通大小排水沟 286 条,根治了黑河水患,共完成土、砖、石方 2 998 520 立方米,新增有效灌溉面积 15 万亩,实现了每人 6 分水浇地,除涝面积发展 10 万亩,达 45 万亩,占应除涝面积的 90%。

1976 年,由于全县人民信心足,干劲大,夺得了全年粮食大丰收。全县粮食生产第一次跨国家《纲要》指标(国务院制定的全国粮食发展纲要,黄河以南粮食亩产达到 500 斤),总产 73 341 万斤,平均亩产 553.8 斤,超过历史最高水平。全县 22 个公社(不含城关镇)355 个大队,3 772 个生产队粮食产量跨过《纲要》指标要求。其中,亩产粮食 800 斤至 1 000 斤的有 5 个大队、115 个生产队。亩产粮食 1 000 斤以上的有 3 大队,26 个生产队。全县当年向国家交粮 1.07 亿斤,创历史最高纪录,并出现了 7 个交粮 100 万斤的大队,18 个交粮 10 万斤的生产队。

1976 年冬至 1977 年春,上蔡县连续 210 多天未落雨雪,旱情十分严重。1977 年 5 月又遭遇八级大风以及暴雨、冰雹袭击,小麦在生长旺期受到致命打击,严重减产。接着又连续 50 多天未落雨,7 月份又大雨成灾,雨量达 220 毫米。上蔡县虽然遭受了严重的自然灾害,但经过全县人民的共同努力,夏、秋季作物种得足,管得好,当年也获得了好收成,实现了县委提出的"夏季丢,早秋补,晚秋捞,夺取全年丰收不动摇"的目标。1977 年,全县农作物总播种面积 2 334 385 亩,粮食播种面积 1 963 031 亩,平均亩产 229.1 斤,总产量 44978.2 万斤。夏粮播种面积 834 436 亩,平均亩产 179.4 斤,总产量 14 969.9 万斤。其中小麦播种面积 760 646 亩,平均亩产 183.7 斤,总产量 13 971.9 万斤。粮食超过《纲要》的大队 21 个,生产队 296 个。

九、上蔡的"人造天河"——引水上岗工程

上蔡芦岗俗称"卧龙岗",是汝、洪河自然流域的分水岭。其范围包括邵店乡、芦岗乡、蔡都镇的全部,百尺、西洪、大路李等乡的局部。总面积 84 平方千米,耕地 10 万余亩,人口 8.6 万人(1966 年统计)。

岗岭地区最高点海拔 99 米,一般在 90 米。当地群众有俗语云:"五天一小旱,十天一大旱,半月不雨苗枯干。""吃水贵如油,人人都

发愁。"这是岗岭缺水的真实写照。

1974年7月，为解决岗岭农业灌溉和人、畜吃水问题，县委、县革委领导研究决定，在原引宿鸭湖水北上的基础上，动工兴建引水上岗工程。工程开始，先是建翻转坝，于1975年汛期来临之前成功完成了修建任务。就在一级提灌站准备开工之际，一场突如其来的"75·8"大洪水袭来，工程搁浅。1977年春，工程重新施行，开始修建一级提灌站。

为做好组织领导工作，县成立了引水上岗工程指挥部。各出工社、队实行民兵建制，军事化行动。公社为团，大队为营。全县组织22个团，458个营，投工5万余人。

引水上岗工程，分四级至岗岭制高点。

一级提水站位于马埠口村西，安装20寸水泵9台，80匹马力柴油机9部，净扬程5.06米，控制面积0.86万亩，抽水流量为5立方米/秒，净使用量1.2立方米/秒。

从一级站向东经明渠长2000米，又转暗渠长260米，总输水长度2260米，至二级站。

二级提水站位于袁寨村北，安装离心泵13台，配75匹马力柴油机9台，控制面积3万亩。抽水量3.8立方米/秒，净使用量1.3立方米/秒，净扬程高11米。从二级向东延伸，经200米高空渡槽和192米明渠，入152米拱涵暗渠至三级站，总输水长594米。

三级提水站位于小蔡屯西，安装12寸水泵13台，配75匹马力柴油机13台，净扬程20.99米，抽水流量2.5立方米/秒，净使用量1.5立方米/秒，控制面积2.5万亩。由此再向东延伸，经长500米高空渡槽和长250米的明渠，又转入长906米拱涵暗渠至四级站。

四级提水站位于杨楼村西，向东经324米渡槽至岗岭制高点，总扬程13米，净扬程10.6米，控制面积3万亩。

此项工程基本属县办。县委、县革委领导在严峻的困难面前，发动全县人民进行大会战，大打人民战争。繁重的拉石、运沙、拉砖任务，除社、队分有任务外，县、社直各个部门和单位都肩负有运输任务。运输最高峰曾出动五万三千人的运输大军，前往遂平拉沙的，去确山、西平拉石头的，往工地运砖的，不仅有人力架子车，还有生产队的大马车,真可谓车水马龙,浩浩荡荡,蔚然壮观。大批的建筑材料源源不断地运往工地,保证了施工的顺利进行。当时县主要领导以身作则,亲自拉着架子车上山拉石头,和群众一样吃大苦,流大汗,给人们以极大鼓舞。"世上无难事,只要肯攀登""发扬愚公移山精神""自力更生,艰苦奋斗"等,水渠上的这些标语就见证着当年群众的精神劲儿。

引水上岗工程共完成总干渠长4 894米,实做土方50.67万立方米,完成砌石方1.99万立方米;砌砖方6 927立方米;混凝土方1 774立方米。总支付建筑(不含各项劳务费)款237.4万元,其中国家拨115.7万元,县自筹122.4万元。此工程于1974年12月实施,历时3年多,后由于体制变化等多种因素,该工程未能发挥应有作用。

经历四十年的风雨侵蚀,如今老干渠局部已废掉,但这座镌刻着特殊年代的建筑,被誉为上蔡"人造天河",不仅记录着当年的历史,更像一座精神丰碑,展示着上蔡人民战天斗地的英雄气概。

图4-6 上蔡县引水上岗工程掠影

第 五 章

改革开放

党的十一届三中全会以来，上蔡县认真贯彻落实改革开放的总方针，开创全面改革开放新局面，在农村全面推行家庭联产承包责任制，开展招商引资，设立工业集聚区，大力兴办企业，积极发展科技、教育、文化、卫生事业，推动社会全面进步。

第一节　改革开放　党的工作重心转移

1978年12月18日至22日，党的十一届三中全会在北京举行。大会指出：全党工作重点应该从1979年起转移到社会主义现代化建设上来。要解决好国民经济重大比例严重失调问题，必须采取一系列新的措施，对权力过分集中的经济管理体制认真改革，下放权力，精简行政机构，同时要在自力更生的基础上积极发展同世界各国平等互利的经济合作，这就确立了改革、开放、搞活的战略方针。

这次会议以后，上蔡县和全国各地一样，经济建设步入新的历史发展时期，从1979年起按照党中央提出的"调整、改革、整顿、提高"和"对内搞活经济，对外开放"的方针，首先在农村贯彻落实《中共中央关于加快农业发展若干问题的决定》。1981年，县政府制定《上蔡县发展国民经济第六个五年计划》，提出工业、农业、商业、财政、金融、交通、邮电、广播、文化、教育、卫生、科技、人民生活等方面的奋斗目标；开始推行"土地家庭联产承包责任制"，调整农业产业结构，使广大农民按照市场需要进行生产。农民以农为主，兼多种经营，增加经济收入。土地使用制度的改革，解放了农村劳动力，给农民带来了外出务工、经商的机会，提高了农民脱贫致富的积极性。

1982年2月,县委印发《关于深入开展"五讲四美"活动的意见》,3月,在全县开展"讲文明、讲礼貌、讲卫生、讲秩序、讲道德"和"心灵美、语言美、行为美、环境美"的活动。同时,对工商企业经营管理模式,采取不同办法进行了改制。

1993年以后,县委、县政府乘党和国家实施扶贫开发工程及惠民政策的有利时机,针对县情抓发展,发挥优势定举措,使上蔡县走上具有地方特色的发展之路,城乡面貌焕然一新。

第二节　深化改革　增强社会活力

党的十一届三中全会以来,在农村推行土地家庭联产承包责任制的同时,逐步对经济、行政、人事制度等各个领域进行了改革。

经济体制改革以农村体制改革为重点,1998年6月,县委、县政府印发《关于稳定和完善农村土地承包关系的意见》,把土地承包期延长30年,确保土地承包关系长期稳定。2003年3月,国家《农村土地承包法》颁布实施,从法律上赋予农民长期而有保障的土地使用权。

通过充分宣传发动,认真调查摸底,严肃测绘公示,2017年底,土地确权登记颁证工作基本完成,农村土地承包经营权确权到户10.7451万公顷;完善合同28.7436万份,颁发证书28.6572万本,完成档案整理28.6572万册,均完成99.7%以上。

1992年4月,县委、县政府提出"建立农村社会化服务体系",农业、林业、畜牧、电业、水利、科技、劳动等部门的工作重点由宏观指导向服务方面转化,并引领、帮助各乡镇、村、组建立不同层次、多种形式、多种经济成分的社会化服务组织。2005年,全县基本形成以县、乡(镇)农业职能部门服务组织为龙头,以村、组服务组织为主体,以农户间相互服务为补充的社会化服务网络。

国有企业在1998年以前,还处于计划经济向市场经济过渡阶段。随着企业改革的不断深入,县营工业企业开始推行承包责任制,基本原则是核定基数、确保上缴、欠收自付、超收多留,调动了职工生产积极性,工业生产持续发展。1998年,县政府印发《上蔡县放开搞活中

小企业实施方案》,以出售、转让、拍卖为主要形式,使国有资产全部从中小企业退出,实现中小企业非国有化。

党政机关改革从 1996 年开始,依据行政与事业、行政与企业职责分开,精简机构的原则进行改革。通过改革,完善了政府行政管理体制和运行机制,解决了职能交叉问题,明确划分了各部门的职责,压缩了机构和人员,提高了工作效率。2002 年,开始又一轮的党政机构改革,逐步建立一个结构合理、管理科学、廉洁高效、运转协调、行为规范的行政管理体制。2010 年 3 月,根据中央、省关于市县人民政府机构改革的意见,制定了《上蔡县政府机构改革方案》,经市委、市政府批准,下发了《上蔡县机构改革实施意见》。按照定机构、定职能、定编制的“三定”规定实施。改革后,县委设 11 个工作部门,县政府共设 26 个工作部门。2015 年,为贯彻落实上级关于转变政府职能和机构改革的总体要求,下发了《关于县政府职能转变和机构改革实施意见》,细化权力清单,落实责任。

干部人事制度改革,主要是在党政机关建立和推行国家公务员制度,在事业单位建立聘用制为重点,以岗位管理制度为基础的人事管理制度。1989 年前,干部录用主要是安排军队转业干部、预备役军官和中专以上院校毕业生,择优选拔农村未脱产的基层干部、企业职工、社会知识青年。1990 年后,推行干部聘用制度,聘用对象为在县直行政事业部门和乡(镇)行政事业部门工作的(非国家正式干部)职工。1996 年后,聘用干部除上述程序外,拟聘必须参加考试。1996 年 1 月,县政府制定《上蔡县国家公务员实施方案》,在确定职能、机构、编制的基础上进行职位设置,通过考核,将符合条件的国家机关工作人员过渡为国家公务员,对不符合条件的人员,分流出行政机关。1997 年,上蔡县完成公务员过渡工作,共过渡公务员 1 870 人。事业单位人事制度改革按照政、事职责分开,政府依法分类管理的原则,形成能进能出、职务能上能下、待遇能高能低、充满活力的用人机制,其重点是建立全面的人员聘用制和逐步推进岗位管理制度。1999 年,县人事劳动局印发《关于事业单位人事制度改革工作安排意见》,全县事业单位在平等自愿、协商一致的基础上与所属工作人员签订聘用合同。企业用工制度改革,取消政府下达招工指标的办法,变为

企业按需接收新工人,由企业与被招者签订合同,人事劳动部门办理招工手续。2000 年后,放开自主权,用工由企业自招,直接与被招聘者签订合同。

第三节　招商引资　加快县域经济发展

1986 年,县委、县政府决定招商引资,发展企业。1996 年 12 月,提出"以优良的投资环境和优惠政策'筑巢引凤',吸引境外投资商来上蔡办企业",并制定一系列招商政策。1997 年,县政府设立招商引资项目建设办公室,后更名为上蔡县招商局,具体负责招商引资工作。2002 年后,县委、县政府先后印发《关于进一步做好招商引资工作的意见》《关于进一步优化投资环境促进招商引资工作的决定》《关于鼓励外来投资优惠办法的通知》《关于招商引资奖励办法的通知》等文件,全力打造优惠的政策环境,吸引境外资金,发展县域经济。

2005 年,县委、县政府先后 38 次组织"小分队",分赴北京、上海、天津、青岛、浙江、香港等地开展招商引资和经贸洽谈活动。落实主要招商项目 30 个,预算总投资 10.89 亿元,其中超亿元的项目 3 个。中小企业稳步发展,企业总量不断扩大,初步形成了制鞋、面粉、粮油加工、建材、纺织等支柱产业。

2011 年,县委、县政府在招商引资上项目、发展经济促环境的战略思想指导下,采取会议招商、亲情招商、驻地招商、网络招商等多种形式。全县新签约项目和续建项目 71 个,其中新签约项目 30 个,总投资 25.2 亿元。工业经济快速增长,企业规模不断扩大,质量效果明显提升,规模以上工业增加值完成 33.8 亿元,比上年增长 23%,占全部工业增加值的比重达到 60%。

党的十八大以来,县委、县政府以产业集聚区为主要平台,加大招商引资和重点项目建设力度,坚持以"长三角""珠三角""京津冀"等为主攻地区,主动承接沿海发达地区的产业梯度转移,积极主动地开展"上门招商",进行"一对一"的项目洽谈和推介活动。注重由"招商"变"选商",把好招商引资项目质量关。产业集聚区在全省综合排序由 2015 年的 120 名提高到 2016 年的 74 名。扶贫开发等一批

引进项目稳步推进,利用外资额年均增长 27.7% 以上。

按照"洽谈项目促签约、签约项目促开工、开工项目促建设"的总体要求,县委、县政府高度重视招商项目建设工作,狠抓项目落地,强推项目建设进度。以党的十九大精神和习近平新时代中国特色社会主义思想为统揽,深入践行"绿水青山就是金山银山"的发展理念,结合上蔡县大平原农业大县的实际,提出了"天蓝、地绿、水清"的发展思路,坚持按照"增加总量,扩大增量,注重环保"的原则,进一步加大工作力度,打好主动仗,展现新作为,全力推动招商引资工作再上新台阶、再创新水平。

第四节　国民经济快速发展　各项事业全面进步

党的十一届三中全会以后,经过一系列的体制改革,扩大对外开放,加快经济转型升级,国民经济和社会事业快速发展,人民生活水平不断提高,全县综合实力不断增强。

一、工业发展突飞猛进

1980 年后,社、队集体所有制工业和个体工业迅速发展。各国营、集体工厂先后推行各种岗位责任制,扩大企业自主权,工业生产迅速发展。县国营企业有机床厂、化肥厂、棉织厂、丝织厂、纺纱厂、印刷厂、酒厂、砖瓦厂、粮油加工厂、食品厂、饲料公司、自来水厂、烟叶复烤厂、电业公司、机械厂、水泥制品厂 16 家。推出了一大批名优产品,其中获地区奖的 5 个,获省级奖的 7 个,获国家奖的 3 个,不少产品打入国际市场,工业总产值逐年增长。集体所有制企业有锅厂、漆刷厂、鞋厂、皮革厂、家具厂、五金厂、轻工机械厂、服装厂、化纤厂。这些企业多数规模小、设备简、应变能力强,能根据市场需要随时转产。全面推行生产责任制后,不少厂提出以质量、信誉求生存,出现了一批名优产品,有些打入了国际市场。获得国家级奖的有狗皮衣、狗皮褥子、铁锅等;获得省级奖的有注塑布鞋、漆刷、油条精等;漆刷和狗皮褥子打入了国际市场,出口日本和东南亚十几个国家和地区。

1985 年全县工业企业达 5 945 家,23 875 人,总产值达到 8 656

万元,其中全民工业20家,产值3 647万元;集体工业88家(其中镇办8个,乡办65个),产值2 849万元;村办工业169个,产值607万元;合作工业898个,产值683万元;个体工业4 770个,产值870万元。随着改革开放的逐步深入和社会主义市场经济的发展,非公有制工业企业不断壮大。1998年公有制工业企业开始改制,至2005年原县营国有企业、集体企业全部退出,同时,非公有制工业蓬勃发展,私营企业成为县域工业经济的主体。2006年以来,上蔡县加大招商引资力度,优化投资环境,使一批大型企业、高科技产业落户上蔡,基本形成了电力、化工、建材、轻纺、农副产品齐头并进的工业产业格局。荣光鞋业、华伦玩具为代表的鞋服产业集群发展到46家,产值达到62亿元;以久久农科、金利源农产品为代表的农副产品加工产业群发展到35家,产值达到68亿元;上继电器等10个重点项目建成投产。2018年末,全县共有各类企业1 965家,实现工业总产值85.97亿元。恒通机械、圣美阳光等13个品种荣获河南省著名商标;"久久""亿民工程"3个品种荣获中国驰名商标,大程集团、久久农科被认定为全国农业产业化龙头企业,并入围2018年度中国农业产业化龙头企业500强。

上蔡县产业集聚区成立于2008年,是上蔡县非公有制工业企业发展的又一新型模式。区域规划于县城东区和北区。2011年2月,河南省人民政府授予"上蔡县2010年度河南省十快产业集聚区"奖牌(图5-1)。2018年,产业集聚区建成面积11.8平方千米,入驻项目160个,完成工业主营业务收入206亿元。2018年6月成功晋升为全省"二星级产业集聚区"(图5-2)。45个省、市重点项目完成投资214.31亿元,占年度投资计划的138%;集中开工亿元以上工业项目4批20个,合同总投资177.79亿元,实际完成投资67.15亿元。一、二、三产业投资持续扩大,全社会固定资产投资增幅居全市第一位。

图5-1 河南省人民政府颁发十 图5-2 河南省人民政府颁发
　　　　快产业集聚区 二星级产业集聚区

二、农业发展快速高效

推行土地承包到户为主要形式的家庭联产承包责任制以后,农村富余劳动力被解放出来,不少农民以农为主,兼办企业或专办企业,出现了"专业户"和新兴的经济联合体;以粮食生产为主的传统农业向商品农业发展,经济效益成倍增长。1986年,上蔡县被确定为国家商品粮生产基地,确定保护耕地165.6万亩。通过综合开发治理,项目区基本达到了"田成方、林成网、沟相通、路相连、旱能浇,涝能排,旱涝保丰收"的农业生产示范园区标准(图5-3)。2002年,国家推行农村税费改革,开始取消统筹提留,劳动积累工和义务工,调整农业税和农业特产税政策,公益建设项目实行"一事一议"制度,农民税费负担大幅减轻。2004年,推行种粮补贴政策。2006年免征农业税,结束了延续2600多年农民缴纳"皇粮国税"的历史。2007年7月1日,《中华人民共和国农民专业合作社法》实施,采取"政府推动、部门监管、政策扶持、科学引导"的有效措施,至2018年底注册各类农民专业合作社5 835家,其中国家级示范社8家。全县通过"公司(合作社)+基地+农户"的形式,不断优化产业布局,突出基地示范带动。大力实施"一乡一业、一村一品"战略,协调推进特色农业快速发展,推动实现农业产品多样化、产区规模化、产业系列化,形成了"邵店镇、五龙镇、杨屯乡、无量寺乡、芦岗办事处、西洪乡等乡镇(街道)马铃薯种植,大路李乡、杨集镇等乡镇食用菌种植,华陂镇、小岳寺乡、东洪镇等乡镇芦笋种植,无量寺乡等乡镇艾草种植,朱里镇、齐海乡等乡镇中药材种植"的特色产业格局。2018年底,全县土地流转面积

148

达 0.84 万公顷,大大促进农业产业化进程。农业机械化程度不断提高,耕种、收获使用机械率达 90% 以上。优良种子、化肥、农药合理配方已普遍应用。全县农林牧渔业生产总值 773 636 万元,粮食总产量 1 087 959 吨。

图 5-3　上蔡县工业园区一角

三、商贸流通繁荣活跃

1980 年后,随着经济的发展和人民物质生活的改善,大量商品进入市场,购销量逐年增加。经营部门除国营百货公司、石油公司、机电公司、纺织品公司、五金交电公司、食品公司、副食品公司、农机公司、医药公司、木材公司、外贸公司外,遍布全县各地的供销合作商业、私营商业也开始崛起,并逐步形成优势。1995 年开始,国营商业和供销合作社商业相继由个人承包经营、出租经营走向股份经营。个体私营经济迅猛发展,商品种类繁多,商业行业门类逐渐增加。2005 年,贯彻落实"商务部万村千乡工程"改革试点的要求,继续加大商贸流通领域的改革力度,截至 2018 年底,全县私营商业批发企业 206 家,零售商业企业 5 128 家,另有 6 266 家商品零售点分布在全县广大农村,完成社会消费品零售总额 973 725 万元,累计完成进出口总值 28 938 万元。

根据河南省商务厅关于大力发展电子商务,加快培养经济新动力的指示精神,2016 年,上蔡县政府研究制定了《上蔡县电子商务进农村综合示范县工作实施方案》和资金分配方案,并组织实施。一是建成驻马店电子商务产业园上蔡特展馆。先后 10 余次迎接省、市有关领导的检查。二是不断完善电子商务孵化园区建设。上蔡县云销飞天电子商务孵化园 2017 年底已入驻企业 40 多家,荣获"驻马店电子商务示范基地"称号,入驻该园区的星火创客电子商务有限公司获"驻马店市电子商务示范企业"称号。三是积极探索电商扶贫新思路。两次召开电子商务协会座谈会,并深入部分开展电子商务工作的企业进行座谈,鼓励企业帮助贫困人群通过电子商务实现创业。2018 年,全县累计实现电子商务交易额 63.1 亿元,实现电子商务零售额 15.4 亿元。全县经省级认定备案电子商务企业 26 家,培育市级电子商务示范基地 1 个,市级电子商务示范企业 2 个,省级电子商务示范企业 2 个。京东、河南广电喜买网、新华书店云书网、供销社百汇通等电子商务企业已建农村服务网点 500 多家,培训农村电商人员2 800 人次。电子商务运营服务中心、仓储物流配送中心、农产品质量检测中心、电子商务培训中心,严格按照程序完成了公开招标。2017 年 2 月,上蔡县被河南省商务厅、省财政厅命名为河南省电子商务进农村"综合示范县"荣誉称号。在 2018 年底河南省组织的年度考评中,考核组给予高度评价,名列小组第一。

四、电力发展成效显著

上蔡县无大型发电设施,所用电源全靠国家电网输入。2000 年,上蔡县境内有 110 千伏变电站一座,35 千伏变电站 7 座,35 千伏及以上等级高压输电线路 244.89 千米,10 千伏配电线路 1 381 千米,400伏低压配电线路 2 714 千米,最大负荷高达 56 400 千瓦。农网改造起始于 1998 年,是年 10 月,上蔡农网改建第一期工程正式实施,总投资8 800 万元。改造配电变压器 1 128 台,总容量为 72 000 千伏安;改建10 千伏线路 68 条,长度为 340 千米;改建 400 伏线路,总长度为 2 305千米;改建(淘汰)35 千伏变压器 6 台,总容量为 30 000 千伏安;完成县调度自动化建设。第一期工程涉及全县 25 个乡镇的 447 个行政村。

2018 年,上蔡县域内电网设备 220 千伏变电站 1 座,同塔双回输电线路 1 条,长度 37.8 千米,容量 360 兆伏安。110 千伏变电站 5 座,主变 8 台,总容量 371.5 兆伏安。110 千伏输电线路 9 条,长度 176.8 千米。35 千伏变电站 19 座,主变 32 台,总容量 244.8 兆伏安。35 千伏输电线路 25 条,长度 216.5 千米。10 千伏公用线路 118 条,总长度 2 346.42 千米;10 千伏公用配电 3 232 台,容量 682.625 兆伏安。电网建设争取资金 2.37 亿元,其中引资 8 442 万元新建 220 千伏秦相输变电工程;引资 2 941 万元新建成 110 千伏城北输变电工程;引资 1 750 万元新建 35 千伏小岳寺、35 千伏崇礼输变电工程,尤其是 35 千伏小岳寺输变电工程被列为河南省十大民生工程;投资 13 583 万元,新建 10 千伏线路 326.58 千米,新建 10 千伏变压器 1 092 台,受益机井 10 291 眼。根据"十三五"电网结构发展,争取 80 亿元新建成一座±800 千伏蔡沟特高压输变电工程项目。

2018 年,落实上级关于光伏扶贫相关政策,光伏发电 8 175 万千瓦时,累计支付购电款和补贴资金 3 112 万元。10 千伏及以上工程项目投资共计 15 010.9 万元。其中 110 千伏部分共计投资 5 821 万元,新建 110 千伏及以上线路 6.2 千米,新增变压器 2 台,变电容量 100 兆伏安。35 千伏部分共计投资 661 万元,新建 35 千伏及以上线路 15.13 千米。10 千伏部分共计投资 9 068.9 万元,新建改造 10 千伏线路 163.99 千米;新建改造 10 千伏配变 222 台,变电容量 21.44 兆伏安;新建改造 0.4 千伏线路 291.233 千米。

图 5-4　上蔡县扶贫基地光伏发电项目

五、交通运输蓬勃发展

改革开放以来,上蔡县交通运输业快速发展。1986—2000年,公路网络得到完善,全县公路通车总里程由1986年的370.9千米达到2000年的409.1千米,公路密度达到每平方千米27千米,全县所有乡镇实现了全天候通车,形成了以开龚路、周遂路、上项路、西上路、上和路、华杨路"三纵三横"为骨架,以县城内外环、县乡公路为脉络的开放式大交通格局。公路质量得到改善,结束了没有二级公路的历史,公路完好率达到80%以上。交通运输量成倍增长,公路客运量由1986年的90万人增加到2000年的303.8万人,客运周转量由1986年的1 495万人/千米增加到2000年的9 676.4万人/千米。

2000年以后,尤其是党的十八大以来,上蔡县紧紧围绕一体化改革建设项目任务,实施了建养管一体化改革试点工作,努力构建安全、便捷、畅通的交通运输环境。至2018年底,全县公路通车里程2 239.3千米。其中,省道169.7千米(含一级公路12千米),县道197.5千米,乡道205.2千米,村道1 666.9千米,公路完好率达90%以上,全县26个乡镇和街道办事处实现了全天候通车。全县共有客运班线61条,营运客车404辆8 914座。其中农村客运线路23条,客车243辆;公交线路8条,公交车111辆2 155座;县际以远客运班线34条,客车150辆;乡镇、建制村通班车率达到100%,其中城乡客车直达建制村(社区)302个,预约车通达158个,"无缝衔接、方便换乘"的城际、城乡、乡镇村四级城乡道路客运网络逐步完善。2018年,在全省普通干线公路建设养护管理一体化改革试点工作年终考核评比6个县(市)中名列第一位,上蔡县城乡道路客运一体化发展水平达到AAAAA级,被交通运输部确定为城乡交通运输一体化示范县首批52个创建县之一,荣获河南省交通运输厅授予的"全省道路运输管理先进单位"称号。

六、邮政电信高速发展

1986—1997年,县城投递段道为5条;1998年10月,邮政、电信分营后,县城投递段道增加到10条,全部为自行车邮政,投递班子为逐日班,城区包裹直投到户。1986—1999年,农村投递为局自办邮路,每个乡镇1~2名投递员,全部为逐日班。2000年对农村邮政进行改革,全县25个乡镇共设置23个邮政支局(所),县乡邮路2条,为汽车邮路,全长296千米,负责全县各支局(所)进出口邮件的传递。乡镇邮路49条,全长1 875千米,各乡镇2~3名投递员,负责全县460个行政村的报刊信件投递。全部为逐日班,自行车邮路,信件、包裹直接投递到户。

1989年后,电信事业高速发展,固定电话用户由机关团体发展到居民家庭。同时相继开通传真通信、IP电话、IC电话、磁卡电话和互联网业务。2005年移动通信用户已普及到农村。2017年,网络建设2G/3G/4G基站规模达到800多个,网络覆盖水平和能力持续遥遥领先,实现了全县城、乡镇和建制村、自然村的4G全覆盖。改造全县原有通讯电缆网为光网覆盖,新建光纤宽带网48 200线;平安建设监控网历经5年共投资3 300万元,开通监控电路3 140条;仅2017年内,利用监控设备抓捕犯罪分子496人,协作外省市破案46起,便民服务158次,有效改善了社会治安环境。

2018年,上蔡县邮政分公司物流配送中心已投入使用,19个网点已改造装修成宽敞明亮的营业厅;全县共配备三轮车22辆,配备了折叠式笼车12辆,弹簧分拣车16个,撑袋架25个,新增网运PDA手持终端5把,建成城市自提点50处,农村自提(代投)点14处,进一步提高了投递服务能力。配备大量叫号机、清分机、验钞机等信息化设备,有力支撑了金融业务发展,提高了业务办理效率,提升了客户满意度。

七、水利设施逐步完善

1983年后,全县掀起挖沟打井,建桥配套,筑堤建闸,植树造林的水、田、林、路综合治理高潮。截至1985年底,全县共投资4 964万余元,完成土石方15 442万立方米,先后治理各级排水沟3 626条,建拦河节制闸(坝)6座,排水涵闸99座,河道建桥85座,面上建桥7 316座,构成了四级除涝配套网。全县有机井12 417眼,喷灌机组432台,灌溉面积达到42.58万亩,除涝面积36.58万亩,旱涝保收田

20.5万亩。

1986年以来,尤其是党的十八大以后,全县一直围绕小洪河、北汝河、北柳堰河、南柳堰河、南汝河、杨岗河、黑河、杨河等八大河流(全长1 093.55千米)和老北汝河、杜一沟、南杜二沟、著台沟、解放沟、九龙沟、界沟河、青龙沟、和沟等十大干支沟(全长128.5千米)的清淤、筑堤等修复工作,有效保障了涝能排、旱能浇,水流畅通的要求。截至2018年底,修建桥梁93座,建拦河节制闸(坝)4座,排水涵闸108座。全县有机电井3.3万眼,喷灌机组29.4万台,有效灌溉面积达到140万亩,除涝面积达到105万亩,旱涝保收田120万亩。

2016年以来,上蔡县以打造"民生水利、生态水利、和谐水利"为目标,坚持可持续发展治水思路,以新状态适应新常态,以新作为创造新业绩,以提升水利保障能力为核心,以解决民生水利问题为重点,以河长制建设为抓手,全面推进水利现代化建设。截至2018年底,共解决全县22个乡镇和4个街道460个行政村147万人的安全饮水问题,完成了河道堤防绿化330公顷。建立了三级河长体系,共设立县级河长17位、乡级河长24位、村级河长274位。在河道显要位置树立县级河长公示牌62块,村级河长公示牌274块,明确各级河长名单、职责、治理目标,确保河长"管、治、保"职责履行到位。实施了杜一沟综合治理工程:主要建设包括拓宽清淤,开挖30公顷人工湖,建设40公顷人工湿地,将污水处理厂的中水进行再处理后进入杜一沟,同时进行绿化美化,形成湿地公园。

图5-5　整治后的薄李村坑塘

八、文化事业欣欣向荣

党的十一届三中全会后,文化艺术事业进入健康发展时期。1981 年,农村实行家庭联产承包责任制后,随着群众物质生活水平的提高,群众文化生活也开创出一个崭新局面。上蔡县围绕重点打造重阳文化、李斯文化、蔡氏文化、伏羲文化、孔子文化为代表的古蔡文化品牌,扩大对外宣传和文化交流,不断提高上蔡的知名度和美誉度。加大力度,强化文化基础设施建设,从城镇到农村文化馆、文化站、文化大院、文化广场等文化活动场所普遍建立,配套的各种文化设施逐步完善,丰富多彩的群众性文化活动蓬勃兴起。2004 年起,全县各乡镇开始建立综合文化站,每个文化站设置书报刊阅览室、文化科技培训室、信息资源共享室、多功能活动厅及室外活动场。在行政村建起了文化大院,内设健身器材、娱乐器材、阅报栏、图书室,其中有的文化大院另设有老干部活动室、农业技术培训室、成人文化教育室。2006 年起,先后实施了文化信息资源共享工程、农家书屋工程、农村电影放映工程、"舞台艺术送农民"工程,丰富农民文化生活。县委、县政府在每年春节期间组织民间艺术会演活动,各乡镇和县直单位派出代表队参加活动,节目形式有大铜器、秧歌舞、小车旱船、狮子舞、龙灯、彩车、高桩故事等 20 余种。同时,举办曲艺展演、戏曲展演、广场舞展演、象棋大赛、元宵灯谜等系列节庆文化活动,丰富居民的节日生活。

利用 4 个国家重点文物保护单位,6 处省级保护单位,60 余处市、县级保护单位,创新发展思路,推进文化经济的发展繁荣。

中国重阳文化之乡:上蔡是中华民族六大传统节日之一的重阳节发源地,起源于上蔡县桓景九月九日避灾。重阳节有登高(图 5-6)、吃重阳糕、饮菊花酒、佩茱萸绛囊和赏菊花等习俗。2003 年 10 月 4 日,国家重阳节特种邮票首发仪式在上蔡举行。2005 年 12 月 1 日,上蔡县被命名为"中国重阳文化之乡",重阳文化在上蔡得到发扬光大。每年的重阳节,上蔡举办多种活动庆祝,截至 2018 年连续举办了 16 届。县委、县人大、县政府、县政协的领导亲自为评选出的好儿女、好媳妇、好公婆、孝道家庭颁发奖状;对 90 岁以上老年人发放长寿金,

已累计发放生活补助金 1 000 多万元。把重阳文化元素融入经济建设,形成全方位多元化融资投入文化产业发展的新格局,扶持创办了上蔡县重阳茱萸绛囊祈福用品有限公司、上蔡县秀梅重阳茱萸绛囊制品有限公司,东岸重阳桃核雕花有限公司等重阳文化生产企业,其生产的文化产品已出口缅甸、老挝、越南、朝鲜等 7 个国家和我国台湾地区,年创汇 500 多万美元。2017 年,《上蔡县重阳文化旅游产业园总体规划》已编制完成,并通过专家评审,产业园规划建设"一核(蔡明园)一带(古城墙体休闲观光带)一园(重阳热海产业园)"三大重点板块。

图 5-6　望河楼登高处

　　"千古一相"李斯:李斯,上蔡县城南李斯楼村人,出生于公元前276 年 8 月,他辅助秦始皇统一了六国,首创了中央集权的政治制度,而由李斯主张和实施的"定帝制、废分封、置郡县、明法度、车同轨、书同文、统一货币、度量衡"等一系列的秦政革新,则泽及千秋,不仅奠定了中国两千多年政治制度的基本格局,并在世界产生了深远的影响。他的历史贡献承载着不可估量的现实意义。1993 年,上蔡县人民政府对李斯墓进行了修葺。2000 年,河南省人民政府公布李斯墓为省级重点保护单位,为光大李斯文化,在县委、县政府的大力支持下,于 2014 年开始,河南中领置业有限公司出于对李斯的敬仰,不惜投入 3.5 亿人民币在昔日荒芜泥泞的小路上,在县城颓败的李斯坑前,经过拆迁安置 215 户,建成了一条全长 643 米、宽 55 米,具有现代风格、充满着文化气息的李斯商业步行街。步行街内还呈现多处李斯小篆碑刻,李斯著名的《谏逐客书》全文用浮雕形式镶嵌在墙体上,在步行街东入口的广场上矗立一尊 6 米高、伟岸英姿的李斯铜像。2016 年 10 月 29 日成功举办了"李斯铜像揭红庆典仪式"。河南中领置业有限公司和李斯步行街康建中总经理慷慨划出十间楼房选址建馆,并不惜重金购置设备及文物仿品。以李斯文化研究会会长赵天顺为首的一批书画艺术家、收藏家倾情奉献和无私捐赠作品,充实了展馆内容,全面展示了李斯的历史贡献,历代对其的评价。2018 年 5 月 11 日举行了"李斯文化展馆挂牌揭红开馆庆典仪式"。以此形成了一个以文化搭台、经贸唱戏,进行爱国爱家乡教育的新型基地。

蔡氏祖地(根亲文化):蔡姓是我国历史悠久的大姓之一。蔡姓以国为氏,形成于东周,发源于上蔡。蔡国是西周时期首封国之一,始建于公元前 1046 年,历史上两次受封,三次迁都,公元前 447 年为楚所灭,立国达 599 年之久。古今蔡姓人都称自己是蔡国之后,尊开国之君蔡叔度或其子蔡仲为始祖。在县城内分别修建了蔡叔度和蔡仲两处墓碑陵园,在蔡都办事处东十字路口修建了蔡叔度全身石像。对于蔡国史的研究起源于 1980 年,由县文管所文博员尚景熙发起考查研究。1992 年 11 月,台湾台南市柯蔡宗亲团莅临寻根祭祖破冰之行。1995 年成立了上蔡县蔡氏文化研究会,1996 年召开了来自河南、台湾、内蒙古等地的著名专家学者 130 余人参加的研讨会,对蔡国史进行了专题研讨与论证。每年的清明节期间都有来自国内外的蔡氏宗亲团体来蔡寻根祭祖。2015 年 11 月,被驻马店市台办命名为"驻马店市对台交流基地"。截至 2018 年,上蔡县迎接来自国内、世界各地来蔡寻根祭祖和观光旅游团体 306 批 26 326 人。上蔡县也利用迎进来、走出去的方式与海内外蔡氏宗亲团体、文化团体或蔡氏企业进行文化交流,经贸洽谈;发送、宣传上蔡的各种书刊 20 080 多册,接受和收集外地赠送的族谱、会刊 186 册,诗文 186 首(篇),丰富了上蔡县蔡氏文化资源宝库。

儒学绵延之地:上蔡县对儒学的创立有着特殊的贡献。儒学的创始人孔子是春秋末期伟大的思想家、政治家、教育家。公元前497年,孔子为推行自己的政治主张,开始了长达13年的周游列国的游学羁旅。其中困蔡三年,留下了子路问津汝河岸蔡埠口、困厄蔡沟店、晒书陈蔡铺等诸多典故。名列孔门七十二贤中上蔡就有六人:漆雕开、漆雕从、漆雕哆、漆雕凭、曹恤、秦冉。孔子游蔡讲学对儒家文化在上蔡的传播有着深远的影响。上蔡对儒学的研究起始于"文化大革命"时期的批林批孔运动。诸多专家学者的考证、论述著作均录入2012年版的《上蔡县志》中。孔子在上蔡的文化遗存也引起了日本学者和台湾学者的兴趣与关注。1986年日本著名作家、学者、日中文化交流协会会长井上靖,1992年日本学者古屋宏基,1997年10月台湾和山东曲阜孔子周游列国史迹考察团曾先后到上蔡专题考察。

九、卫生事业全面进步

改革开放以来,上蔡县医疗卫生事业得到长足发展,先后建成了县级医院、乡(镇)中心卫生院和村级卫生室相结合的三级医疗卫生体系,检验设备、医疗器械不断更新,疑难病、常见病治愈率提高。2000年4月,成立上蔡县社会医疗保险中心,在职干部职工和离退休人员,统一按国家政策纳入职工医疗保险。2006年2月,启动上蔡县新型农村合作医疗制度,当年参加新型农村合作医疗的农民达21.6万户,以后多次调整和完善补偿方案,在科学测算的基础上,适时调整大额补偿起付线、封顶线和补偿比例。2007年,实施城镇居民合作医疗政策,当年参合率达95%。《中华人民共和国母婴保健法》颁布后,上蔡县积极实施婚前健康检查、孕前优生检查、母婴保健服务等制度,促进优生优育。2005年,启动农村孕妇住院分娩减免费用。2010年,孕产妇保健覆盖率达到90.7%,住院分娩率达到90.8%,婴儿及5岁以上儿童死亡率分别低于1.82‰和2.56‰。

2007年,在上蔡县原卫生防疫站基础上成立上蔡县疾病控制中心,进行疾病预防控制与治疗、卫生监测检验与评估、健康教育与应用研究指导等工作。建成了全县唯一的集食品、化妆品、生活饮用水、微生物检验、艾滋病检验、碘盐检测为一体的专业检验实验室。2001年以来,全县脊髓灰质炎、白喉、新生儿破伤风始终保持无发病状态,麻疹得到有效控制,传染病发病率逐年降低。2008年,全面启动实施扩大免疫规划,在原来五种疫苗的基础上,把甲肝、流脑、乙脑、麻风疫苗纳入国家免疫规划,对适龄儿童免费常规接种,覆盖率达到90%以上。

2018年,全县卫生系统(县城)和26个乡镇卫生院,460个村卫生室,正式编制人员3 370人,其中正高级职称17人,副高级职称119人,中级职称473人。全县共有执业医师947人,执业助理医师805人,注册护士1 677人,设立床位4 314张。

上蔡县人民医院:上蔡县人民医院(如图5-7所示)始建于1951年,是集医疗、教学、预防、保健、康复于一体的全民所有制事业单位,国家"二级甲等"综合性医院,河南省新农合住院患者按病种付费试点医院,河南省县级医院"3+2"助理全科医生培训基地。2018年,全院编制885人,设置院长1人,副院长4人,现有1 372人,其中高级职称87人,中级职称186人。下设35个临床医技科室和20个行政后勤科室,投资200余万元建立视频监控中心,创建平安医院,实现监控覆盖率100%。全院占地面积46 587平方米,业务用房面积63 000平方米,床位编制1 380张,固定资产1.6亿元。拥有1.5T核磁共振、64排CT机、直线加速器、C型臂、全自动生化分析仪、血液透析机和彩超、彩色多普勒等先进医疗设备120余台。全年门诊量636 860人次,收治住院病人55 641人次,完成业务收入35 919万元,被市卫计委评为"卫生计生科教"工作先进单位。

图5-7　上蔡县人民医院

十、教育事业硕果累累

1986—2000 年,上蔡县认真实施"科教兴蔡"战略,把教育摆在优先发展的战略地位,增加教育投入,努力提高教育质量,教育事业有了长足的发展,先后获得全国教育工作先进县、全省职业教育先进集体、全省扫除文盲及农村成人教育工作先进集体等荣誉称号,上蔡县教育体育委员会被中共河南省委、河南省人民政府命名为省级文明单位。

党的十八大以来,全县教育工作以办人民满意的教育为目标,取得了显著成绩。截至 2018 年,全县共有各级各类学校(含幼儿园) 662 所,教职工 16 474 人,在校学生 262 515 人。在义务教育阶段实施"两免一补"资金 1.67 亿元;其中拨付公用经费 1.4 亿元,免除了 350 408 人次学生杂费、教科书费、作业本费;补助贫困寄宿生生活费 2 662 万元,补助 47 045 人次。认真落实省政府营养改善计划,对全县义务教育阶段 517 所学校 128 789 名学生提供膳食补助,标准每生每天 4 元。2006 年以来有 69 名同学先后被清华大学、北京大学、香港中文大学录取。自 2001 年连续十八年高考成绩以绝对优势居驻马店市第一名。上蔡县分别获"全国群众体育先进单位""中国红十字人道服务奖章""河南省教育宣传特优县"等荣誉称号。

义务教育:1986 年,上蔡县人大常委会通过全县普及九年义务教育规划,1991 年,全县开始依法实施普及九年义务教育。1999 年,全县 15 周岁人口初中完成率为 99.7%,辍学率为 1.65%,各项指标均符合省颁标准,同年 10 月,顺利通过省评估验收,成为基本普及九年制义务教育县。

2018 年,上蔡县共有义务教育阶段学校 481 所,其中小学 425 所,初中 41 所,九年一贯制学校 11 所,十二年一贯制学校(小学部、初中部) 3 所,完全中学(初中部) 1 所。共有义务教育阶段学生 181 220 人,其中小学生 119 356 人,初中学生 61 864 人。全县小学巩固率 95% 以上,初中巩固率 92% 以上。有 22 所学校被驻马店市教体局评为义务教育阶段标准化学校。

普通高中教育:2018 年,全县有普通高中 6 所(含高中部),包括上蔡一高、上蔡二高2所公办普通高中,苏豫中学高中部、上蔡中学高中部、万象中学高中部、北大公学高中部4所民办学校的高中部,在校学生 26 355 人。各高中认真贯彻落实《河南省普通高中新课程学科教学实施指导意见》,深入推进高中课程改革,全面落实课程方案。上蔡县坚持教育公益性原则,在支持公办高中发展的同时,大力扶持民办高中,为民办高中公开招聘了教师,上蔡中学、苏豫中学等学校得到了进一步发展。鼓励普通高中办出特色、办出水平,上蔡一高作为省级示范性高中的示范带动效应逐步增强,上蔡二高作为示范性高中,其质量和效益也在不断提高。2017 年,上蔡县被评为驻马店市"普通高中教学质量(管理)先进县区",上蔡一高被评为驻马店市"普通高中教学质量(管理)先进学校""普通高中培优工作先进学校",苏豫中学被评为驻马店市"普通高中特色办学先进学校"。

其中,上蔡县第一高级中学(简称一高)始建于 1952 年,是一所历史悠久、环境优美、师资雄厚、设施现代化的首批"河南省示范性高中"。学校占地 305 亩,在校学生 12 000 人,教职工 573 人。其中,具有研究生学历 50 余人,国家级优秀教师 6 人,特级教师 10 人,高级教师 154 人。多年来,上蔡一高在县委、县政府的正确领导下,始终坚持"以人为本,以德为先,依章治校,民主理校,科研兴校"的办学理念,全校师生发扬"与时俱进、永不言败"的上高精神,务实重干,勇于担当,教育教学质量持续提升,高考成绩自 2001 年连续十七年以绝对优势在驻马店市位居第一名,在全省名列前茅。2006 年以来有 58 名同学先后被清华大学、北京大学、香港中文大学录取。近三年有 11 名同学被录取为空军飞行员。2018 年高考,上蔡一高再创佳绩,进一本线 1 463 人,进二本线 4 311 人。其中应届生报考 2 391 人,一本进线 1 055 人,较 2017 年净增 180 人,一本进线率达 44.1%,比 2017 年提高 19.4 个百分点;应届二本进线 2 262 人,进线率 94.6%。六十多年来,钟灵毓秀的上蔡一高为高校输送了数万名优秀人才,得到了社会广泛认可,先后被确立为"清华大学新百年领军计划实名推荐学校"和"全国空军招飞优质生源基地",荣获"国家级现代教育技术实验学校""全国教育网络示范单位""教育部依法治校示范学校"和"河南省基础教育课程改革重点项目研究学校""省级文明单位""河南省文

明标兵学校""河南省教育系统先进单位""河南省普通高中课程改革先进单位""河南省先进基层党组织""河南省五个好先进基层党组织""河南省师德师风建设先进学校""河南省中小学德育工作先进单位""河南省未成年人思想道德建设先进单位""驻马店市教育系统先进集体""驻马店市高中教学先进单位"等多项荣誉称号。

职业教育:上蔡有职业中专 1 所,学生 3 634 人,教师 152 人。2018 年,上蔡职业中专重点打造汽车运用与维修、电子电器、机电一体化、计算机应用技术、旅游服务与管理、学前教育、市场营销、工艺美术等 8 个专业,与河南天一食品有限公司、上蔡县红太阳驾校、温州百得利服装有限公司、广东卓瑞科技教育股份有限公司等多家企业进行校企合作。组织专业教师参加国家、省、市骨干教师培训 28 人。积极为贫困乡村和贫困家庭脱贫致富提供人才支持和技术支持,为全县建档立卡贫困户培训各类技术人才 127 名。

学前教育:2018 年,上蔡共有幼儿园 176 所,在园幼儿 51 163 人。其中,公办幼儿园 12 所,民办幼儿园 164 所。学前三年适龄幼儿入园率 77%。2017 年,对全县幼儿园进行了信息采集,认真落实第三期《学前教育三年行动计划》。县直幼儿园顺利通过省级示范幼儿园的复验。切实加强对民办幼儿园的管理,对无办学许可证民办学校进行了拉网式排查,对其中 40 所无证幼儿园依法进行了取缔。对民办幼儿园进行评估验收,验收通过市级示范性幼儿园 7 所,县级示范性幼儿园 15 所,县一级幼儿园 14 所,县二级幼儿园 3 所。

民办教育:2018 年,上蔡有民办中小学 62 所,在校生 3.5 万人。为切实加强民办学校管理,先后出台了《上蔡县人民政府办公室关于印发上蔡县集中清理整治非法办学工作实施方案的通知》《上蔡县人民政府办公室关于建立上蔡县清理整治非法办学联席会议制度的通知》《上蔡县教体局关于进一步加强民办学校管理工作的通知》等文件,并对全县非法办学情况进行了严厉查处。积极组织民办学校校长、园长参加各级各类培训,共有 300 余人接受培训。

十一、环境保护依法推进

上蔡县自 1982 年开始在县基本建设委员会配备专职环保人员

2名,开展经常性的环保工作。1996年3月成立上蔡县环境保护局。同年6月,上蔡县人民政府按照国务院关停"十五小土"(小造纸、小制革、小燃料、土炼焦、土炼硫、土炼砷、土炼汞、土炼铅锌、土炼油、土选金、小农药、小电镀、土法生产石棉制品、土法生产放射性制品、小漂染)企业的指示,按照天蓝、地绿、水清、气新的环境保护原则,开展了一系列整治工作。强调企业执行新建项目必须与环保设施同时设计,同时施工,同时投产。

2018年,上蔡县人民政府紧紧围绕全省环境污染防治攻坚战的总体部署和要求,以改善环境质量为目标,迅速行动、主动作为,强化措施、狠抓落实,扎实开展环境综合整治,全力推进环境污染防治攻坚战,环境保护工作整体水平进一步提高。上蔡县人民政府被河南省环境污染防治攻坚办评为先进集体。

环境执法:2018年,县政府开展了养殖业污染、沙石料场、黑加油站等专项整治活动,对全县养殖场(户)进行排查整治,依法关闭8家养殖场,限期整改污染防治设施,开展联合执法活动,依法取缔100多家露天沙石料场,整治取缔130家黑加油站。继续开展"散乱污"企业的排查和取缔工作。对县污水处理厂、养殖场和黑河、杜一沟等河流两岸企业,进行检查和违法行为处罚,督促县污水处理厂完成脱磷设施安装,保证了总磷达标排放。按照网格化管理要求,每月对所管辖的企业进行监督检查。重点查处商砼站和烧结砖窑厂等违法行为,对商砼站等企业未落实环保治理措施的,监察人员现场责令其立即纠正。同时,根据违法情节,现场调查取证,依法依规进行查处。对全县涉气企业进行排查,对辖区内所有燃煤锅炉全部拆除,并责令使用清洁能源。

生态环境保护:按照《河南省环境保护厅关于印发省级生态村申报及管理规定(试行)的通知》《驻马店市环境保护局关于印发市级生态村申报及管理规定(试行)的通知》(驻环文[2012]61号),由各乡镇向环保局提出申请,环保局再对各乡镇上报生态示范创建村进行实地初查,对基本符合生态村创建条件的安排本年度创建,由创建村编制《生态村创建申报材料》,并上报市环保局,由市环保局进行实地验收。申报省级生态示范创建的村由省环保厅验收,验收后,省环保

厅和市环保局分别在本级门户网站公示 7 天,无异议,再命名为省级生态村或市级生态村称号。省级命名的生态示范创建村有省厅给予"以奖代补"资金 2 万元,市级命名的生态示范村,在第二年度给予"以奖代补"资金 1.5 万元。2018 年芦岗街道朱庄社区和大路李乡栗庄村被推荐为省级生态村,并顺利通过省环保厅组织的验收。全年共有五龙镇展庄寨村、洙湖镇前三里村、洙湖镇贺店村、和店镇杨寨村、崇礼乡格了朱村、东岸乡大苏村、韩寨镇新石桥村、塔桥镇北大李村、塔桥镇南张村、东洪镇桃台村、朱里镇老黄庄村、小岳寺乡杨炉村、华陂镇史彭村、大路李乡湾里村、无量寺乡吴宋村、黄埠镇黄埠村、党店镇闫刘村、党店镇李楼村等 15 个乡镇的 18 个建制村成功创建为市级生态村。

环境污染防治攻坚战:一是打好大气环境污染防治攻坚战。2018 年,全县多次开展对各类施工工地的扬尘污染防治专项整治,重点抓好了施工工地扬尘治理措施"六个百分之百"(即沙石渣土等物料百分之百覆盖、施工道路百分之百硬化、百分之百围挡、进出车辆百分之百冲洗、渣土沙石运输车辆百分之百密闭运输、拆迁工地百分之百湿法作业)的落实到位。切实抓好道路扬尘综合整治,增加机械化清扫率和洒水频次,延长洒水降尘作业时间,并扩大洒水覆盖面。全县共清理关闭各类沙石料露天堆场 100 多家,督促覆盖各类堆场 36 家。重点推进废气污染源即国能上蔡生物发电和 5 家砖瓦企业自动监控基站的建设并与市环保局联网。加快推进燃煤锅炉拆除改造,全面淘汰城乡 10 吨以下的燃煤茶浴锅炉,全面取缔劣质散煤销售点。开展清洁型煤的替代工程,完成上蔡县洁净煤生产配送中心和 10 个配送网点建设并投入实施。还组织开展"小散乱差"企业排查整治工作,依法整治取缔 73 家"小散乱污"企业。县政府组织有关部门及各乡镇政府、街道办事处联合执法,坚决落实油棚落地、油品没收、油罐注砂浆等措施,全力推进"黑加油站"的整治工作,共拆除关闭 130 多家,没收油品近 100 吨,行政拘留 10 人。建立了基层网络和扬尘污染防治"三员"(网格员、监督员、巡查员)管理制度。完善了乡镇(街道)及村委(居委)网格管理人员,乡镇(街道)制定了公示牌,并对基层网格管理人员进行培训,充分发挥基层人员在环境攻坚战中

的作用。2017年7月,全县开展为期40天的环保大宣传大普查大整治活动。严格落实重污染天气应急管控和错峰生产措施,及时启动了重污染天气预警响应,并认真落实了应急响应措施。对列入重点涉气企业进行重点检查,凡未按要求实行停限产的企业以及存在环境污染问题的企业责令其整改,并依法进行查处。加强对渣土车辆的清理整治,严禁违规运输渣土。增加道路洒水清扫频次,实行了对重点路段喷雾作业。认真落实施工工地扬尘污染防治措施,实行冬季重污染天气"封土行动",停止土石作业。及时落实错峰生产措施,5家砖瓦企业全部停产到位。二是打好水污染防治攻坚战。2017年,全县集中开展了养殖业污染综合整治工作,县环保、畜牧部门及各乡镇政府、街道办事处组织300多人,深入开展了养殖业污染排查整治工作,除对8家位于禁养区内的养殖场给予关闭外,其他养殖场90%以上得到整治。通过积极努力,全县养殖污染问题得到明显改善。县城黑臭水体北护城河治理工程于2017年12月完工,该项目全长836米,河道净宽6米,净高3.3米至4.3米不等的混凝土板涵,总投资850万元,由上蔡县恒大建筑工程有限公司修建,该项目的建成终止了黑臭水体现象。杜一沟综合治理工程于2017年12月建设完成,该项目的建成使得杜一沟的水质有了明显的改善。顺利完成了全县加油站双层罐改造工作。2017年,全县完成了15个农村环境综合整治任务,并得到上级补助资金129万元。

十二、社会保障惠及民生

以社会保险、社会救助、社会福利为基础,以基本养老、基本医疗、最低生活保障制度为重点的全社会保障体系逐步建立和完善。1992年,全县开始实施养老保险个人缴费制度,建立国家、企业和个人三方负担的养老保险制度。1995年,建立职工养老保险个人账户。1998年全县建立统一的企业职工基本养老保险制度,养老金计发办法首次与个人账户挂钩。1999年,推行机关事业单位养老保险。2000年4月,成立社会医疗保险中心,全县参保职工3.2万人,参保率达98%,2005年,开始征缴职工工伤保险基金。至此,基本建立了包括养老、医疗、失业、工伤、女工生育保险等在内的保障体系。1994

年、1997 年、2002 年连续三次被评为"全国民政工作先进县"。2012 年被人力资源和社会保障部授予"全国民政系统先进集体"(图5-8)。

图 5-8　2012 年被授予"全国民政系统先进集体"

党的十八大以来,上蔡县全面贯彻落实习近平总书记"以人为本,人人共享改革发展成果"的指示精神,对社会保障的各类人员进行了建档立卡。2018 年各项待遇得到了足额发放,保障了他们的正常生活,促进了社会稳定。

十三、城乡建设日新月异

1982 年,按照国务院关于"控制大城市,合理发展中等城市,积极发展小城市"的方针,本着"有利生产,方便生活,环境优美,防止污染"的原则,对县城建设进行了第一次规划。县委、县政府制定了《上蔡县城总体规划》,确定以开封至信阳的公路为界,路东为工业区,路西为居民区。范围是:西起西环路,东到化肥厂东侧的工业路,宽 3.7千米;北起白云路、八卦路,南到南环路,长 1.3 千米,总面积为 4.81平方千米。1986 年 10 月省政府批准了《上蔡县总体规划(1983—2000)》,但随着经济的快速发展和城市建设步伐的加快,城市化水平超过了当时的预测水平,县城人口、建设用地规模均超过远期预测目标,现规划逐步暴露了道路红线控制宽度不够,绿化面积少、土地利用率低、布局尚欠合理等具体问题。县政府自此提出了对县城总体重新规划的要求。1993 年开始论证,1997 年编制完成了《1996—2010 年县城总体规划》,县城规划面积为 33.6 平方千米。县委、县政府先后制定了《关于旧城改造实施方案》《关于加快县城建设步伐的意见》等。1986—1993 年，上蔡县以旧城改造为主。1986 年投资 300 万元，拓宽修复白云观大道 2.8 千米，路宽增至 40 米。1987—1988 年，拓宽改建西大街长 560 米，路宽增至 30 米。1989—1990 年，投资 2 129 万元，拓宽南一环路，长 1 392 米，宽 35 米。1990—1991 年，投资 85 万元，拓宽改造东大街，长 649 米，道路宽增至 30 米。1991 年拓宽改建西郊路、南环东路，总长 1 700 米，路宽分别增至 30 米和 40 米。1992—1993 年，扩建改造北大街，长 1 122 米，路宽增至 22 米，北大街建成样式统一的仿古建筑商业一条街。1994 年拓宽改造南大街。

1994—1996 年，上蔡县扩展县城规模，拉大城市框架。相继开通建成了东、西、南、北 4 条新环路，全长 11 979 米，路宽 35 米。1997—2000 年，对连接旧城区和新环路的道路拓宽改造。1997—1998 年，改造拓宽南关街，全长 1 095 米，宽增至 33 米；拓宽改造东郊路，全长 1 795 米，宽 35 米。1986—2000 年，上蔡县城街道建设共投入资金近亿元，新建改建主要街道 20 余条，总长 23 082 米；修小巷 10 余条，总长 4 500 米。

2009 年，上蔡县实施区域管理改制，撤销了芦岗乡、蔡都镇；设立蔡都街道、芦岗街道、重阳街道、卧龙街道等 4 个办事处，共辖 40 个社区，城区面积达到 39 平方千米，总人口达到 20.44 万人。按照县委、县政府"关于加快街道建设规划"展开了各项建设任务。投入城市基础设施建设资金 33.6 亿元，实施了四环道路建设、杜诗公园、人防公园、蔡国故城游园、城西污水处理厂、垃圾处理厂、中水回用、城市电网改造等 30 个城建交通重点项目，新建和拓宽城区主次干道 14 条 23.6 千米。2018 年，完成了南、西、东、北环路全长 30 千米合围。按照高起点规划、高标准建设、高效管理的原则，以公共绿化为重点，道路绿化为骨架，实施"规划建绿、拆墙透绿、建景绿"的绿色行动，点、线、面结合全面推进城市园林绿化建设。2018 年，城市建成区绿地率 31.6%，绿化覆盖率 35.26%，人均公园绿化面积 8.98 平方米；道路绿化普及率达到 97%；规划建设已成规模的公园 30 处，总面积 188.62 万平方米，大小公园绿地均匀分布于城市之中，公园绿地服务半径覆盖率达到 79%。先后获得了"省级卫生县城""省级文明县城""省级园林县城"称号。

图 5-9　社区一角

上蔡县委、县政府委托省规划院修编的《上蔡县城市总体规划（2017—2035 年）》于 2018 年完成。主要包括：中心城区整体城市设计、海绵城市、中心城区地下综合管廊、中心城区中水利用、县城乡村建设、中心城区地下空间利用、周驻南高速上蔡段用地规划、县医院新址等项目。随着项目的逐步实施落实，一个崭新的上蔡县城逐渐呈现在人们面前。

蔡国故城遗址公园：蔡国故城遗址公园项目位于城北新行政区蔡侯路南侧，于 2017 年开工建设，占地 10.61 公顷。该项目定位为历史文化景观、城市街头绿地，共分为观赏休闲活动区、水上休闲活动区、入口活动广场、休憩娱乐广场、休憩下沉广场、文化休闲下沉广场等区域。公园充分利用上蔡丰富的文化遗产，用带有地域特色的文化符号，为上蔡人民打造休闲、娱乐、学习的自然和谐的生态公园。

兴业游园：兴业游园位于五龙源路与兴业路交叉口，占地 0.4 公顷，分别为林下健身广场、文化休闲广场、棋牌文娱广场。林下健身广场形式上以自由的曲线为主体设计元素，场地中穿插了曲线的坐墙围合出的地形种植，边缘部分分布着条形坐墙，与曲线形成对比，通过景观大乔木与灌木的搭配，形成了一个绿树掩映的休闲健身空间。文化休闲广场以文化传承、休闲健身为主要功能，设计元素以新中式为主体格调，通过中式的造景手法，将景石、景墙等各种元素合理运用搭配，从而烘托出上蔡的文化底蕴。棋牌文娱广场主要为老年人的聚集活动而设置,通过地形植被的围合,空间相对封闭,设置景观凉亭、棋牌座椅等小件用品,适合公共交流、休闲娱乐等活动。兴业游园建设以上蔡的历史风俗作为切入点,在满足街头公园所具有的空间功能条件下,将当地的历史人物李斯和重阳节文化以景观构筑物的形式融入场地中,在休息健身的同时,提升了场地文化氛围,宏观上也进一步提升了城市的精神文化风貌。

洪河绿地:洪河绿地位于洪河路,占地2.08公顷,于2017年开工建设,主要品种有广玉兰、枇杷、栾树、水杉、白玉兰、紫玉兰、重阳木、银杏、香樟、乌桕、国槐、白蜡、垂柳、合欢、大叶女贞、五角枫、晚樱、紫叶、紫薇、紫藤、八月桂、迎春等50余种。在植物配置上,采用乔木、灌木、地被相搭配、落叶植物、常绿植物相搭配的方式,种植层次丰富、色彩鲜明,力求做到四季有景,常绿常新,营造了生态、健康、舒适的景观环境,供广大市民享用。

市民公园:上蔡县市民公园(2018年5月2日,市民公园更名为凤凰公园)位于县城新区拥翠路东侧、广源路南侧、祥云路西侧、和谐大道北侧。占地面积30.91公顷,总投资1.6亿元。规划种植栾树、合欢、桂花、大叶女贞、石楠球、海桐球及草坪等,绿化设施及附属设施包括人工湖、公厕、垃圾中转站、垃圾箱、景观照明灯、排水灌溉设施等。该项目设计理念呈现四大亮点:一是贯通古今,一条城市发展的时间长轴;二是双凤来仪,护佑吉地,一条双凤水系带;三是历史再现,古蔡文化集中荟萃;四是兼具城市会客厅与市民休闲功能,体现功能与生态有机结合。以上四大亮点构成全园一轴(中央景观轴)、一带(双凤水系带)、两区(自然景观区和人文景观区)、五组(五个文化组团)。城市会客厅、景观新地标、历史文化展示、观赏游憩、特色景点等五大功能彰显突出。

十四、民主法制逐步强化

充分利用人大法律监督、政协民主监督和社会舆论监督职能,强化民主法制建设。村民自治和民主理财制度逐步完善,依法行政和政务、村务、厂务公开制度不断改进。广泛开展爱国主义、集体主义、社会主义教育,开展文明村镇、文明行业、文明单位等群众性精神文明创建活动。积极办理人大代表建议、政协委员提案,办复率100%。深化行政审批制度改革,对涉企行政事业性收费和服务项目进行依法清理。加强行政服务中心建设,完成县乡村三级便民服务网络。深入开展普法教育,人民群众特别是领导干部的法制观念逐步增强,政府依法行政水平明显提升。

第 六 章
脱贫攻坚

1994 年,上蔡县被国务院定为国家重点扶持的贫困县,脱贫任务十分艰巨。自脱贫攻坚战打响以来,上蔡县委、县政府先后组织实施了"产业扶贫推进年""双百行动""靶向攻坚""集中下基层""夏季攻势""冬季行动""清零提升""总攻行动"等一系列专项攻坚行动,组织带领全县各级党组织和广大党员干部群众,尽非常之责,用非常之策,举非常之力,攻坚克难、真抓实干,向贫穷亮剑,向贫困宣战,矢志攻克贫困堡垒,坚决打赢打好脱贫攻坚战。

第一节　提升政治站位　强化责任意识

一、健全责任体系

建立了"县委政府统筹、乡村两级落实、县直部门帮扶、社会协同发力"的工作机制和"横向到边、纵向到底"的责任体系,强化县委政府主体责任、部门协调责任、乡村包干责任、驻村帮扶责任、督查巡查责任,层层签订责任书,立下军令状,逐级传导责任、压力。做到人人身上有责任、个个肩上有担子,形成了"三级书记抓扶贫,全党动员促攻坚"的工作格局。县级层面,书记、县长负总责,副书记、分管副县长具体抓;乡级层面,党委书记、乡镇长直接管,副书记、副乡镇长具体负责;村级层面,全县成立 448 个村级脱贫责任组,具体负责统筹448 个行政村的脱贫攻坚工作。

二、强力部署推进

2018 年,先后召开35 次县委常委会、12 次推进会、33 次专题会,研究、部署、推动脱贫攻坚工作。坚持问题导向,先后组织开展"靶向攻坚""集中下基层""秋季攻势""冬季行动"等专项攻坚行动,有力推进了工作开展,填补了短板弱项,提升了全县整体工作水平。特别是 10 月份以来,县委、县政府主要领导牵头,成立由县委常委任组长的 14 个脱贫攻坚专项检查组,利用节假日、双休日时间,对全县 26 个乡镇(街道)166 个"靶向攻坚"村年度脱贫攻坚工作开展情况进行"解剖麻雀"式调查核查,其间共走访贫困户 3 852 户,访谈干部 316人,解决问题 1 196 个,取得了良好效果。

三、强化工作保障

2018 年,先后研究出台了《上蔡县 2018 年脱贫攻坚工作意见》等62 个配套文件,为推动脱贫攻坚向纵深开展提供了政策支撑;统筹整合财政涉农资金 8.76 亿元,集中用于脱贫攻坚"四保障"、财政兜底、产业扶持和基础设施建设等,有力保障了全县脱贫攻坚工作开展。

四、提升能力水平

先后利用县委中心组(扩大)集体学习、县委常委会、县四个班子会、全县领导干部会议、领导干部大讲堂等多种形式,深入、全面、系统学习贯彻习近平总书记关于脱贫攻坚的一系列重要指示精神和省市脱贫攻坚会议精神,准确把握新思想、新要求、新策略和新方法,学深悟透,入脑入心,真正用以把牢方向、指导实践、推动工作。强化教育培训,编印了专门的培训教材,每月专门安排时间,对各单位帮扶人员开展集中培训,教育广大党员干部树立宗旨意识、站稳政治立场,始终把脱贫攻坚作为第一民生工程和最大政治任务。举办脱贫攻坚集中培训班 15 期,培训干部 9 904 人次,各乡镇(街道)各单位对扶贫干部每月至少集中培训一次,有效提升了县乡村三级帮扶干部的思想认识和帮扶能力,为脱贫攻坚工作的顺利开展夯实了理论基础和能力基础。

图6-1　2018 年 4 月 23 日时任河南省委常委、省纪委书记、省监察委
主任任正晓在上蔡调研脱贫攻坚工作

图6-2　2018 年 4 月,驻马店市委书记陈星在上蔡调研脱贫攻坚工作

第二节　聚焦基本保障　推动政策落实

一、落实教育救助政策

2018 年资助建档立卡贫困家庭学生 3.58 万人次,发放资助金 2 215.6 万元;为建档立卡贫困家庭大学生办理生源地助学贷款 889 人次,发放贷款 569.93 万元。

二、深入开展健康扶贫

大力实施互联网+分级诊疗健康扶贫项目,加快分级医疗体系,全面实行贫困家庭医疗签约服务,全年累计对贫困人口实施救助 45.23 万人次,补贴医疗费用 9 288.93 万元。投资 5 000 万元建设"智能健康上蔡"平台,为每个乡镇(街道)卫生院配备智能巡诊车 1 台,方便县乡村医务人员组成家庭医生签约服务团队,带车下村对重点人群进行精准服务,签约和检测数据适时自动上传至公共卫生服务平台,真正做到了让数据多跑路,让群众少跑腿。

三、大力推进危房改造

2018 年全县计划实施危房改造 5 796 户,实际投资 1.4 亿元完成了 6 751 户危房改造任务,完成率 116.4%。

四、实施低保兜底保障

强化民政救助与脱贫攻坚的有效衔接,将符合条件的 5 436 户 7 416 人,建档立卡贫困户纳入低保范围,实现了应保尽保、应退尽退。

五、大力推进转移就业

统筹就业、农业、教育、妇联等七部门培训资金,举办 40 期致富技能培训班,共培训人员 2 130 人次。实施就业扶贫"大八员工程",由政府购买岗位,安排 9 300 人贫困家庭劳动力从事卫生保洁员、道路

养护员、林网护林员、交通劝导员、光伏电站管护员、托养中心护理员、优抚对象联络员、巡河员等工作,每人每月工资 500~2 000 元不等,有效带动贫困户实现稳定脱贫。

第三节 坚持多措并举 狠抓产业扶贫

脱贫攻坚战役中,上蔡县认真贯彻习近平总书记精准扶贫思想,坚持把产业培育作为脱贫攻坚的关键之举,以产业扶贫为引擎,坚持把光伏扶贫、生态扶贫作为产业扶贫的必备内容,坚持把结构调整作为产业扶贫的重要途径,坚持把规模养殖作为产业扶贫的重要形式,坚持把小型加工点作为产业扶贫的重要载体,坚持把培育致富带头人作为重要抓手,实施龙头企业带动,优势产业拉动、合作社牵动,贫困户联动,就业转移撬动,建立贫困户与市场主体共同发展的利益链接机制,推进扶贫产业市场化、精准化、规模化、实体化,实现扶贫产业到村,产业扶贫到户"两个全覆盖"。

一、做强种植产业

大力实施"一乡一业、一村一品"战略,协调推进特色农业快速发展,推动实现农业产品多样化、产区规模化、产业系列化。2018 年全县贫困户实施结构调整 14 264 户,土地 4.29 万亩,土地流转 7 132 户 2.6 万亩,已建成种植基地 440 个,带动贫困户 5 256 户,形成了邵店镇、五龙镇、杨屯乡、无量寺乡、芦岗办事处、西洪乡等乡镇(街道)马铃薯种植,大路李乡、杨集镇等乡镇食用菌种植,华陂镇、小岳寺乡、东洪镇等乡镇芦笋种植,无量寺乡等乡镇艾草种植,朱里镇、齐海乡等乡镇中药材种植的特色产业格局。

二、做大畜牧产业

结合本地资源优势,优化养殖业空间布局,大力发展绿色生态养殖。依托中粮、首农、正兴等龙头企业,全县已建成大中型养羊场 19 个,建成羊舍 200 余栋,存栏基础母羊 2 万多只;首农集团万头肉牛标准化养殖场项目,厂房等基础设施已建成。中粮集团年出栏 100 万头

175

生猪养殖产业扶贫项目,第一批 11 个养殖小区已在建设中,第二批 10 个养殖小区正在组织土地流转。

三、发展扶贫车间

结合乡村实际,积极扶持和引导企业在有条件的村庄建设扶贫车间,大力发展小型加工业、"巧媳妇"工程等,培育了一批家庭工厂、手工作坊、乡村车间。全县已建成"扶贫车间"106 个,吸纳 1 224 名贫困群众实现就近就业,月收入达 2 000 元左右。

四、规范光伏收益

全县 347 座村级光伏扶贫电站全部并网发电,整体发电规模 86.39 兆瓦,实现全县所有建档立卡贫困户光伏扶贫全覆盖。2018 年 9 月份,首批光伏扶贫分红已发放到位,共发放分红资金 2 600 万元,户均 1 000 元左右。

五、推进金融扶贫

建成县、乡、村三级金融服务阵地 285 个,评级授信贫困户 17 947 户,全年共发放扶贫贷款 16 968.15 万元,带动贫困户 4 216 户,贫困户获贷率达到 41.1%。

六、壮大集体经济

结合国土绿化提速行动,要求每个行政村建设 100 亩以上的"围村林",作为村级集体经济项目,贫困户人均不少于 1 亩,大力发展林药、林苗、林禽等林下经济,获得收入全部归分包贫困户所有,达到带动贫困群众增收和壮大村集体经济的双重效应。

第四节 完善基础设施 夯实发展根基

深入开展基础设施"清零"行动,着力加大对贫困村基础设施建设力度,推动农村基础设施提档升级,补齐发展短板,夯实发展基础。

一、大力推进基础设施建设

投资 3.8 亿元完成 526 千米村级道路建设任务,投资 7 700 万元完成 182 个村级综合文化服务中心建设任务,投资 3 000 万元完成 166 个村级标准化卫生室建设任务,投资 7 275 万元完成了 66 个行政村安全饮水巩固提升工程建设任务。全县已提前实现贫困村通硬化路率 100%,通邮政率达到 100%,通客车率达到 100%,实现通宽带率达到 100%,生产生活用电能够满足基本需求。

二、探索建设村级集中居住保障房

针对无赡养责任人的五保老人、双女户(多女户)老人,上蔡县探索实施"统建保障住房、集中居住养老"做法,按照"政府主导、乡村实施、试点先行、逐步推广"的思路,2018 年已在 11 个行政村开展统建村级保障住房试点工作,逐步实现五保老人、双女户老人集中居住养老。

三、持续推进人居环境改善

持续深入开展推进居住环境改善,以集镇、村容、户貌为重点,以农村垃圾、污水治理和村容村貌提升为主攻方向,大力实施"五化"(硬化、净化、绿化、美化、亮化)工程,深入开展"六清"(清道路、清河沟、清坑塘、清庭院、清垃圾、清秸秆)活动,初步建立了"村收集,乡转运,县处理"的垃圾收储体系,全县农村人居环境整体得到改善,有效解决了"脏乱差"问题。围绕全县县域内 11 条干线公路,强力开展综合整治,实施绿化美化工程,路容路貌得到有效改善。排查整治"空心房"7 636 户,全部进行了绿化美化。新创建"美丽乡村"示范村 35 个,示范乡镇 1 个。

图6-3 人居环境整治后的郝庄村一角

第五节 坚持党建引领 筑牢基层基础

一、组织开展"争创六面红旗村（社区）"活动

学习借鉴兰考经验做法,在全县组织开展争创"六面红旗村（社区）"活动,主要围绕"基层党建、脱贫攻坚、产业兴旺、美丽乡村、乡风文明、平安稳定"六项重点工作,每半年作为一个评选周期,分类评选"红旗村（社区）",进行表彰奖励,形成"比、学、赶、超"的浓厚氛围,激发村级组织争先发展的内生动力。在2018年12月6日召开的上蔡县脱贫攻坚第十一次推进会议上,对首批评选出的10个"六面红旗村（社区）"进行了隆重表彰;其他21个"五面红旗村（社区）"和43个"四面红旗村（社区）"由所在乡镇（街道）分别进行了表彰。

二、扎实开展村（社区）两委换届选举工作

以村（社区）"两委"换届为契机,充分发挥基层组织"一线指挥部"作用,配齐配强了村级领导班子。健全村民小组长队伍,全县选出村民小组长8 400名,进一步夯实了基层工作基础,提升了基层堡垒引领脱贫攻坚能力。县委研究制定了《党员公约》,把落实《党员公

约》作为农村党组织日常组织生活的一项重要内容,推动党员在推进脱贫攻坚和乡村振兴中充分发挥先锋模范作用。

三、大力推进基层党组织标准化规范化建设

为切实发挥基层党组织的战斗堡垒作用,进一步提升基层党组织的凝聚力、战斗力、号召力,研究出台了《关于加强基层党组织标准化建设的实施意见》,组织开展乡村两级党建阵地标准化规范化建设,实现了脱贫攻坚的党建基地,提升了基层党组织服务脱贫攻坚的能力。

四、切实发挥驻村工作队脱贫攻坚生力军作用

落实中共中央办公厅、国务院办公厅《关于加强贫困村驻村工作队选派管理工作的指导意见》要求,把脱贫攻坚"主战场"作为锻炼培养干部的"主赛场",提出"党员冲在一线,干部住在一线,组织派往一线"的工作要求,按照"因村选派、分类施策、县级统筹、全面覆盖、严格管理、有效激励、聚焦攻坚、真帮实扶"的原则,统筹全县干部,因村选人组队,确保精准选派,全县共选派驻村第一书记448人,帮扶工作队448个,帮扶工作队员1 344人,实现了有贫困人口的448个行政村全覆盖。贫困村驻村工作队队长一般为科级干部或科级后备干部,驻村期间脱离原工作单位工作,党员组织关系转接到所驻贫困村,确保全身心专职驻村帮扶;非贫困村帮扶工作队每月至少安排一周时间,推行"五天四夜"驻村蹲点帮扶。对驻村工作队明确6项硬性任务:帮助加强基层组织建设,推动村级集体经济发展,做好扶贫对象动态管理,精准宣传扶贫政策,排查化解矛盾纠纷,帮助优化人居环境。

由于措施得力,上蔡县脱贫攻坚战取得了决定性成效,2016—2018年,全县实现106个贫困村、17 764户62 010人贫困人口脱贫出列。其中,2018年实现脱贫6 205户22 184人,出列贫困村52个。荣获"全国脱贫攻坚组织创新奖"(图6-4)。

图 6-4　2018 年荣获"全国脱贫攻坚奖组织创新奖"

第六节　贫困家庭重度残疾人集中托养上蔡模式

　　上蔡县在脱贫攻坚建档立卡贫困人口中,具有持证残疾人 10 261 人,占全县贫困人口比例为 13.2%,个别乡镇甚至高达 17.8%,贫困程度深、脱贫难度大,是脱贫攻坚最难啃的"硬骨头"。为贯彻落实习近平总书记提出的"要把贫困老年人、残疾人等作为群体攻坚重点,确保在既定时间节点完成脱贫攻坚任务"的指示精神,解决好建档立卡重度残疾人贫困家庭"照看一个人,拖累一群人,致贫一家人"的老大难问题,按照驻马店市委、市政府"在上蔡试点探索、在全市逐步推开"的工作部署,上蔡县探索开展了集中托养工作,走出了一条重度残疾人贫困家庭增收脱贫的新路径。截至 2018 年底,全县共建设贫困家庭重度残疾人托养中心 32 个,入住重度残疾人 619 人,实现了 26 个乡镇(街道)全覆盖。荣获"全球减贫案例有奖征集活动"最佳减贫案例(图 6-5)。

图 6-5 2018 年荣获"全球减贫案例有奖征集活动"最佳减贫案例

一、着眼工作任务"谁推动",推行工作"责任化"

一是夯实主体责任。明确了县乡政府的主体责任,县政府负责统筹规划、协调推进和日常保障;乡镇政府具体负责建设、管理和运营。二是明确联动责任。扶贫部门牵头抓总,负责建设推进和人员资格把关。残联部门负责入住对象筛选,辅助器具提供,指导康复训练。民政部门借鉴敬老系统管理经验,负责日常管理、生活用品配备和运营经费拨付。卫计部门提供主阵地,负责为入住人员定期体检、日常诊疗和护理知识培训。人社部门负责护工、厨师等服务型岗位购买及职业道德培训。住建部门负责托养中心统一规划、设计和建设。三是激发社会责任。鼓励爱心人士、企业家等开展慰问、捐赠活动,号召县志愿者联盟、县义工联合会等社会组织助力扶贫助残,支持集中托养事业发展(图6-6)。

图6-6 2017年12月18日,全省贫困家庭重度残疾人集中托养上蔡模式现场会在上蔡县召开

二、着眼建设标准"如何定",保证建设"一致化"

一是统一规划设计。整合乡村卫生院(室)房屋资源,每座乡级托养中心按照入住30名左右人员标准设计,每座村级托养中心按照入住10名以上人员标准设计,实现了建设的标准化。二是统一功能配置。每座托养中心统一设计了居住、管理等功能室,统一配备了多功能护理床、轮椅等医疗设施,统一采购了冷藏、收储等生活设备。三是统一外观风格。统一制定了托养中心外观形象规范标准,实现了风格的一致化。

三、着眼托养对象"怎么选",明确进退"程序化"

一是严把入住标准。明确集中托养对象必须是本地建档卡贫困家庭二级以上智力、肢体残疾且日常饮食起居不能自理、家庭无力照料或照料困难的人员。二是规范入住程序。建立了"户申请、村申报、乡审批、县备案"程序,制定个人申请、监护人委托等文本,实现了入住程序化。三是明确退出规定。明确监护人不履行义务、不遵守委托约定,托养人员不遵守管理制度的,按照规定退出。

四、着眼日常照护"怎样做",确保照护"精细化"

一是明确照护方式。采取政府购买服务的方式,优先聘用贫困

家庭劳动力,建立了一个护工精心照料两名重度残疾人员的"一托二"模式,落实了照护责任,实现劳动力转移就业。二是提升照护水平。定期邀请护理、医疗等专业人士为护工开展培训,结合"互联网+健康扶贫模式",建立"每餐发药,每日巡诊,每季体检"制度,实现了护理医疗规范化。三是搞好康复治疗。制定科学的康复方案,强化日常康复训练,注重沟通交流、心理疏导,实现了病理心理齐康复。

五、着眼日常运营"怎么管",推动管理"规范化"

一是明确管理主体。托养中心日常管理归口县民政局,县民政局设立办公室,乡级托养中心由乡镇(街道)民政所负责管理,村级托养中心明确专人管理,健全了管理体系。二是健全管理制度。统一制定了入住、值班、请销假等规章制度,出台了环境卫生、安全保卫等内部细则,聘用了法律顾问等,推动日常管理制度化。三是确保有效衔接。建立了"党委政府主导、扶贫残联主推、民政部门主管、卫计部门主阵地"的运作模式,县乡两级分别建立联席会议制度,及时解决遇到的困难问题,有效保障了从建设入住到管理照护的无缝对接。

六、着眼运转费用"哪里来",实现运营"长效化"

一是财政资金为主。县财政建立"重度残疾人集中托养运营基金",为托养中心建设提供了基本保障长效发展兜底。二是整合资金为辅。整合红十字会基金、慈善资金等部门资金,辅助托养中心日常运营。三是社会资金补充。积极引导社会公益组织、经济组织等,奉献爱心,捐助善款,参与托养事业,营造社会氛围。

驻马店市、河南省贫困家庭重度残疾人集中托养上蔡模式现场会先后在上蔡召开,向全市、全省推广重度残疾人集中托养做法。中央电视台CCTV-7《聚焦三农》栏目以《第二个家》为题,专题报道了上蔡"托养一个人,解放一群人,幸福一家人"重度残疾人集中托养的做法。

第 七 章
艾防工作

1995年以前,由于不规范采供血,上蔡县农村部分群众感染上了艾滋病,主要分布在10个乡镇、街道的52个行政村(艾滋病人100人以上的重点村全省38个,驻马店市有23个,上蔡占22个),是国务院确定的首批51个艾滋病综合防治示范区之一,也是河南省艾滋病防治救助帮扶工作重点县。

第一节　艾滋病防治救助帮扶

党中央、国务院对上蔡的艾防工作高度重视。时任国务院总理温家宝曾两次(2003年、2005年)莅临上蔡视察看望艾滋病人,并同阳光家园(图7-1)的孤儿共度春节;时任国务院副总理吴仪,卫生部副部长王陇德,河南省委书记李克强,河南省长李成玉,河南省副省长王菊梅,全国人大常委会副委员长、全国妇联主席顾秀莲,卫生部部长高强,驻马店市委书记宋璇涛等领导都曾先后莅临上蔡调研慰问,检查指导工作。省直单位自2004年起共派出8批490人,市直单位自2006年起派出7批254人,县直单位自2006年起共派出7批323人开展驻村帮扶工作,为帮扶村办了大量的实事好事,解决了许多困难和问题。近年来,县委、县政府对艾防工作高度重视,按照"预防是根本、救治是关键、救助是保障、帮扶是机制"的工作思路,不断强化"视病人为亲人"的理念,探索创新,务实苦干,艾滋病防治救助帮扶工作取得了阶段性成果。

图 7-1　阳光家园

艾滋病的再传播得到遏制,全县未发生新的经血源性、医源性传播,母婴阻断成功率达到 98.7%;艾滋病患者得到有效救治,服用抗病毒药物或接受中医治疗的患者比率提升到 100%。重点村人口死亡率接近正常(正常死亡率 6‰,2013 年帮扶村死亡率 6.65‰);困难群众得到及时救治,2004 年以来全县共发放救助金 2.235 亿元;帮扶村经济得到发展,经过帮扶,涉艾重点村村容村貌焕然一新,群众情绪稳定,对未来充满希望。几年来,全县先后有 390 多名艾滋病患者申请入党,目前已有 44 人被批准加入中国共产党。上蔡县探索实施的致孤儿童阳光家园供养模式受到联合国教科文组织专家的好评,抗病毒药物三级督导模式在全国推广,个人账户与重病统筹相结合的管理模式在全国推广,先后有 14 个省 97 个市县到上蔡学习交流艾防工作经验。

第二节　体系、机制、制度的建立

上蔡县艾滋病防治、救助、帮扶工作自 1999 年开展以来,逐步建立完善了一套可实施的措施、机制和制度。

一、健全三个体系

一是建立了预防控制体系。县里由卫生防疫部门牵头,形成了以县、乡卫生防疫机构和乡卫生院、村卫生所为主体,计生、教育、广播电视、文化宣传和妇联组织等广泛参与的宣传教育和预防控制体系。二是建立了诊疗救治体系。县里建立了艾滋病救治专业医院,在县人民医院设立了专科门诊和爱心病房,对5个重点乡的卫生院进行了扩建,对散居病人所在的乡镇卫生院设立了艾滋病门诊,各重点村、中度村新建了卫生所,并配备了相应的医疗设备,选聘了高素质的驻村医务人员,形成了县、乡、村三级救治网络,患病群众平时可以就近治疗,重症能够逐级转诊。三是建立了救助帮扶体系。县里成立了救助服务中心,重点乡镇建立致孤人员安置救助指导中心和阳光家园,村级明确了专兼职救助工作人员,形成了完善的救助帮扶工作体系。

二、创新三个机制

一是创新资金管理机制。对艾防资金坚持实行财政专户储存、用款单位专账核算,纪检、监察部门全程监管,审计部门季度审计,确保专款专用、封闭运行。二是创新药品管理机制。成立了药品招标领导小组,科学制定采购计划,严格按照中标药品目录采购药品,对各定点救治机构药品使用情况逐月进行督查,确保药品足额及时供应。三是创新救助对象动态管理机制。认真开展入户排查,详细掌握艾滋病致困群众的真实情况,逐户建立档案,分类进行救助,并根据困难人员和家庭的情况变化,实行动态管理,确保救助准确及时。

三、探索三个模式

一是探索出了抗病毒治疗三级督导模式。县疾控中心指导村卫生所、村卫生所指导服药督导员、服药督导员指导病人,做到"送药到手、看服到口、吐了再补、不服不走",有效提高了患者对抗病毒药物的依从性。二是探索出了个人账户与重病统筹相结合的管理模式。坚持实行个人账户与重病统筹相结合的管理模式,目前全县共设立

个人账户 5 568 个,每月向每个账户注入资金 600 元,保证了患者能够得到及时有效的治疗。三是探索实施了致孤儿童"阳光家园"供养模式,使他们重新感受到了家庭的温暖。

四、发挥三个作用

一是发挥村党支部战斗堡垒作用。面对帮扶村特殊现状,村党支部教育引导患病群众要正视现实,树立信心,不悲观、不失望、不自暴自弃,乐观向上、好好生活。在农忙季节,组织党员、干部群众与艾滋病患者开展"一帮一、多帮一"结对帮扶活动,帮助解决患病家庭实际困难。组织群众开展文明创建活动,营造知荣辱、守法纪、求发展、促和谐的良好氛围。二是发挥驻村工作队的帮扶主体作用。按照"队员当代表、单位做后盾、领导做表率"的要求,工作队积极入村,扎实工作,为村里办实事好事,解决群众生产生活中的实际困难和问题,为帮扶村的发展稳定,也为上蔡县的发展稳定做出了十分突出的贡献。三是发挥群众的自我救助作用。在党和政府的关心关爱下,通过驻村帮扶,患病群众自立自强,相互救助,用自己的双手,在力所能及的条件下,搞好特色种植、规模养殖、农产品加工和新农村建设。据统计,52 个帮扶村有种植项目 200 多个,养殖项目 90 多个,农产品加工项目 30 多个。

五、狠抓三个落实

一是严格落实领导责任。成立了专门的艾防工作机构,对省市领导联系的 35 个重点村由县四个班子成员每人联系一个,对 17 个中度村由县委常委、县人大、县政府副县长和县政协的主要负责同志每人联系一个,形成了党委政府领导、部门实施、群众配合的群防群治工作格局。二是全面落实救治救助政策。在及时足额发放各项救助金的基础上,对自愿到阳光家园生活的 160 名致孤儿童进行了集中供养;把所有的艾滋病家庭成员全部纳入了新型农村合作医疗,每年应承担的医疗基金由县财政全额负担。三是认真落实帮扶措施。切实加强基础设施建设,通过各级领导联系帮扶村和工作队驻村帮扶,省直 22 个重点帮扶村组织实施了道路、饮水、学校、卫生所、村民活动

室、阳光家园建设"六个一"工程的维修工作,新建了相关配套设施;加强了基层组织建设,配齐配强了村两委班子;驻村帮扶工作队积极帮助村里理思路、定规划、上项目,发展特殊产业,加快了帮扶村经济和社会事业全面发展。

第八章
红色记忆

上蔡县革命老区是大别山革命老区的重要组成部分。在上蔡这片土地上,红色文化资源丰厚,革命历史遗迹遗址星罗棋布。充分挖掘和利用这些红色资源,对于传承红色基因,加强爱国主义教育,有着十分重要的现实意义。

第一节　红色旧址遗迹

一、第一个中共上蔡县城关支部诞生地

1929 年初,中共西平县出山区委派共产党员贾德言来上蔡从事建党工作。3 月 26 日,在北街张吟塘家里,由贾德言主持,剪纸为旗,寇文谟、王伯重、张吟塘三人宣誓加入中国共产党,并建立了上蔡县第一个党支部——中共上蔡县城关支部。寇文谟任支部书记,王伯重任组织委员,张吟塘任宣传委员。

二、第一个上蔡县共青团支部诞生地

1929 年 2 月,中共西平县党组织派于士箴来上蔡,以在上蔡城关第一小学任教为掩护,做上蔡县共青团组织的发展工作。是年秋,于士箴在上蔡城关一小发展了第一批共青团员。加入共青团的有潘泉清、张修范、翟炳仁、李超凡(寇英)、李应官、张国俊、马成骧、张静澜、万寿山、孙永宽、王安民、李喜春、赵金亭、陈梅(女)、张树桐等人。在城西程家祠堂举行入团仪式后,随即选举产生了团的支部。于士箴任支部书记,潘泉清任组织委员,赵金亭任宣传委员。

三、中共傅庄支部旧址

1931年秋,中共遂平县委委员李谟斋、刘介宇,中共张店区委委员李炳礼到上蔡县境,在傅庄(今属无量寺乡)学校召开党的会议,经共产党员吴治国、吴治平介绍,傅学曾、张子谦、刘玉清、贾保玉加入中国共产党,建立了中共傅庄支部,傅学曾任支部书记,隶属中共遂平县委领导,先后发展党员7人。

四、中共竹园张支部旧址

1932年4月,中共遂平县委派李谟斋、刘介宇、李炳礼、李恒洲到无量寺傅庄学校,发展刘玉清等4人为中共党员,建立中共竹园张支部,刘玉清任支部书记。

五、中共七块店支部旧址

1931年冬,经遂平县委同意,在七块店(今属无量寺)建立中共七块店支部,张子谦任支部书记。七块店党支部成立后,先后发展党员9人,并组织发展20多人的农民英雄队,开展秋收斗争。

六、中共上蔡北街支部旧址

1933年夏,地下党员张树桐、李超凡、赵洪钧、万寿恒从汝南第二职业学校毕业回上蔡,建立中共上蔡城关北街党支部,张树桐任支部书记。

七、中共赵庄支部旧址

1933年夏,由李超凡、赵洪钧介绍齐海乡赵振坤加入中国共产党。不久由李超凡、赵洪钧主持会议,在齐海乡赵庄建立中共赵庄支部,赵振坤任支部书记,隶属于中共西平县委。很快,赵振坤发展李运良、苏贵良等多人入党。党支部发动贫苦农民组织"鞭杆队",散发传单、割电线、"贴条子",与地主恶霸做斗争。

八、上蔡县抗日青年训练班遗址

1938 年 7 月,在中共上蔡县党组织指导下,上蔡县抗日青年训练班在塔桥镇白圭庙村正式举办,招收 100 多名青年学生。确山竹沟新四军第八团留守处指派抗日军政大学毕业生、共产党员郭锋来蔡执教,上蔡县开明民主人士李建中资助并为师生配发了枪支。1938 年 11 月,国民党上蔡当局以通共罪将李建中逮捕。训练班的资金来源被切断,不得不提前结业。

九、"二期北伐"蔡埠口战斗遗址

1927 年 5 月 14 日,北伐革命军第一纵三个师由汝南楚铺、高井等地出发,北攻上蔡。第二十五师在师长朱晖日、政治部主任李硕勋、党代表张云逸的率领下到达蔡埠口后,即令骑兵团到蔡埠口东北一带搜索。午后 3 时,在蔡埠口东北五六千米之高地上发现奉军约 2 千余众,正在构筑工事。骑兵团长崔华即命令向奉军攻击,第二十五师之第七十四团随即增援。奉军占据高地,拼命抵抗,革命军奋勇攻击。激战数时,奉军纷纷向上蔡城方向溃逃,革命军随即占领高地卧龙岗。蔡埠口之战,骑兵团团长崔华腿部受伤,死伤官兵 20 余人。第七十四团团长张驰腿部受轻伤,官兵死伤百余。当日晚,纵队司令部决定,15 日拂晓开始攻击。

十、东、西洪桥阻击战遗址

东洪桥和西洪桥是架设在上蔡县城北部洪河上的两座交通要塞,系北上汴郑、南下武汉的必经之路。1927 年 5 月中旬,北伐革命军为救民于水火,在上蔡境内展开了对奉系军阀的战役。5 月 16 日,战役进入决战阶段,为彻底消灭盘踞在上蔡境内的奉军,打开北进汴、郑的通道,北伐革命军第二十五师与奉军第十一军展开了争夺东、西洪桥的阻击战。经过两天的激战,洪河以北的奉军大部分被击毙,剩余部分溃散逃跑。同时,被包围在县城内的奉军富双英旅,整旅投降改编为国民革命军第二十一师。

如今,东、西洪桥虽几经修缮,战争的创伤已不复存在,但那些为

夺桥而献身的勇士们的革命精神永存。

十一、张振清率农民武装起义处旧址

上蔡县洙湖乡南王庄农民张振清,在全国抗日高潮的推动下,1937年率600多人的农民武装,以"抗日除暴、打富济贫"为纲领,在上蔡洙湖董楼村福济庙(现杨屯乡董楼村)起义。张振清任司令,韩希勇任副司令,李汝贵任参谋长。首先,处死大梁庄顽固分子、保长梁洪恩父子3人,月余时间发展义军3 000多人,筹集枪支400余支。张振清发动农民武装起义,得到当时多数贫苦农民的支持,具有进步意义,在当时的上蔡,甚至汝南、遂平等县都有很大影响。

十二、上蔡县抗日民主政府旧址

1940年5月,根据中共豫皖苏边区委员会指示,在五沟营镇(现为西平县管辖)建立中共上蔡县委,寇文谟任书记,王伯重任组织部长,张吟塘任宣传部长。同年秋,因形势恶化,县委撤离。因当时县委居无定所,其旧址无法考究。

为适应抗日斗争的需要,1945年5月,根据上级党组织指示,中共上蔡县委在华陂镇史彭村建立,寇文谟任书记,王伯重任组织部长,张吟塘任宣传部长,并相继建立了上蔡县抗日民主政府和县武装大队。

十三、上蔡县首任县委书记寇文谟烈士故居

寇文谟,1929年3月加入中国共产党,曾任第一个中共上蔡县城关支部书记和首任中共上蔡县县委书记,1947年7月被国民党反动派迫害牺牲于信阳监狱,时年54岁。其上蔡县西洪乡寇庄村之故居被"75·8"大洪水冲毁。为教育后代,传承红色基因,在西洪乡党委、政府的大力支持下,寇庄村于2018年初在该村学校旁建起一座建筑面积达500平方米的《寇庄村村史馆》,馆内重点搜集、展示了寇文谟烈士的遗物和英雄事迹。

十四、抗日英雄高培显、朱冠英殉国处

高培显,上蔡县邵店镇大高庄人,曾任新四军独立旅第五大队队长。朱冠英,上蔡县杨屯乡杨寺位村人,曾任新四军独立旅第五大队副队长。1944年5月奉命转战上蔡,驻扎在杨屯乡陈法寨。面对伪军残害百姓的暴行,他们率部奋起抗战,先后十多次出击汝、上边境和县城四郊的日伪据点,先后端掉汝南王霍庄寨、上蔡前杨等多个日伪据点,击毙、俘虏日伪军数百名,日伪军闻风丧胆。1944年12月25日夜,由于叛徒告密,在部队主力攻打胡岗集未归的情况下,西平、上蔡、汝南、遂平、项城5县日军300多人、伪军1 000多人包围了陈法寨。高培显、朱冠英率留守官兵进行了顽强抵抗,但终因敌众我寡,在掩护寨内群众撤离时壮烈殉国。英雄的鲜血染红了陈法寨这片土地,高培显、朱冠英烈士为民族解放事业英勇献身的精神永远留在上蔡人民的记忆里。

十五、天良寨战斗4名抗日勇士为国捐躯处

1945年春节,日寇从河南周口镇分两路大举南犯。正月初三凌晨3时许,日军一个中队40余人,在汉奸维持会带领下,突然包围了时属西洪乡管辖的天良寨。当时天良寨仅有9人驻守,加上乡公所自卫队30多人,总共不到50人。但大敌当前,已无退路,不得不与日寇决一死战。在班长刘华林、李富安率领下沉着应战。此次战斗,班长刘华林、队员刘林、娄宝山3位勇士壮烈殉国。但不久日军再度攻击天良寨,虽奋不顾身,终因寡不敌众,战斗失利,副班长关运喜被日军俘虏,用刺刀捅死。至此,日军两次袭击天良寨,共有4名勇士为国捐躯。

十六、蔡沟战役百余名抗日勇士殉国处

上蔡县二次沦陷后,国民党第十二师第三三六团一营驻防蔡沟,官兵200多人。1945年农历正月初三早晨,日军骑兵、步兵和炮兵部队约2 000人围攻蔡沟镇。营长赵复兴在日军逼近时,曾组织队伍从东门突围,但因盘踞在田庄的日军在东门外增强火力,突围未成。赵

复兴营长被俘,蔡沟寨失守,此次战斗,由于敌我力量悬殊太大,虽然击毙敌军150余人,但国民党驻军伤亡、失踪百余名,上蔡县保安团参战官兵20余名,亦伤亡殆尽。

十七、陈法寨战斗遗址

1944年12月25日晚,高培显派主力三连和机枪连由朱洪云带领攻打上蔡城北湖岗寺伪军据点。不料,由于叛徒汉奸王治国向日军告密,高部主力三连和机枪连在赶回之际,西平、上蔡、汝南、遂平、项城5县的日军300多人和1000多伪军包围了高部驻地陈法寨,当时寨内兵力严重不足。高培显与刚从许昌出差归来的朱冠英召开紧急会议,根据现实情况,如强行突围,不但成功把握甚微,而且躲到寨内的1万多百姓也蒙受灾难。于是,决定加紧抢修工事固守,等待主力回来内外夹击敌人。午夜,高培显得知朱洪云回师增援陈法寨受阻的消息,预感情况危急,决定固守到第二天天黑后突围。后终因寡不敌众,在掩护百姓撤离时,高培显、朱冠英先后壮烈殉国。

十八、刘伯承率部途经上蔡纪念地

刘伯承是中国现代史上著名的无产阶级革命家、军事家。1948年4月3日,刘(伯承)邓(小平)率领的人民解放军中原野战军大部队,路过距上蔡县城45华里的林堂集。上午10时许,刘伯承司令员和参谋长李达等入驻林堂区政府休息。林堂区区长袁明德向首长汇报了个人随军南下,留到这里工作的情况及当地民情。刘伯承听完汇报后,亲切郑重地指示道:"你们要谨慎活动,保存实力,避实击虚,打击尾随之残敌(指尾随刘邓大军之国民党残匪),安定好地方秩序……"首长午休后,袁明德安排区部分武装战士随军行动,将大部队送出上蔡县境。

十九、汝蔡遂武装总队与八路军水东八团会师处

为早日实现中央关于八路军和新四军武装会师绾毂中原的战略任务,1945年5月中旬,经中共上蔡县委书记寇文谟等多次联络,汝蔡遂武装总队约定八路军水东八团与新四军第五师派往八路军水东

八团联络的代表刘子凯一同星夜北进,到上蔡吴宋家会师。但因八路军水东八团路上受阻,当晚未赶到会合地点。部队修整一天,次日晚又向吴宋家进军,积极寻找新四军第五师部队。终于在次日清晨,在吴宋家以南的几个村子里,汝蔡遂武装总队和八路军水东八团胜利会师。两军会师后,水东八团团长王定烈、政委李士才率领全团指战员进驻汝蔡遂根据地,这对夺取中原抗战胜利发挥了巨大的推动作用。

二十、塔桥集战斗遗址

1947 年冬,洪河以东已为人民解放军所控制。国民党县政府为了固守洪河以西地区,县长田云樵派自卫总队队长张世轩带领两个大队,在塔桥南北沿洪河布防。年底,人民解放军上蔡县大队向驻守塔桥之敌发起猛攻。战斗由上午开始至下午 4 时,终于突破了桥头阵地。张世轩自卫总队全线溃退,解放军乘胜追击,攻克县城,县长田云樵、自卫总队长张世轩化妆潜逃。

二十一、中共上蔡县委、县民主政府蔡沟旧址

1947 年 8 月 10 日上午,豫皖苏入蔡部队在高岳集召开群众大会,苗九锐代表部队党委宣布中共上蔡县委、县民主政府成立。苗九锐任县委书记,李跻青任县长。同时,在豫皖苏军区第一团一营的基础上,组建上蔡县武装大队。中共上蔡县委、县民主政府成立后,县委机关曾先后设驻高岳、三里党、大杨,后驻蔡沟集。

第二节 缅怀先烈

搭建爱国主义教育平台,是缅怀先烈,传承红色基因的重要举措。新中国成立以来,中共上蔡县委、县政府根据本县实际,切实加强了县革命烈士陵园、原地保护烈士墓群及爱国主义教育基地的建设和管理工作。

一、上蔡县革命烈士陵园

上蔡县革命烈士陵园(图8-1)位于县城东区兴业路北侧,始建于1959年,占地面积19 980平方米,建筑面积1 020平方米,绿化面积3 330平方米。2006年县政府投资400万元进行了升级改造,新建烈士纪念墙一座,烈士事迹陈列室2间,新整修广场一处,新建亭子、花架各两处,并对园内164座烈士墓和6座英烈墓进行了硬化,达到了庄严、美观、肃穆的要求,是上蔡一百四十万人民缅怀革命英烈,进行爱国主义教育的重要阵地。2008年,在征得烈士后人代表、县人大代表、政协委员和各界人士的同意后,把烈士陵园正式更名为"英雄广场"。为提升烈士陵园的功能,县委、县政府已决定,再重新建一座规模较大,规格较高,集纪念、展示、祭祀、宣传、浏览、游乐等多功能为一体的烈士陵园。

图8-1　上蔡县革命烈士陵园

二、黄埠烈士陵园

黄埠烈士陵园,坐落在上蔡县城西南25华里的黄埠镇北关,始建

196

于1949年春,存上蔡民主县政府县大队二连一班班长(姓名无法考证)及该连司号员刘良烈士墓两座。

1949年初,为迎接中原大地的彻底解放,上蔡县民主政府县大队二连,奉命进驻黄埠开展革命工作。2月1日凌晨,国民党河南省七区(治所在淮阳)专员郭馨波残部一个团,纠合国民党上蔡保安团两个骑兵中队向二连驻地发起进攻。二连指战员不畏数倍于我的敌军,在当地人民群众的大力协助下,英勇顽强,沉着应战。激战了约两个小时,打退敌人3次疯狂进攻。最后为保存实力,安全从西门突围。此次战斗,刘良等8位战士光荣牺牲。

新中国成立后,上蔡县人民政府把黄埠镇西门和镇东北角的6位烈士忠骨移至县烈士陵园,应黄埠区政府及群众的要求,将刘良等2位同志的遗骨仍葬原地,并兴建陵园,以示纪念。陵园初建时,四周植松柏4株。1950年,黄埠乡人民政府立"革命烈士永垂不朽"木碑两座。1977年清明节,黄埠人民在当地公社党委的带领下,重立木质墓碑两座,植松柏6株。后因管理不善,碑松皆损。1988年5月,黄埠乡人民政府重立水泥漆字墓碑,再植松柏数株,并完善了陵园四周砖石结构的永久性整体建筑。黄埠烈士陵园已成为黄埠一带干部、群众及各学校师生开展缅怀先烈、进行革命传统教育的良好活动场所。每逢清明节,黄埠镇各中小学师生到陵园扫墓祭拜。2006年,为便于管理,县政府将2位烈士忠骨移至县烈士陵园。

三、原地保护革命烈士墓群

墓群一:开封战役上蔡阻击战大路李烈士墓群。位于大路李乡肖里王村南部。1948年6月16日,担任开封战役阻击任务的解放军十纵二十师八十七团,在上蔡县大路李乡肖里王村与国民党十一师进行了一场激烈的遭遇战,有8名解放军战士牺牲于该村。次日,在当地群众协助下掩埋于肖里王村东南约二百米处。1953年,其中二位烈士遗骨被迁回原籍,其余六名烈士遗骨于2004年8月由原葬地迁到此处,按东西依次安葬三名有名烈士为:安明方、孟任、舒岩学,另三位为无名烈士。2009年12月,中共上蔡县委、上蔡县人民政府为六名烈士重立墓碑,以褒英烈(图8-2,图8-3)。

图8-2　安明方烈士之墓

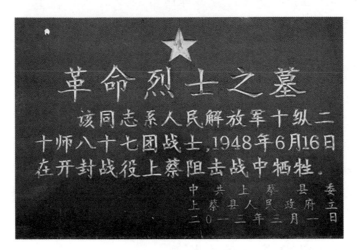

图8-3　无名烈士墓

墓群二：上蔡黄埠王桥战斗牺牲无名烈士墓群。位于上蔡县黄埠镇王桥北侧东50米处。1948年秋，国民党淮阳专区专员郭馨波带领3个团，与上蔡县保安团配合，在驻马店至黄埠镇之间继续与人民解放军顽抗。8月间，解放军某部一个连在大王桥与守桥的郭部遭遇，经过半小时激战，解放军夺桥北上，胜利进驻黄埠镇。此战人民解放军伤亡30余人，烈士们就地埋葬。为缅怀黄埠战斗牺牲的革命先烈，教育激励后人，2013年3月，中共上蔡县委、上蔡县人民政府决定修建黄埠王桥战斗革命烈士墓群并立纪念碑一座。

墓群三:睢杞战役上蔡朱里小庄阻击战无名烈士墓群。位于朱里镇高庄村委小庄自然村南。在华东野战军进行的睢杞战役中,1948年7月5日,中原野战军四纵第十三旅三十八团一营,奉命在上蔡县朱里镇小庄阻击国民党第八十五师北上增援。战斗从5日下午14时至18时,共打退敌人6次疯狂进攻,歼敌200余,有效地迟滞了敌北援睢县、杞县的速度。此次战斗,全营伤亡80多人,四连副连长赵小虎炸毁敌坦克英勇牺牲,烈士们集中就地埋葬。为缅怀小庄阻击战牺牲的革命烈士,教育激励后人,2013年3月中共上蔡县委、上蔡县人民政府修建该烈士墓群并立"革命烈士永垂不朽"纪念碑一座。

墓群四:开封战役上蔡阻击战西洪无名烈士墓群。位于西洪乡洪河南岸东南1千米处。1948年6月16日,开封战役开始,国民党整编十一师(第十八军)奉命经上蔡北援。解放军华东野战军十纵二十九师在上蔡阻击,战斗于18日晨打响,该师八十六团在西洪坡赵等地对敌发起攻击,八十五团在县城北圈刘、麦仁村接敌,八十七团在县城南公路上与敌摩托化部队遭遇,敌军被解放军拖住,经过一天激战,粉碎了敌增援开封的企图。此战役歼敌5 000余人,解放军伤亡600余人,八十七团团长杨德隆牺牲,烈士们就地埋葬。为缅怀上蔡县阻击战牺牲的革命烈士,教育激励后人,2013年3月中共上蔡县委、上蔡县人民政府修建该烈士墓群并立"革命烈士永垂不朽"纪念碑一座。

墓群五:上蔡东洪镇马庄寨战斗牺牲无名烈士墓群。位于东洪镇西北3千米处周遂公路东侧。1948年4月,人民解放军上蔡县县大队与国民党暂编11师便衣团在朱里镇郑庄寨遭遇,县大队与敌激战一天,胜利突围。次日凌晨,县大队和三区队在东洪镇马庄寨将流窜到上蔡的国民党沈丘保安团包围,经过三小时激战,将敌击溃并俘敌130人,人民解放军牺牲30多名,就地埋葬。战争年代,形势危急,他们都不曾留下姓名,当地群众称此地为"解放军坟地"。为缅怀革命先烈,教育激励后人,2013年3月中共上蔡县委、上蔡人民政府在此地修建该烈士墓群并立"革命烈士永垂不朽"纪念碑一座。

以上五处烈士墓群的墓园建造,统一按陵园样式,纪念碑坐北朝

南,四周砖石砌围栏,园内植松柏、花草。墓园委托所在乡镇政府属地保护管理。

四、原地保护散葬有名革命烈士墓32座

这32位有名烈士,当时其家人将其安葬在家乡。新中国成立后,县政府分别为墓园立纪念碑,委托所在乡镇政府保护管理。如抗日英雄朱冠英(1907—1944),上蔡县杨屯乡杨寺位村人。1944年2月任新四军独立旅3大队副大队长,跟随队长高培显转战西(平)遂(平)许(昌)等抗日战场,痛击日伪,屡立战功。1944年12月25日晚,日伪军1 300多人,包围了该队驻地陈法寨,在部队主力打胡岗日伪据点未归的情况下,他和队长高培显率留守官兵沉着应战。但终因寡不敌众,在掩护群众撤离时,身中数弹壮烈殉国,时年37岁。2017年4月28日被国家民政部追认为革命烈士。为启迪后人,传承红色基因,是年,上蔡县人民政府在朱冠英墓前立"革命烈士朱冠英之墓"纪念碑一座,以示悼念(图8-4)。

图8-4 朱冠英烈士墓

朱冠英墓园占地半亩,由杨屯乡政府委托其后人管理。该墓园已成为杨屯乡进行革命传统教育的阵地。

第九章

县老促会

中国革命老区建设促进会（简称"中国老促会"）是由老一辈革命家提议并经时任中共中央总书记江泽民亲自批示，于1990年7月5日在北京成立。随后各省、市、县相继成立老区建设促进会。老促会践行的是党的宗旨，代表的是党委和政府的形象，承载的是老一辈无产阶级革命家的殷切嘱托，联结的是党联系老区人民群众的纽带，搭建的是社会各界关心支持老区的桥梁，汇集的是一大批忠诚党的事业、热爱老区人民、具有无私奉献精神的老党员、老干部、老军人、老专家和社会各界爱心人士，是一支服务老区脱贫攻坚和开发建设现代化的重要力量。

图9-1 上蔡县老区建设工作会议

第一节 上蔡县革命老区乡镇的分布

上蔡县革命老区乡镇分别是经国务院批准的上蔡县城关镇、黄

埠镇;河南省政府批准的华陂镇、无量寺乡、百尺乡、西洪乡、齐海乡、小岳寺乡、和店镇;由于区域规划的改变,2010 年根据省、市老促会的相关政策和有关历史资料,县政府向市委、市政府申报了五龙镇、杨屯乡、邵店镇、大路李乡为老区乡镇,并获批准。2012 年因行政区划调整,原来的蔡都镇和芦岗乡划分为蔡都街道、芦岗街道、重阳街道、卧龙街道四个办事处,经请示市老促会同意,县政府向市委、市政府报批同意将以上四个办事处纳入老区管理范围。至此,上蔡县革命老区分布于 12 个乡镇和 4 个街道办事处共 16 个建制单位。辖区面积 823.2 平方千米,占全县总面积的 54%;耕地面积 54.096 公顷,占全县耕地面积的 49%;共辖 217 个村委,16 个居委会,占全县建制村(居委会)的 47%;总户数 157 957 户,总人口 774 789 人,占全县总人口的 51%。属国家二类区革命老区县,国家级贫困县。

2013 年 8 月经上蔡县人民政府组织发改委、县老促会等单位联合调研,形成了关于将上蔡县列入《大别山革命老区振兴发展规划》编制县的报告,即时上报国家发改委。经过两年的努力,终于在 2015 年 6 月经国务院批复,将上蔡县全境纳入《大别山革命老区振兴发展规划》。至此,上蔡县所有乡镇、街道办事处全部享受国家革命老区振兴发展的优惠政策。

第二节　上蔡县老促会的成立

根据全国和省、市老促会的要求,经县委、县政府批准,并经县民政局备案,上蔡县老区建设促进会于 1997 年 10 月 14 日成立,召开了上蔡县第一届老区建设促进会第一次全体理事会议。会议选举产生了第一届理事会成员,通过了理事会《章程》。根据理事会《章程》规定和工作实际需要,县老促会先后于 2006 年 10 月和 2017 年 12 月进行了理事会换届。历届理事会领导人员名录如下:

第一届理事会领导人员名录

（1997 年 10 月—2006 年 10 月）

会　　长:崔允成　县委副书记

副 会 长:罗兰英(女)　县政协主席

　　李剑华　县政府常务副县长

　　聂本立　县政府县长助理

　　冀本章　县科委主任

秘 书 长:冀本章　老促会副会长兼任

副秘书长:肖祥斌　县水利局局长

　　金保铭　县党史办主任

　　栗有德　县委组织部副部长

　　陈明远　县扶贫开发办主任

　　徐金声　县卫生局副局长

第二届理事会领导人员名录

（2006 年 10 月—2017 年 12 月）

会　　　长:罗兰英(女)　县政协原主席

副 会 长:王玉山　县人大常委会原副主任

　　梁俊锋　县政协原副主席

秘 书 长:肖祥斌　第一届老促会副秘书长

　　王庚寅　县政协办公室原主任(2007 年 10 月任)

副秘书长:金保铭　县党史办原主任

　　王庚寅　县政协办公室原主任

　　赵荫轩　县乡镇企业局原局长

　　曹翠华(女)老干部局局长

秘　　　书:张拦省　县财政局办公室原主任

第三届理事会领导人员名录

（2017 年 12 月—）

名誉会长：罗兰英(女)　第二届老促会会长

会　　　长：孙宝岑　原正县级领导干部

副 会 长：李克臣　县人大常委会原副主任

　　王建军　县政协原副主席

秘 书 长：赵荫轩　县第二届老促会副秘书长

副秘书长兼办公室主任:郏治国　县农业局原副局长

第三节　为老区人民办实事

如实上报县情,提供信息,与县领导主动沟通,2011、2016 年两年争取中央公益彩票基金支持老区建设资金 3 500 万元。

申报争取"以工代赈""财政扶贫"支持老区扶贫项目资金 866 万元。

发动企业和成功知名人士支持家乡建设捐资 6 220 万元。

协调信用社支持老区建设小额贷款 5 328 万元。

联系老区建设项目 46 个。

修建或改造中小学校校舍 13 所。

修建小型水利工程 632 项。

修建输电线路 33 千米,修建公路 189 千米。

组织巡回医疗 17 批次,医治病人 3 182 人。

向老区困难户捐赠衣物 230 件。

培训基层干部 203 人次,培训技术人才 3 658 人次。

先后为 24 名贫困学生申报获批全免学费,圆了他们的大学梦。

多次配合卫计委送医送药进老区(图 9-2)。

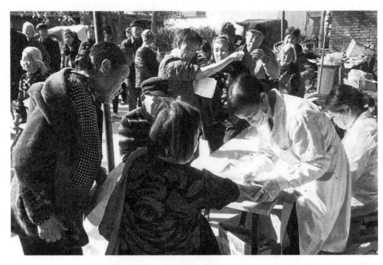

图 9-2　县老促会组织医务人员为老区群众义诊

第四节 获得的主要荣誉

2008年4月被驻马店市委、市政府授予"驻马店市老区建设先进单位"。

2009年罗兰英会长被河南省委、省政府授予"河南省老区建设先进个人"。

2014年5月被河南省老促会授予"河南省老促会工作先进单位"（图9-3）。

图9-3 2014年5月荣获河南省
老促会工作先进单位

2014年9月被驻马店市老促会授予"驻马店市老区建设先进单位"。

2015年1月在中国社团组织评估等级中，获AAAA级社团组织。

2012年以来，华陂镇人民政府等15个单位获"全国老区宣传工作优秀奖"（图9-4）。

图9-4 2012年荣获全国老区
宣传工作特等奖

县老促会 2007—2010 年获"全国老区宣传工作三等奖"。

县老促会 2011 年获"全国老区宣传工作一等奖"。

县老促会 2012—2018 年连续 7 年获"全国老区宣传工作特等奖"。

2017 年,会长罗兰英被河南省老促会授予"老区建设特别贡献奖"。

2018 年 5 月,县老促会获"河南省老区工作先进单位"。

2018 年 6 月,县老促会副会长王建军获"全国老区宣传工作特别贡献奖",秘书长赵荫轩获"河南省老区工作先进个人奖"。

上蔡县中共党史人物传略

寇文谟

寇文谟（1893—1947），又名寇方，河南省上蔡县西洪乡寇庄人。1929 年 3 月加入中国共产党，曾任中共上蔡城关支部书记和首任中共上蔡县委书记，1947 年 7 月，被国民党迫害牺牲于信阳监狱，时年 54 岁。

寇文谟，1893 年农历五月出生于一个贫苦农民家庭。寇文谟 15 岁时，母亲因病去世，家庭生活更加困难。全凭其父寇祥如一人操劳。其父，农忙种地，农闲教他读书习字。由于寇文谟自幼聪颖好学，勤奋努力，很快读完了四书五经。在慈父的严格教诲下，练就一手绘画与书法。成人后，还学习了一套说拉弹唱的技艺。这为他后来从事党的地下工作提供了良好条件。

寇文谟年轻时代，正值战祸不断，兵荒马乱。寇文谟跟随父亲离开祖居的寇庄，迁到上蔡县城谋生。进城后，寇文谟结识了一些进步人士，如王伯重、张吟堂、张静澜、朱华轩、王清轩、李华庵等一些爱国人士，成了他的挚友。他们白天为各自的生计奔波，晚上聚在一起，谈时局，论抱负，抒发一腔热血。寇文谟怀着忧国忧民的心情，走上了寻求革命真理和救国救民的正确道路。1927 年，武汉国民政府发动的二次北伐战争，打到了上蔡县城。寇文谟积极参与运送伤员和掩埋北伐军阵亡将士尸体的工作。在北伐军继续北上离开上蔡时，

因寇文谟的表现,一些北伐军将士,亲切邀请寇文谟合影留念。

1928年,寇文谟为抨击地方贪官污吏和土豪劣绅,编写了曲剧《恶劣第四幕》,痛斥官府弊政和封建土豪的罪行,深刻地揭露了社会矛盾,公演后,群众无不拍手称快。但不久被国民党县政府查封禁演。

1929年初春,南方革命形势如日中天,红一方面军进攻赣南,取得大柏地战役胜利,各地中共党组织以农村为主要战场,积极开展"打土豪、分田地"的土地革命。中共西平县党组织派贾德言(后任西平县城关党支部书记),到上蔡县发展共产党的组织。贾德言通过与王伯重的亲戚关系,找到了寇文谟。贾德言向寇文谟说明共产党的主张,分析了当时形势,指出只有共产党才能救穷人、救中国。寇文谟欣然接受了共产党的主张,表示愿意跟着共产党走,要为党的事业奋斗终生。于是,寇文谟、王伯重、张吟堂3人,在贾德言主持下,剪纸为旗,宣誓加入中国共产党。经组织分工,由寇文谟担任上蔡城关党支部书记。这就是上蔡县的第一个中共党支部。

寇文谟担任支部书记后,由于家境贫寒又无活动经费,就凭他说拉弹唱,从事革命活动。每次外出,他总是以弹三弦、打乓筒、唱小戏、扮乞丐、卖烧鸡为掩护,与敌人周旋,多次摆脱国民党政府的缉拿和敌人的追捕。一次,他扮作乞丐,从水东(新黄河以东新四军抗日根据地)回家,途中遇见几个便衣追捕,他看不好脱身,就跑到一个村里,见一位老大娘在院内做针线,忙对大娘说:"后面有几个坏人要抓我,您老救救我。"大娘见他衣衫褴褛,肩上搭个破布袋,像个乞丐,怪可怜的,就忙把一顶草帽戴到他头上,又给他披件破汗褂,然后操起一把笤帚就打,嘴里还骂道:"你个孬种,天快晌午了,你懒得一桶水也不想打……"便衣赶到,看到母子正在"吵架",急忙向前方追去。寇文谟就这样躲过了敌人的追捕。1940年春,一天,寇文谟召集党员在家开会,让女儿桂英扯着她弟弟炳丽到门口放哨。突然,见巷口出现几个黑衣警察,向他们家门口走来,女儿急忙回家报信,与会党员得知消息,立即越墙离开寇家。寇文谟将画纸摊在桌上,凝神作画。警察进来,追问那几个人哪里去了?寇文谟戏谑地说:"我在画画,人还没画哩,哪里有人?"警察不信,到屋里搜查一遍,抢走寇文谟的怀

表一块,并把寇文谟带到警察局关押了两天,终因没有证据而放回。

寇文谟从 1931—1938 年间,在家乡多次领导支部党员,利用各种形式和有利时机,在上蔡城关掀起抗捐抗税斗争,闹得国民党县政府一筹莫展。1931 年 7 月,国民党县政府为了搜刮民财,广征苛捐杂税,逼得城关商贩无法营业。党支部为了救民于水火,破坏国民党的搜刮计划,利用灶爷会(厨业工会前身),广泛发动市民、商贩开展抗税斗争。被繁重税收激怒了的商贩,在中共上蔡党支部领导下,涌进税务局,要求局长出来说理。税务局长看众怒难犯,待在办公室不敢出来与群众见面,商贩们冲进办公室,拉着局长上街游街。游斗中,近者拳打脚踢,远者用西瓜皮砸,一直游行到西城门。国民党县政府闻讯,急令警察出动镇压,抓走抗税积极分子 4 人。寇文谟为营救被捕群众,召开支部会议,决定发动罢市斗争。说服四方农民,不要进城卖柴卖菜。一连数日,大街小巷冷冷清清,逼得官商、大贾和政府职员,找县长要求与灶爷会谈判。寇文谟抓住这一时机指示灶爷会提出要求:1.释放被捕群众;2.免征苛捐杂税,否则继续罢市。国民党政府无奈,答应了所提条件。就这样,取得了由中共上蔡县党组织领导的第一次抗税斗争的胜利。

1938 年,中共上蔡县党组织为扩大统一战线,壮大抗日武装力量,在白圭庙举办抗日青年训练班(以下简称"抗训班")。寇文谟积极参加了这一工作。他白天在抗训班任教,晚上同师生一起,拿起三弦下乡组织文艺演唱,宣传抗日,唤起民众。抗训班为抗日斗争培养了一批干部(仅第一批毕业学员到确山竹沟新四军留守处学习的就有 20 多人),不少学员经培养锻炼加入了中国共产党。在此期间,寇文谟利用工作之便,还担任了交通员任务。他背起乒乓筒,跑淮南,奔豫东,去信阳,到确山,沟通鄂豫皖区和豫皖苏区的联系,途中无钱就餐,就沿路乞讨。

1945 年元月,寇文谟根据鄂豫皖区党委关于开展武装斗争的指示,组建上蔡人民武装力量。当时研究利用王伯重与单秉钧(皇协军团长)的亲戚关系,做单团的统战工作。经多次磋商,单秉钧接受了共产党的主张,并加入了中国共产党。单秉钧任命王伯重为团参谋长,寇文谟为自己的随从副官,从此单团 300 多人枪的武装力量,为中

国共产党所掌握。5月22日,八路军冀鲁豫军区八团政委李士才,在史彭寨宣布建立中共上蔡县委,寇文谟为中共上蔡县委书记。但是不久,单团团副单汉东叛变,向侵华日军告密。5月26日,单秉钧被日军枪杀,寇文谟、王伯重被捕入狱。地下党员吴洪举到监狱探望,对寇文谟说:"咱们的人,这次死的死,捕的捕,散的散,以后还咋弄呢?"寇文谟坚定地说:"腾子(吴的乳名),这次俺虽被他们逮着了,但共产党是逮不净杀不完的,革命一定会胜利,穷人一定会翻身。这次就是我死了,你也要继续干下去,想办法把组织恢复起来。"

寇文谟在狱期间,党组织曾多次采取营救措施,都没有成功。1945年8月15日,日本宣布无条件投降,乘日军撤离县城之际,党组织派人通知寇文谟准备劫狱,让其做好相应准备。寇文谟经过认真考虑后,请求党组织取消劫狱计划,并告诉来人说:"不行!现在看守更严了,像我这要犯,晚上还要加刑具,我们的人很难接近,回去告诉同志们,要坚持斗争,直到胜利,不能因为我一个人,再使组织和同志们遭受损失。"

日本宣布无条件投降后,本应释放抗日志士,而国民党县政府县长李云等反共分子,不但把寇文谟长期羁押不放,为向上司邀功,又于1947年农历2月15日,将寇文谟等押送信阳监狱。

由于长期在狱中忍受非人的生活待遇和敌人的酷刑折磨,寇文谟同志于1947年7月带着沉重的镣铐,牺牲于信阳监狱。

张吟塘

张吟塘(1871—1945),名景庚,上蔡县北街石头巷人。1929年加入中国共产党,牺牲时为中共上蔡县委宣传部长。

张吟塘少时家贫,全靠父亲推车贩麻为生。他天资颖悟,记忆力强。酷爱诗词,兼功音乐、书画,尤以古筝最为擅长。他的书法以苍老古拙的汉隶较为得手,被时人举为上蔡县私立高中冯树萱先生的高足弟子。

张吟塘壮年仍具有迫切的求知欲望,曾游学于开封、天津、北京等处,只要听说哪里有名师,无不登门聆教,也因此结交了一些进步人士。河南杞县早期革命家吴芝圃对他的影响最为深刻。他自与吴芝圃熟悉后,开始接触并潜心学习马克思主义,思想认识水平和阶级觉悟不断提高。1929年初,西平籍共产党员贾德言被组织派来上蔡,发展党的队伍,经人介绍住在张吟塘家里。3月26日,由贾德言介绍加入中国共产党。寇文谟任书记,王伯重任组织委员,张吟塘任宣传委员。

1931年,国民党县政府横征暴敛,向城市大小手工业、小商贩等收取额外的苛捐杂税,张吟塘巧妙地组织上蔡县城关1 000多名群众进行抗税斗争,全城罢市罢工6天之久,迫使县政府免除了苛捐杂税。

1935年,由于中共遂平县委交通员刘国振叛变,向敌人告密,上蔡县党组织突遭严重破坏,张吟塘、寇文谟等多人被捕。后因敌人没掌握确凿证据,被关押二十余天保释出狱。

1938年国共合作期间,新四军竹沟留守处派郭峰来上蔡县组织开展抗日活动,在白圭庙第五小学成立了"救亡室",张吟塘、寇文谟等都参加了这一组织,并由学校十来名教师参加组成了宣传队,白天学习《大众报》《大众哲学》《论持久战》等宣传资料;夜晚到农村先以演唱的形式聚集群众,继以讲演和谈话的方式向群众讲述抗日救亡的道理,深受群众欢迎。

1939年8月,中共上蔡县工委成立,张吟塘任宣传部长。由于国共分裂,张吟塘、寇文谟、潘石庵等再次被国民党上蔡县政府逮捕,拘押在县政府的一个小屋里。张吟塘等虽在牢狱之中,仍然弦歌不辍,誓死不屈。受押二十多天,经多方营救,才被释放。

1944年夏,上蔡二次沦陷,张吟塘为了免遭日军的毒害及宣传抗日救国的需要,便携眷迁回原籍——东洪乡洪河北岸老张庄居住。这时,县城附近是日军的势力范围,老张庄距县城20多里,离当时逃亡的上蔡县政府较远,这里虽有国民党的杂牌队伍不断出没,但张吟塘认为在这一带宣传抗日、开展地下活动还是比较方便的。他便与党的地下工作者王伯重经常联系,并准备通过王伯重争取单秉钧(又名单欢,日本皇协军团长)打进皇协军内部,组织力量,把盘踞上蔡的日寇彻底消灭,不幸于1945年5月13日下午,在参加竹园张中共上蔡县委会议后返家的途中,被当时沦陷区国民党党务工作团副团长

李耀武盘查逮捕。李耀武是上蔡县国民党党部的秘书,他素知张吟塘是地下共产党员,对张吟塘再三拷问,把他折磨得死去活来,张吟塘自知难免一死,坚贞不屈、泰然自若,展示了一个共产党人崇高的革命气节。敌人看一无所获,无计可施,便在一天深夜,秘密将张吟塘绑赴到陈桥洪河滩上活埋,时年74岁。

王伯重

王伯重(1887—1964),上蔡县百尺乡前王村人,1926年北伐战争时期参加革命工作,1929年加入中国共产党。民主革命时期曾任中共上蔡县委组织部长、统战部长,洪河县民主政府县长,新中国成立后第一任上蔡县人民政府县长等职务。

1887年,王伯重出生在一个中农家庭,父母生养6个儿子,王伯重排行老大,父亲辛勤耕作,母亲彻夜纺织,供他读书求学。王伯重在青少年时期,目睹帝国主义瓜分中国,人民饱尝丧权辱国、倍受蹂躏的惨状。深知这是政府腐败无能,社会政治黑暗,国家贫穷落后所造成的。他决心学好本领,救国救民。王伯重于1907年以优异成绩考取上蔡师范学堂。1910年毕业,因家庭经济窘迫,无力私人办学,逐从其父志,在家习医。1915年,王伯重认为能培养积极进取、忧国忧民、奋发有为的更多青年,也好改造中国,改变社会,于是他弃医从教,受聘于上蔡城内一改良私塾。他学识渊博,阅历丰富,且爱生如子,诲人不倦,深受学生们的爱戴及家长的欢迎。1922年,教学资金短缺,改良私塾停办。1924年,为谋生计,筹金入股与他人合力在漯河开启了粮行。王伯重做粮食生意,保本微利,让利于民,深受市民及商贩的尊敬,为后来与共产党接触,在群众中做革命工作打下了基础。

1926年,国共合作时期,郾城县的国民党组织和共产党组织以共产党为核心,以一套班子两个牌子的形式,组建了国民党郾城县执行委员会。谢梅春任中共郾城县委书记,张光灼任副书记。王伯重在与他们的接触中,表达了要求加入中国共产党,救民于水火的强烈愿望。鉴于两党正处于很好的合作时期,且共产党组织对党员条件的较高要求,谢、张商议先让王加入国民党,后再加入共产党。王伯重加入国民党后,在共产党人的领导下,工作热情积极,不久就担任了郾城县国民党执行委员会委员、商民部部长。是年,中共郾城县委为了扩大宣传党的政治主张,成立郾城县文化促进委员会,吸收部分进步青年、学生组织宣传队,到县内各地演出宣传。王伯重积极参与,为宣传中国共产党的政治主张,唤起民众,不懈努力。根据王伯重的表现,1927 年 3 月,谢梅春和张光灼商议,准备介绍王伯重加入中国共产党,但因时局变化,推迟了发展时间。

1927 年 4 月,武汉国民革命政府决定继续北伐。5 月中旬,北伐各路大军全部集中到驻马店持戈待命。驻马店、西平、上蔡、漯河、郾城、商水等地国民党、共产党员、各地农会会员和人民群众积极响应国民政府号召,踊跃参加和支援北伐。王伯重积极地投入支持北伐战争的洪流中,并担任北伐军前线侦察组长。他舍生忘死,冒着枪林弹雨多次完成侦察任务。北伐军攻克郑汴以后,王伯重受北伐军委托,任郾城县国民党党部常务委员,兼任上蔡县学生队队长。11 月,王伯重身兼两地两职,势难兼顾,特派共产党员刘宜斋(黄埔军校三期学员)代理上蔡县学生队队长,派共产党员汪镜辉、顾丙信(2 人均为黄埔军校第三期学员)担任教练。4 人密切合作,仅 10 天时间,学生队就集枪 300 余支。学生队成立后,广泛进行革命宣传活动,打击土豪劣绅,得到群众的热情拥护和称赞。

1928 年春,东关五岳庙会上,王伯重登台演讲,向群众提出"打倒土豪劣绅,取消苛捐杂税"的口号。之后,学生队逮捕了作恶多端的上蔡城北关士绅盖景州,因禁数日,打击了反动派的嚣张气焰。在春节年关集上国民党县税务局收税人员为了发财,巧立名目,乱收捐税,引起公愤。学生队闻知后,在南关集上痛打了乱收税人员甘某。赶集的群众同声欢呼助威:"打得好!""打得好!"学生队的义举,维护了群众利益,威慑了收税人员的嚣张气焰。该年,收税人员不敢再向商贩和做买卖的群众无理收税,集市得以安定。在王伯重的领导下,学生队还进行了伐神等破除迷信的活动,将城隍庙和四关及城附近庙里的神像全部伐倒,对群众宣传"世界上并没有什么救世主,要翻身全靠我们自己"的道理。学生们的伐神举动,很快波及全县。各地进步知识分子纷纷效法,利用庙宇办起了学校。

1928年初,国民党下令解散郾城县党部,解散上蔡县学生队,通缉在他们看来比共产党还要共产党的国民党员上蔡学生队长王伯重和共产党员刘宜斋、汪镜辉、顾丙信等八人。王伯重被迫暂时隐蔽。但共产党人没有被蒋汪的屠夫政策所吓倒。是年,共产党组织继续在郾城活动,张成久任百尺区区长,地下共产党员王清轩任区助理员。为了向地霸斗争,张成久和王清轩商议,让富有革命精神的王伯重代理协和乡乡长,王伯重欣然应允。王伯重出任乡长后,在张、王的支持下,向地霸劣绅展开"合法"斗争。在役税、粮款等项摊派中,坚持地富士绅多负担、中等农户少负担、贫雇农民不负担的原则。并且明确指出,乡政府一次分派,任何人不得凭借势力再次向下层分派。维护贫苦农民利益的斗争取得了胜利,深受群众的欢迎。

1929年2月,中共西平县党组织派贾德言到上蔡发展党组织。王伯重接受了贾德言的建议,辞去国民党郾城县百尺区协和乡代理乡长职务。2月16日在上蔡城关北街张吟塘家,由贾德言介绍及主持下,王伯重与志同道合的寇文谟、张吟塘等人一起入党,并组成中共上蔡县第一个支部委员会。王伯重任组织委员,王伯重加入中国共产党的多年夙愿得以实现。1932年,党组织迅速扩大,上级党组织派王铎来上蔡指导工作,将上蔡党组织分为三个支部。王伯重因有医术,易于接近上层人士,分工做统战工作,组织工作由王清轩接管。在统战工作中,王伯重接触了杜详甫、李建中等国民党上蔡县党部和政府中的一些人士,经常与他们谈思想、讲抱负、论时势,为发展统一战线做出了贡献。1935年3月,遂平地下党地下交通员刘国振叛变,上蔡党组织遭到严重破坏,寇文谟、张吟塘、王清轩等13人被捕。王伯重闻讯逃脱,与组织失去联系。

1936年西安事变后,蒋介石被迫接受停止内战、联共抗日等六项条件,抗日民族统一战线初步形成,王伯重才得以返回上蔡县,仍以教书为掩护。1938年7月,彭雪枫率新四军东征抗日路过上蔡,住在共产党员王清轩"云轩"京货店里,王伯重与彭雪枫会面。彭雪枫指示王伯重要广泛联系一切赞成国共合作共同抗日的人士，做好国民党上蔡县政府财务委员长李建中的统战工作。在王伯重的引荐下，彭雪枫专访了李建中。李建中表示愿意真诚合作，共同抗日，并要求中共派人来上蔡协助组织抗日武装。1939年3月，中共汝南中心县委成立。10月，汝南中心县委派胡亮到上蔡任工委书记，住在王伯重家以教书为掩护主持党的工作，王伯重再任上蔡县工委统战部长，并负责城北区工作。王伯重在上级党的领导下，一方面在群众中组织互助社、贫农借贷所，一方面带领群众据理力争与劣绅地霸展开斗争。一次国民党乡长刘泽远无端敲诈贫农王珠，在王伯重的支持下，王珠诉诸法庭，经过审判，最后获胜。刘泽远仇视王伯重日甚，暗中派人监视盯梢。12月，当发现胡亮、王伯重组织发动群众时，将其告发。王伯重闻讯首先让胡亮、张修范撤离，结果自己却被敌人逮捕。

1941年2月，日寇侵略中原，上蔡沦陷。国民党上蔡县监狱无人看管，王伯重趁机越狱。出狱后，经过与寇文谟商定，寇文谟赴豫皖苏等地寻找上级组织，王伯重去郾城县五沟营镇以行医看病为掩护，继续从事革命活动。1943年2月，共产党员王同病重，王伯重回上蔡为其医治，被刘泽远发觉，将其告发，国民党天良乡乡长司殿卿即以通"共匪"为由，将王伯重逮捕。1944年5月，日寇再次入侵上蔡县城，国民党县政权逃散，王伯重才得以出狱。

1945年元月初，寇文谟赴淮北与新四军取得联系。5月，寇文谟返回上蔡，复引王伯重、张吟塘到正阳熊寨，找到新四军五师的淮南支队赖朋支队长，汇报了上蔡游击武装组织情况，并在此地学习了组建地方武装，开展游击斗争的经验。王伯重、寇文谟、张吟塘返回上蔡后，发现单秉钧已与伪军发生联系。为争取单团反正，王伯重多次找单秉钧促膝谈心，使其接受了共产党的抗日主张，并加入中国共产党。之后，单秉钧正式任命王伯重为参谋长，寇文谟为随从副官，根据上级指示精神，仍以"皇协军"名义，扩建武装，待机树旗反正。

1945年5月，中共上蔡县委恢复建立。王伯重任县委组织部长，负责做单团的兵运工作。5月26日，单团副团长单汉东叛变，向日伪绥靖军师部告发单团，说单团以王伯重为主谋，以单秉钧为领导，暗通八路，不服从师部指令，危及地方。伪军师部将单秉钧立即逮捕，

就地枪杀(新中国成立后被追认为烈士)。将王伯重、寇文谟、单秉越逮捕送往军部,上蔡县中共党组织再次遭到严重破坏。

1945年8月,日本投降,抗日战争胜利结束,日伪将监狱移交给国民党上蔡县政府。次年6月,蒋介石撕毁《停战协定》,全面内战爆发,国民党反动派加紧了对中共党组织的破坏和对狱中共产党人残酷迫害。不仅长期羁押他们,为了讨好上司,又于1947年农历2月15日,将王伯重、寇文谟等押解到信阳监狱。

1948年2月底,经潜入国民党信阳监狱的共产党人贾得政的周旋和全力营救,王伯重被保释出狱。王伯重出狱后,于4月找到豫皖苏军区党委。6月,上蔡县基本解放,军区党委派王伯重回上蔡协助苗九锐书记开展工作。同年10月,根据中共豫皖苏七地委指示,洪河县民主政府在上蔡、商水、郾城、西平四县交界处建立,王伯重调任洪河县民主政府县长。

1949年3月,根据上级指示精神,中共汝南地委批准,洪河县与上蔡县合并,建立上蔡县人民政府,王伯重任上蔡县人民政府县长。他与县委书记张仁同心合力,带领人民"支前";另一方面,在后方搞好生产救灾,改善人民生活。

1949年6月,中共汝南地委调王伯重任汝(南)、上(蔡)、遂(平)、西(平)4县治河委员会主任。王伯重领导4县政府和人民,深入实地,调查研究,着眼当前,顾忌长远,具体规划,为4县综合策划、治理水患、利用水利做出了特殊贡献。

1954年8月,王伯重光荣离休。1965年积劳成疾,身患重病的王伯重逝世,享年78岁。

高培显

高培显(1907—1944),字云明,上蔡县邵店镇大高庄人。曾任新四军独立旅大队长,1944年牺牲,年37岁。

高培显出生在贫苦农家,19岁在冯玉祥部当兵。由于他作战舍生忘死,抗日中屡立战功,1942年提升为22师64团1连连长。

1943年9月,他借送家属返里为名,到西华新四军独立旅驻地,

谒见旅长魏凤楼,政委金少山,陈述个人抗日主张,当即得到赞许和鼓励。

1944 年 2 月,22 师在襄县抗日中溃散,他率所部到新四军独立旅,编为 5 大队,任大队长。从此,他率领这支大队在西(平)遂(平)许(昌)一带活动,歼灭不少日伪军。

1944 年 5 月,他奉命转战上蔡,驻陈法寨整训。6 月,他率部 4 次出击汝(南)、上(蔡)边界及县城四郊等地,击毙日军 4 名,伪军 30 多名,俘敌 70 多名,缴获长短枪 150 多支,及战马、弹药等。9 月,在邵店前杨庄一战,歼灭伪军 30 多人及王霍庄寨维持会 40 人,并将罪大恶极的汉奸当场击毙。10 月,出击无量寺,歼灭伪军 40 人,俘敌 30 人;出击袁寨一战,拔掉日、伪据点,缴获长枪百余支,机枪一挺;12 月两次偷袭城北胡岗等,歼日伪军警备四师 80 人,俘敌 60 人;回师进城时,又奇袭日军据点,击毙日军 3 名,伪军 30 多人。从此,日、伪闻高丧胆,龟缩城内,不敢出城骚扰。他几次出击胜利后,立即严整军纪。如其妻侄子张延岭,抢拿群众香油 4 斤,小鸡数只,并打骂群众,他得知后,召开官兵大会,处决示众。

1944 年 12 月下旬,他得知日、伪军在胡岗集结,便派主力部队三打胡岗集。在主力部队未回之际,叛徒王国治向日军告密,12 月 25 日夜,西平、上蔡、汝南、遂平、项城 5 县日军 300 多人,伪军 1 000 多人,包围了陈法寨。他凭寨固守,伤亡很大。在率部突围时,不幸中弹牺牲,时年 37 岁。

张振清

张振清(1907—1937),又名张谷,上蔡县洙湖乡王庄人。曾任上蔡民间抗日武装领导人。1937 年就义时 30 岁。

他出生在贫苦农家,9 岁丧父,10 岁随母到继父家(余庄)。他生性刚毅,乐于助人。16 岁时,便和穷苦弟兄结伙,把地主财物强行分给饥寒人家。1934 年,其事被地主豪绅告发,政府通缉追捕,他逃到确山县竹沟谋生。在竹沟,他受到革命思想的启发熏陶,政治上逐步觉醒。1936 年,他与堂兄张洪计议起事,发展革命武装。这年,在上

蔡县城内缴获保安队士兵长枪;10 月 2 日与韩希勇、李汝贵等人,化妆成国民党政府官员,在项城一地主家里,逼缴长枪 5 支,短枪一支。

1937 年七七事变后,他与韩希勇、李汝贵、刘进修等人商议组织农民暴动,口号是"打富济贫、除暴安良,拉起队伍,抗日救国"。这年 10 月 25 日,在董楼福济庙公开聚会,竖起"打富济贫,抗日救国"的旗帜,到会农民达 500 多人。起义的第二天,即在梁庄处决恶霸保长梁洪恩,包围张庄地主张百忍家,放粮 1 000 多斤。从此,张振清领导的队伍,在上蔡洪河东、项城以西和汝南、新蔡以北活动,所到之处,开仓放粮,赈济穷人,铲除豪绅,筹集枪支,月余之内,队伍发展到 3 000 多人,枪支 400 多支。12 月,他率众到确山与革命势力靠拢;12 月 27 日,天降大雪,因队伍多系本县农民,且临年末岁尾,所以纷纷要求回家过年。这时,县保安团配合地主武装 400 多人,包围了他们。12 月 29 日,他率部突围未成,终因弹尽被俘,惨遭杀害,就义时年仅 30 岁。

李恒洲

李恒洲(1907—1946),男,原名李天义,字介吾,上蔡县龙庄李人。1928 年加入中国共产党,曾任中共张店区委书记,1946 年遭杀害时 39 岁。

李恒洲自幼上学,后入许昌育德中学就读,1928 年在校经冯秀坡介绍入党,毕业后考入开封师范学习,迫于父命学医,忍痛中途辍学。1931 年与共产党员李谟斋一起负责并组织农民运动,开办夜校,宣传革命道理。1932 年春,他率领其他共产党员对到张店街传教的美国小姐商兰英进行斗争,令其交出金戒指和怀表,以示惩罚,并限期离境。是年 5 月,奉中南局指示,开展打富济贫活动,率领革命群众数十人,抢了地主张三林粮仓,救济群众。1933 年接替离任赴鄂豫皖苏区反"围剿"的李谟斋任张店区委书记,1934 年,由于叛徒出卖入开封第一监狱,在狱中坚贞不屈,利用行医巧妙隐瞒身份,于 1935 年出狱,继续开展隐蔽斗争。1946 年 4 月被国民党顽固派逮捕,活埋在上蔡县东小李庄,时年 39 岁。

雷保森

雷保森（1925—2009），原籍河南省考城县（今兰考县）大岗集张毛庄人，本姓李。他家世代务农，因不甘忍受地主欺压，父母带着全家逃到上蔡。因生活所迫，两个姐姐做了童养媳，父母相继去世，5岁时雷保森就沿街乞讨。6岁时经人说合，到南大吴给雷文当义子，从此改为雷姓。

在雷家，保森捡柴捡粪，做轻微农活。从13岁起，就给地主当长工。16岁外出谋生。1946年秋在郑州交通路饭店当杂工时，经华东部队的侦察员指引，到兖州参加了南麻区小队，又到黄河一大队特务连当战士。

1948年春天，特务连由地方武装升为中国人民解放军26军78师234团3营9连，雷为连机枪手，先后参加了开封、睢杞、鲁西南、济南战役。在淮海战役中，他参加了运河桥北的小鲁庄战斗。当他炸毁寨门外堡垒时，遇到6名国民党士兵，他连续刺倒两名，又刺第三名时，左腹部受伤，危急之中，他一扣扳机，将敌打死，其余3名敌兵抱头鼠窜。由于他作战勇敢，荣立三等功一次，并批准火线入党。打碾庄圩时，雷保森任爆破手，前面4名爆破手牺牲后，他挟起炸药包就上，当运动到战友牺牲的地方后佯装中弹倒下，待第6名爆破手上来吸引敌人火力时，他猛然跃起，把敌碉堡炸开，并俘虏了敌团长一名。战斗结束后，雷保森荣立二等功。

1950年6月25日，美帝国主义悍然发动侵朝战争。雷保森所在部队离开上海，开赴山东临淄，后经吉林临江过鸭绿江，参加抗美援朝战争。第一仗打美7师，第二仗打美陆战一师。在元山开庆功会，雷保森带的班荣立集体二等功。在执行侦察110高地任务中，他带8名战士，打死美军5名，活捉8名，安全返回部队。

1951年3月，他们连参加了七峰山战斗。经过战前动员，每人都写了决心书。进入阵地后，雷保森组织全班开诸葛亮会，明确分工。

27日下午两点左右,从西南方开来12辆坦克,雷保森在坦克靠近时一打手势,一发火箭弹正中第一辆坦克后部,它停住了,后边的坦克躲闪不及,追尾。接着,雷保森向公路边跑去,将手雷投到第11辆坦克履带上,火光一闪,履带就炸落在地上。他又迅速把另一颗手雷甩出去。经过全班勇猛而机智的战斗,共击毁美军11辆坦克和一辆吉普车,而自己无一伤亡,创造了我军战斗史上用步兵武器击毁坦克的光辉战例。1953年1月4日,志愿军领导机关特决定给雷保森记特等功,并授予"一级战斗英雄"的称号,朝鲜民主主义人民共和国授予雷保森"一级战士荣誉勋章"一枚。

在长期的革命战争中,雷保森共负伤18处,右肩上一颗子弹和右肺下叶一块弹片尚未取出,属一级革命伤残军人。1955年退休后,他曾任上蔡县政协常委、驻马店市老年体协、副主任职务,先后被评为"全国军队离退休干部先进个人""全国老有所为金榜奖""全国先进军队离退休干部""河南省军队离退休老干部先进个人"等。

附 录 二
上蔡县烈士英名录

姓名	性别	籍贯	参加革命时间	生前		牺牲	
				单位	职务	时间	地点
刘学清	男	上蔡县	1945.6	二十二团二营卫生所	所长	1948.1	洛阳
张启明	男	上蔡县	1949	志愿军二十七军八十师二三八团	战士	1950.12	朝鲜战场
尚老虎	男	上蔡县	1968.2	七九八六部队	战士	1969.12	新疆永红
程国良	男	上蔡县	1949.1	志愿军一九九团二连	战士	1953.3	朝鲜战场
马付学	男	上蔡县	1948.8	不详	司号长	1952	朝鲜战场
侯州	男	上蔡县	1949.12	志愿军三十九军一一六师三四六团二营机枪连	班长	1950.11	朝鲜云山
肖明友	男	上蔡县	1941.8	十五团	连长	1948.11	不详
李桂荣	男	上蔡县	1949.4	志愿军五四三团	副班长	1951.7	朝鲜战场
豆水清	男	上蔡县	1949	二野	战士	1950	江苏省徐州市
刘进厂	男	上蔡县	1948.1	上蔡县蔡沟镇农会	会长	1948.3	上蔡县蔡沟乡东头村
明贵英	男	上蔡县	1949.1	志愿军六十六军一九六师五八六团	班长	1951.2	朝鲜战场
赵余良	男	上蔡县	1978.2	三八二九一部队二连	战士	1978.5	湖南省零陵县
张义仁	男	上蔡县	1948	一一四师	战士	1949	不详
王大汉	男	上蔡县	1973.1	〇〇六二部队	战士	1973.5	四川省隆昌县
贾大毛	男	上蔡县	1948.2	二野五十二团三营二连	战士	1949.1	淮海战役
刘中立	男	上蔡县	1938.1	四军十一师三十二团二营三连	排长	1952	甘肃省

续表

姓名	性别	籍贯	参加革命时间	生前		牺牲	
				单位	职务	时间	地点
陈国威	男	上蔡县	1948.12	二十一部队七区队	战士	1949.11	四川省
高培显	男	上蔡县	1926	新四军独立旅第五大队	大队长	1944.12	上蔡县陈法寨
王法点	男	上蔡县	1949	中国人民志愿军	战士	1951	朝鲜战场
岳成财	男	上蔡县	1949.1	志愿军二〇〇师工兵连	战士	1951.1	朝鲜金城
陈南宣	男	上蔡县	1949.4	志愿军三十四师	战士	1951.11	朝鲜战场
何文秀	男	上蔡县	1946.8	二野九纵七十四团七连	战士	1948.12	淮海战役
王守本	男	上蔡县	1948.5	不详	战士	1950	朝鲜战场
张振芳	男	上蔡县	1949.12	志愿军炮兵三二七团	副班长	1953.1	朝鲜战场
徐荣国	男	上蔡县	1969.4	五三五六〇部队一炮连	司务长	1979.2	广西凭祥
卓亭林	男	上蔡县	1973.1	五一〇六一部队六十四分队	战士	1975.7	四川省泸州市
刘文诗	男	上蔡县	1947.3	志愿军十五军四十五师一三五团后勤处	管理员	1953.7	朝鲜江原道
范学礼	男	上蔡县	1949.7	志愿军六十军	副班长	1953.6	朝鲜战场
陈天相	男	上蔡县	1949.4	志愿军一九七师五八九团	战士	1950.12	朝鲜战场
罗庆	男	上蔡县	1947	不详	班长	1952	朝鲜战场
张新杰	男	上蔡县	1948	浙江省乐清县支前委员会	会计	1950	浙江省乐清县
赵荣茂	男	上蔡县	1948	志愿军六十六军一九六师五八六团	班长	1951.1	朝鲜战场
王守真	男	上蔡县	1938	陕北洛川护大（延安抗日军政大学）	学员	1946.7	大别山区
张宽	男	上蔡县	1949	志愿军五八〇团五连	战士	1951.	朝鲜战场
孙更	男	上蔡县	1951.4	许昌市民警队	排长	1955.11	许昌市
朱民	男	上蔡县	1969.3	〇四九二部队	战士	1969.7	广东省汕头市
袁振坤	男	上蔡县	1948	二野五兵团	战士	1950.1	贵州省
李昕营	男	上蔡县	1948.1	豫皖苏军区二分区	班长	1948.8	太康县
许进学	男	上蔡县	1948.7	辽宁军区	教导员	1957.2	辽宁省
董银龙	男	上蔡县	1948.6	不详	战士	1950.8	朝鲜战场
彭学勤	男	上蔡县	1951	贵州省凯里县税务局	副局长	1975.8	上蔡县东陈村

续表

姓名	性别	籍贯	参加革命时间	生前		牺牲	
				单位	职务	时间	地点
白清臣	男	上蔡县	1965.3	三八九三部队	班长	1970.4	新疆
王遂州	男	上蔡县	1949	志愿军六十军	战士	1953	朝鲜战场
张付安	男	上蔡县	1969.4	八〇五七九部队	战士	1975.7	云南省沙甸
肖梗	男	上蔡县	1951	不详	战士	1952	驻马店镇
胡建中	男	上蔡县	1986.11	海军广州基地汽车营	战士	1988.5	海军广州基地汽车营训练连
吴玉亭	男	上蔡县	1948	志愿军十一军三十一师九十一团	连长	1953	朝鲜战场
余德义	男	上蔡县	1949.1	志愿军一〇一团三营九连	班长	1952.8	朝鲜战场
李中发	男	上蔡县	1949.12	不详	战士	1952.9	朝鲜战场
贾万春	男	上蔡县	1947	上蔡县蔡沟乡政府	委员	1947.3	上蔡县大翟庄
王中义	男	上蔡县	1942.2	一一六团二营	班长	1952.1	新疆石河子
杨俊杰	男	上蔡县	1949.4	志愿军二十六军二三〇团三营七连	战士	1951.6	朝鲜江原道
李同在	男	上蔡县	1953	不详	民兵排长	1953.12	新蔡县治河工地
吴运成	男	上蔡县	1937	不详	战士	1949.11	江苏省南京市
杨进德	男	上蔡县	1952	志愿军四十七团二营五连	战士	1953	朝鲜战场
王清轩	男	上蔡县	1935	中共蒙城区委会	区委书记	1940.5	安徽省蒙城县
王克义	男	上蔡县	1949	不详	战士	1950	朝鲜战场
李毛	男	上蔡县	1969.4	八三三六部队	战士	1972.10	老挝
朱永昌	男	上蔡县	1946	不详	战士	1948	江苏省徐州
陈包	男	上蔡县	1947	不详	战士	1951	朝鲜战场
周桂林	男	上蔡县	1949.5	十三军一一二团九连	班长	1949.10	不详
贺振帮	男	上蔡县	1948	志愿军十九兵团六十四师	班长	1951	朝鲜战场
司洪宝	男	上蔡县	1948	新疆八十一师	排长	1952	新疆
陈付生	男	上蔡县	1952.8	志愿军炮七师四十一团二营四连	战士	1953.3	朝鲜战场
寇文谟	男	上蔡县	1927	中共上蔡县委	县委书记	1947	信阳
张保安	男	上蔡县	1955.3	不详	战士	1956.2	朝鲜

续表

姓名	性别	籍贯	参加革命时间	生前		牺牲	
				单位	职务	时间	地点
王富志	男	上蔡县	1945	不详	连长	1948.10	江苏省徐州
冯耀	男	上蔡县	1949.12	不详	文化教员	1953.6	朝鲜战场
翟根来	男	上蔡县	1969.3	○五九一部队	战士	1971.9	○六二六部队医院
王劝醒	男	上蔡县	1973.1	中国人民解放军新疆军区步兵七师21团7连战士	战士	1973.8	新疆新源县
刘付贵	男	上蔡县	1950	不详	战士	1951.3	朝鲜战场
苏景周	男	上蔡县	1948.12	志愿军一三九团二营五连	副连长	1953.3	朝鲜战场
马亚东	男	上蔡县	1938	不详	组织股长	1949	大别山区
王国连	男	上蔡县	1947.4	志愿军一二九团	连长	1953	朝鲜战场
罗杰	男	上蔡县	1978.3	三八二一○部队	战士	1978.6	广东省湛江市
宋中	男	上蔡县	1969.3	○四八九部队九十五分队	战士	1969.7	广东省汕头市
姜定洲	男	上蔡县	1949	志愿军七十七师	战士	1951	朝鲜战场
杨赖	男	上蔡县	1949.12	志愿军二十九军七十六师二二六团	战士	1952.2	朝鲜战场
白闯翔	男	上蔡县	1949	志愿军一○六团八连	战士	1951.4	朝鲜战场
赵德成	男	上蔡县	1956.3	七一五七部队一分队	战士	1958.4	不详
杨进才	男	上蔡县	1948.6	二一四团通讯连	战士	1950.5	江西省
吴洪	男	上蔡县	1933	中共上蔡县地下县委	地下工作人员	1944.7	上蔡县城郊绳李村
陈国政	男	上蔡县	1949.7	中国人民解放军第二野战军	班长	1950.10	云南省祥云县
邱英杰	男	上蔡县	1949.11	恩施县十四区工作队	组长	1951.8	湖北省恩施
李金彪	男	上蔡县	1949.1	志愿军一一九师	战士	1952.5	朝鲜战场
张汪功	男	上蔡县	1947.3	不详	地下工作人员	1948.3	上蔡县和店集
朱国显	男	上蔡县	1959	空军十一军司令部高炮处	参谋	1978.3	陕西省西安市
郭元	男	上蔡县	1949.12	志愿军九十一团警卫连	战士	1952.11	朝鲜上甘岭
黄进财	男	上蔡县	1948.8	不详	排长	1951	朝鲜战场

续表

姓名	性别	籍贯	参加革命时间	生前		牺牲	
				单位	职务	时间	地点
吴洪举	男	上蔡县	1940.8	中共上蔡地下县委	地下交通员	1945.5	上蔡县城郊绳李村
刘鸿运	男	上蔡县	1949.4	一八三团	战士	1949.11	浙江登步岛
赵中太	男	上蔡县	1949.4	志愿军一九六师通讯队	战士	1951.2	朝鲜战场
冀学亭	男	上蔡县	1949.1	志愿军二〇二师六〇四团二营六连	副班长	1951.10	朝鲜鱼隐山战场
卢维林	男	上蔡县	1948	532团3营机枪连	排长	1949	四川
程连芝	男	上蔡县	1948.12	二七七团二营	战士	1949.8	江苏省丹阳县
张洪喜	男	上蔡县	1944.8	六纵教导旅一团一营二连	战士	1947.10	不详
刘学龙	男	上蔡县	1949.2	公安军六十一团	班长	1956.2	四川省马边县
赵天堂	男	上蔡县	1947.2	八纵二十一旅六十九团五连	战士	1948.9	山西省临汾县
王正	男	上蔡县	1950.3	上蔡县朱里区前关乡乡政委员会	委员	1951.2	上蔡县城西关
贺文彩	男	上蔡县	1949	六五〇团机一连	副排长	1951.11	湖南省祁阳县
陈恒宽	男	上蔡县	1950.11	中国人民志愿军	战士	1953.4	朝鲜
田满良	男	上蔡县	1949	西南军区第二通讯学校	学员	1953.6	四川省重庆
邢金玉	男	上蔡县	1948.12	志愿军二十六军七十六师二二七团一营	战士	1951.9	朝鲜战场
徐天福	男	上蔡县	1949.5	〇〇五八部队一支队	副班长	1950.9	云南省金平县
马红勋	男	上蔡县	1947.3	陈谢兵团	班长	1949.2	山西省二里庄王家宝村
曹付生	男	上蔡县	1948	四十五师一三四团	副班长	1950.11	贵州省贵阳市
姜喜成	男	上蔡县	1969.4	〇四八九部队八十六分队	战士	1969.7	广东省汕头市
周明杰	男	上蔡县	1999.7	邵店乡第一中学	学生	1999.7	十里铺张庄村
程发才	男	上蔡县	1949	四二〇团警卫连	战士	1950	湖南省怀化县榆树湾
张提山	男	上蔡县	1950	不详	战士	1952	朝鲜战场
高进财	男	上蔡县	1948.12	志愿军	战士	1951	朝鲜

续表

姓名	性别	籍贯	参加革命时间	生前		牺牲	
				单位	职务	时间	地点
许贵林	男	上蔡县	1948	一八五团	战士	1950	1950 年失踪
李保安	男	上蔡县	1947	不详	战士	1948	陕西省西安
孙付长	男	上蔡县	1974.1	陆军第82军政治部	班长	1978.1	山西省临汾市陆军第82军政治部
杜付军	男	上蔡县	1949.4	西南军区	战士	1949.11	四川省马字岭
欧汪	男	上蔡县	1947.1	上蔡县大队	地下工作人员	1948.4	上蔡县洙湖集
董进贤	男	上蔡县	1947.12	中原野战军独立一团	战士	1948.12	淮海战役
雷凤娟	女	上蔡县	1948.8	一野一军炮团一营	文化教员	1951.10	青海省西宁市
姜本	男	上蔡县	1949.11	志愿军十六军三十六团	战士	1952.5	朝鲜战场
乔树生	男	上蔡县	1969.11	四一一五部队二十四分队	战士	1970.8	山东省青岛市
康祥	男	上蔡县	1949.2	二野十九军一五八团三营二连	战士	1950.6	辽宁省辽西地区
关信良	男	上蔡县	1943.5	西南军区后勤部	排长	1952.11	不详
刘献章	男	上蔡县	1949	八五〇九部队四十五支队	连长	1958.9	病故于上蔡县小和村
黄文莫	男	上蔡县	1947	上蔡县大队	战士	1948	上蔡县大翟村
李齐岁	男	上蔡县	1947	上蔡县大队	战士	1948.9	上蔡县大翟村
陈红恩	男	上蔡县	1949.2	志愿军四十六师二十三团	战士	1953.7	朝鲜鹰峰山
闫程周	男	上蔡县	1944	云南省军区贵阳办事处警卫连	战士	1951.1	贵州省贵阳市
张领	男	上蔡县	1948	上蔡县东岸区中队	战士	1949.4	上蔡县东洪镇
孙来忠	男	上蔡县	1948.2	志愿军三十八军一一四师后勤部	班长	1951.8	朝鲜青山战斗
孙恒茂	男	上蔡县	1944	志愿军炮一师供给部	班长	1951.6	朝鲜战场
豆改献	男	上蔡县	1968.4	一六〇五部队二中队六分队	班长	1971.11	河北省张家口
范国正	男	上蔡县	1948.7	不详	战士	1948.12	徐州普兴场
刘占德	男	上蔡县	1947.11	四十四师一三〇团卫生队	战士	1949.4	渡江战役
赵全振	男	上蔡县	1968.4	一六〇五部队	战士	1974.10	河北省张家口

续表

姓名	性别	籍贯	参加革命时间	生前		牺牲	
				单位	职务	时间	地点
朱德尚	男	上蔡县	1973.1	地质大队二连	战士	1976	四川省通江县
侯九枝	男	上蔡县	1950	志愿军炮兵三十一师	班长	1951	朝鲜战场
常玉珠	男	上蔡县	1949.4	一野骑兵六师十六团	战士	1951.1	新疆
朱洪成	男	上蔡县	1944.8	洪河县五沟营区中队	地下党员	1948.8	上蔡县何庄村
郑得新	男	上蔡县	1949.12	四十五师一一三团四连	战士	1951.6	江苏省徐州市
赵志国	男	上蔡县	1944	志愿军三十四师十五团警卫连	战士	1952.4	朝鲜战场
常体善	男	上蔡县	1948	不详	班长	1951	朝鲜战场
程建坤	男	上蔡县	1999.12	甘肃省武警豫南支队战县中队	代理副中队长	2006.9	甘肃
李年	男	上蔡县	1949.3	五二〇团一连	战士	1951.1	广西平南县七区大都村
董仲	男	上蔡县	1947.11	中原野战军16军48师143团	班长	1948.12	淮海战役
王三星	男	上蔡县	1970.1	四一一五部队	战士	1973.2	山东省益都县
陈毛	男	上蔡县	1949.4	志愿军二野炮团	战士	1952.10	朝鲜战场
黎登朝	男	上蔡县	1948.3	上蔡邵店新区	秘书	1949.3	上蔡县邵店镇
耿靖安	男	上蔡县	1948.4	四兵团十四军四十二师一二五团	副班长	1949.11	不详
杨启田	男	上蔡县	1948.3	志愿军七十七师	战士	1951.10	朝鲜战场
王刚臣	男	上蔡县	1949.6	志愿军炮兵三师	文化教员	1952.3	朝鲜战场
王永凡	男	上蔡县	1948.11	志愿军三十四师一〇六团二连	排长	1952.12	朝鲜战场
程三毛	男	上蔡县	1949.1	志愿军二十三兵团	战士	1951.12	朝鲜战场
肖本盖	男	上蔡县	1947.3	三纵八师三十二团四营八连	战士	1947.9	开封
文保证	男	上蔡县	1948.1	四纵第十三旅	战士	1948.6	南阳
张吟塘	男	上蔡县	1938.2	中共上蔡地下县委	宣传部长	1945.5	上蔡县东洪镇

续表

姓名	性别	籍贯	参加革命时间	生前		牺牲	
				单位	职务	时间	地点
潘志远	男	上蔡县	1963.11	陆军三一三五部队七十八分队	班长	1969.9	辽宁义县
潘喜林	男	上蔡县	1970.1	四一一五部队五中队二十一分队	战士	1974.7	山东省益都县
侯法显	男	上蔡县	1949.2	志愿军一一五师三四六团	战士	1952	朝鲜战场
赵成福	男	上蔡县	1946	吉干团一连	班长	1948.2	方城县
冯志兴	男	上蔡县	1965.3	空军760部队	司药	1973.7	青海省西宁市
刘本政	男	上蔡县	1947	不详	战士	1953	朝鲜战场
梁海龙	男	上蔡县	1969.1	三六一五二部队	战士	1969.5	新疆乌鲁木齐市
赵保善	男	上蔡县	1949.3	十八军五十三师警卫连	战士	1950.4	四川省
朱冠英	男	上蔡县	1926	新四军独立旅第五大队	新四军独立旅第五大队副大队长	1944.12	上蔡县陈法寨
田自力	男	上蔡县	1949.10	志愿军十五军四十五师一三五团	班长	1952.10	朝鲜五圣山
苏占魁	男	上蔡县	1948	十三军三十七师	战士	1949.4	渡江战役
彭国保	男	上蔡县	1935	洪河县十二区	区长	1948	上蔡县史彭北门
王文生	男	上蔡县	1949	不详	战士	1950	不详
张立仁	男	上蔡县	1948.4	四十七师一四一团	参谋	1950.4	贵州省毕节县
王清	男	上蔡县	1948	志愿军十二军三十五师一〇五团后勤处	班长	1953	朝鲜战场
朱国民	男	上蔡县	1971	安阳军分区	战士	1978.8	安阳
芦保安	男	上蔡县	1945.7	陕西省安康军分区二十四团二营六连	指导员	1949.5	陕西省商南县
韩太平	男	上蔡县	1948	一野	排长	1952	新疆乌鲁木齐市
侯玉林	男	上蔡县	1948.7	志愿军炮兵三十一师四〇三团	炮长	1951.7	朝鲜江有里
周文武	男	上蔡县	1948.12	西南军区二野三兵团十二军	战士	1949.11	四川省下马树坝战斗

续表

姓名	性别	籍贯	参加革命时间	生前		牺牲	
				单位	职务	时间	地点
李四林	男	上蔡县	1945.1	三野二十军六十师一八〇团三营六连	战士	1950	福建省
李进德	男	上蔡县	1942.4	西北野战军一纵三五八旅七一四团一营机炮连	战士	1947.11	陕西省大荔县
万锤	男	上蔡县	1947	三十六军七十八师二三四团	排长	1950	上海市
李三妮	男	上蔡县	1949.4	不详	副班长	1951.2	朝鲜战场
刘德顺	男	上蔡县	1954	七一五七部队六分队	战士	1958.8	广东省广州市西村
陈志英	男	上蔡县	1946.3	不详	战士	1949.2	方城县
贾考	男	上蔡县	1952.9	志愿军炮兵四十一团三营七连	战士	1953.7	朝鲜战场
潘得立	男	上蔡县	1963.3	空军九〇二部队	战士	1969.2	不详
单秉钧	男	上蔡县	1944	中共上蔡县地下县委	地下党员	1944.5	上蔡县城关
李功臣	男	上蔡县	1948.10	志愿军二四一团三营机炮连	战士	1950.12	朝鲜战场
丁星伍	男	上蔡县	1948.12	志愿军七十九师二三七团	战士	1951.5	朝鲜战场
赵平开	男	上蔡县	1948	上蔡县大队	战士	1949.11	上蔡县和店高庙
张五魁	男	上蔡县	1949	志愿军炮二师	战士	1952	朝鲜战场
王名声	男	上蔡县	1955.8	六〇三七部队后勤部	助理员	1967.11	山东省青岛市
王文书	男	上蔡县	1950	志愿军二十军六十师	战士	1951.9	朝鲜战场
贾国政	男	上蔡县	1948	上蔡县方堂村农会	会长	1948.5	上蔡县方堂村
李国斌	男	上蔡县	1952.8	炮七师二十一团	战士	1954.3	信阳市
司金中	男	上蔡县	1948.5	志愿军一一五团	班长	1951.5	朝鲜上甘岭
刘志刚	男	上蔡县	1946.3	上蔡县大队	战士	1949.7	上蔡县蔡沟林堂
王锁	男	上蔡县	1948	不详	班长	1951.6	朝鲜战场
赵保玉	男	上蔡县	1949.4	不详	战士	1952	朝鲜战场
崔小付	男	上蔡县	1969.1	八〇五七九部队	班长	1975.7	云南省沙甸

续表

姓名	性别	籍贯	参加革命时间	生前		牺牲	
				单位	职务	时间	地点
吴爱民	男	上蔡县	1944	苏豫皖军区二十九团三营七连	战士	1946	宁陵县
杨四海	男	上蔡县	1948.11	上蔡县大队	班长	1949.9	上蔡和店高庙
程全志	男	上蔡县	1948	武汉警备区	战士	1949	湖南省
任安生	男	上蔡县	1948.5	上蔡县林堂农会	会长	1948.7	上蔡县塔桥集
朱志宽	男	上蔡县	1948.12	志愿军三十四师一〇六团一营三连	副排长	1951.11	朝鲜原州
王喜伦	男	上蔡县	1946.7	〇〇五九部队	战士	1961.8	云南省
黄学盛	男	山东省	1947	上蔡县武装部	上蔡县武装部副部长	1977.11	上蔡县
尼崖俊	男	上蔡县	1994.12	广西军区通信站无线连	战士	1996.8	广西南宁
王登轩	男	上蔡县	1949.1	志愿军五八〇团五连	排长	1952.8	朝鲜战场
张明义	男	上蔡县	1948	中国人民解放军18军侦查营	战士	1949	不详
何海龙	男	上蔡县	1947	不详	排长	1950	四川省彭水县
赵文德	男	上蔡县	1956.2	七一五七部队	班长	1958.12	广东省美德县
齐忠义	男	上蔡县	1948.10	不详	不详	1952	朝鲜战场
杨风斌	男	上蔡县	1942.4	不详	战士	1953.12	朝鲜战场
赵树林	男	上蔡县	1945.1	志愿军五〇四〇信箱二排	战士	1952.7	朝鲜战场
刘全礼	男	上蔡县	1947	上蔡县大队	战士	1948.7	上蔡县高庙村
杨富营	男	上蔡县	1949.1	不详	班长	1951	朝鲜战场
雷明	男	上蔡县	1939	志愿军三十九军一一六师三四六团通讯连	连长	1951.2	朝鲜
葛文香	男	上蔡县	1951.7	探测大队	技术员	1959.4	山东省寿光县
陈唤章	男	上蔡县	1945.8	一二一师三六一团九连	班长	1946.10	永陵县
张保明	男	上蔡县	1949.1	西藏军区一五六团	排长	1956.11	西康昌都（今西藏）
贾高	男	上蔡县	1949.11	志愿军一五四团炮连	战士	1952.6	朝鲜汉城（今韩国首尔）

续表

姓名	性别	籍贯	参加革命时间	生前		牺牲	
				单位	职务	时间	地点
杨相林	男	上蔡县	1948	十二军三十六师八团	战士	1949.10	广西十万大山剿匪
郝富印	男	上蔡县	1947	西南军区	战士	1950	不详
翟德志	男	上蔡县	1963.12	六〇九〇部队	战士	1966.1	明港
李忠广	男	上蔡县	1948.7	一纵二旅四团	战士	1952.2	不详
田震中	男	上蔡县	1949.6	志愿军二十三军六十九师炮团五连	班长	1952.11	朝鲜战场
任志国	男	上蔡县	1944.10	十六师三营	班长	1948.10	辽宁省黑山县
赵毛妮	男	上蔡县	1949	不详	不详	1952	不详
翟恒	男	上蔡县	1949.2	十五军四十五师	战士	1949.4	渡江战役
陈结石	男	上蔡县	1946.3	不详	班长	1949.3	甘肃省
刘振江	男	上蔡县	1995.10	漯河市技工学校	学生	1997.4	漯河市汇源区沙河中
刘国顺	男	上蔡县	1942.2	志愿军三十五师六团一连	副班长	1952.11	朝鲜战场
霍本善	男	上蔡县	1949	志愿军炮一师二十六团三营九连	文化教员	1951.5	朝鲜战场
王新芳	男	上蔡县	1975.1	新疆军区炮兵十三师	战士	1979.6	新疆沙湾县
李奉吾	男	上蔡县	1942.3	炮兵团	战士	1949.12	贵州省
李国祯	男	上蔡县	1949.6	志愿军炮一师供给部	战士	1951.3	朝鲜战场
李仲贤	男	上蔡县	1947.12	十六军四十八师一四三团	战士	1949.5	安徽省
刘更	男	上蔡县	1948	不详	战士	1949.12	上海马桥镇
樊运森	男	上蔡县	1948	不详	战士	1950	福建省厦门市
李廷杰	男	上蔡县	1949.11	信阳军分区教导队	战士	1950.3	信阳
张拴柱	男	上蔡县	1948.12	十七军	战士	1951.3	贵州省惠水县
冯如锡	男	上蔡县	1949.10	四六一团七连	战士	1950.7	广西桂平县江口区胡村
高岁	男	上蔡县	1956	七二六四部队	战士	1956.11	海南岛
王归	男	上蔡县	1952.9	志愿军炮兵四十一团二营四连	战士	1953.3	朝鲜江原道昌道郡

续表

姓名	性别	籍贯	参加革命时间	生前		牺牲	
				单位	职务	时间	地点
张双全	男	上蔡县	1951.1	信阳军分区	信阳军分区组织科干事	1966.1	信阳
徐新芳	男	上蔡县	1948.10	不详	战士	1951.3	朝鲜战场
翟虎	男	上蔡县	1948.3	上蔡县大队	战士	1948.10	上蔡县蔡沟乡林堂村(林堂镇)
芦维林	男	上蔡县	1948.6	五三二团三营机枪连	排长	1949.7	四川西部
陈文林	男	上蔡县	1951	上蔡县黄埠营业所	会计	1960.8	上蔡县黄埠新庄张桥水闸
王满银	男	上蔡县	1949.4	志愿军一九三师五七七团高机连	战士	1951.2	朝鲜战场
骆献军	男	上蔡县	1973.1	五六〇六一部队八十二分队	文书	1975.12	四川省隆昌县
石玉山	男	上蔡县	1948.10	位风楼游击队黑马团	班长	1949.8	上蔡县高庙村
刘金名	男	上蔡县	1949.10	志愿军三十五师一〇三团五连	战士	1952.4	朝鲜战场
节仕千	男	上蔡县	1948.3	中原临时政府	战士	1950.3	中原临时政府
徐全义	男	上蔡县	1944	五师十六团	卫生员	1948	不详
朱全中	男	上蔡县	1948.7	不详	班长	1952.10	黑龙江省哈尔滨市
肖学书	男	上蔡县	1949.12	项城县大队	战士	1949	项城县
刘富	男	上蔡县	1955.3	不详	战士	1956.6	朝鲜
智平安	男	上蔡县	1947.5	不详	排长	1952	朝鲜战场
党从德	男	上蔡县	1946.7	上蔡县大队	战士	1947.9	上蔡县高庙村
张得星	男	上蔡县	1947.6	志愿军三十八军三三九团九连	排长	1951.1	朝鲜战场
徐文明	男	上蔡县	1949	不详	战士	1953	朝鲜战场
党保	男	上蔡县	1946.8	中国人民解放军第三野战军二十六军七十八师二三四团六连	班长	1948.11	江苏省

续表

姓名	性别	籍贯	参加革命时间	生前		牺牲	
				单位	职务	时间	地点
彭平均	男	上蔡县	1968.3	四六二四部队一中队四分队	班长	1972.6	河北省张家口
刘喜成	男	上蔡县	1948.11	志愿军一九二师五七四团二营四连	班长	1951.4	朝鲜鹰峰山
贾彦领	男	上蔡县	1949.10	不详	战士	1950.10	不详
袁海	男	上蔡县	1948.1	上蔡县蔡沟农会	组长	1948.6	上蔡城西关外
常群山	男	上蔡县	1969.3	〇五六四部队	战士	1969.7	广东省汕头市
李进臣	男	上蔡县	1947.12	上蔡县大队	队员	1948.6	上蔡蔡沟镇
张均亮	男	上蔡县	1948	不详	班长	1953	新疆阿克苏县
苏成俊	男	上蔡县	1949	志愿军二师三团三营二连	战士	1954	朝鲜

大事记

（1927 年—2018 年）

1927 年

5 月,北洋军阀派系之一的奉军至蔡。富双英旅占据县城,军纪败坏,老百姓深受其害。5 月 14 日,北伐革命军第二十五师北伐至蔡,在县城外围及东洪桥、西洪桥一带与奉军激战 4 天,奉军败退。富双英被迫接受改编。

1929 年

2 月,西平籍共产党员于士箴在城西程家祠堂介绍潘泉清、赵金亭、翟炳仁、李冠英等 13 人加入共产主义青年团,并建立团支部。于士箴任支部书记,潘泉清任组织委员,赵金亭任宣传委员。

3 月 26 日,寇文谟、张吟塘、王伯重在北街张吟塘家,由西平县人贾德言介绍加入中国共产党,并建立中共上蔡县城关支部,为上蔡县第一个党支部。寇文谟任支部书记,王伯重任组织委员,张吟塘任宣传委员。1930 年 10 月党组织遭到破坏。

1931 年

秋,在无量寺傅庄建立中共党支部,傅学曾任支部书记。

冬,建立七块店村党支部,张子谦任支部书记。

7 月,城关党组织利用党的外围组织——灶爷会,发动商贩、市民罢市,进行抗税斗争。国民党县政府抓走抗税积极分子党三元、张群等 4 人。党组织号召工人罢工、商人罢市,农民不进城交易,县政府不得不释放被捕群众。

1932 年

4 月,中共遂平县委派李谟斋、李恒洲来蔡,在无量寺傅庄学校发

展刘玉清等4人入党,并建立中共竹园张支部,刘玉清任支部书记。

1935 年

3月,因中共遂平县委交通员刘国政叛变,寇文谟、张吟塘、赵振坤、张修范、王清轩、翟炳仁、张国俊、朱晶堂等13人被捕。上蔡党组织受到极大破坏。

1937 年

春,中共地下党组织领导抗税斗争,发动工人罢工、商人罢市6天,城内四街寂寞空荡,迫使县政府不得不取消苛捐杂税。

7月,抗日战争开始。上蔡征集抗日军人千余名。

10月,洙湖农民张振清率600多人的农民武装,以"打富济贫,抗日救国"为纲领,在董楼福济庙发动起义,张振清任司令,月余发展义军3 000多人。12月29日被国民党杀害。新中国成立后,被追认为"革命烈士"。

1938 年

7月,上蔡县党组织在白圭庙开办青年训练班(名为私塾改良学校),由抗日军政大学毕业生共产党员郭锋主训。另有李益清、潘泉清任教。民主人士李建中为训练班出资并配备了枪支。

7月,彭雪枫率新四军游击队东征抗日,路过上蔡,与进步人士李建中会谈,要他真诚合作,共同抗日。

11月,美国女作家、《法兰克福日报》特派记者史沫特莱来蔡,在中山公园演讲,宣传抗日。

1939 年

3月,中共上蔡县基层党组织划归汝南中心县委领导。10月,中心县委派胡亮来上蔡任工委书记,王伯重任统战部长,张修范任组织部长,李超凡任宣传部长。

12月,中共地下工作者王伯重被捕入狱。1941年1月日军侵占县城时,王伯重乘机出狱。

截至12月底,上蔡县征集抗日兵员6 998人。

1940 年

1940年,上蔡县征集抗日兵员7 900人。

1941 年

1 月 29 日,日军侵入县城,国民党县政府迁往城东北 50 华里的郏庄寨,日军在城内大肆烧杀,县署、县初中、武津高中、公安局、民生工厂和部分民房遭到严重破坏,城内人民财产洗劫一空。日军在县城内践踏五日而去。

全年上蔡征集抗日兵员 5 600 人,并向民间代购军麦八万余包(每包 200 市斤)。

1942 年

是年,上蔡征集抗日兵员 3 500 余人。

1944 年

5 月初,原冯玉祥部高培显、朱冠英被新四军改编后,高、朱率第五大队 300 多人回蔡抗日,驻守陈法寨。

6 月,日军独立步兵 26 大队 3 中队,以高野中尉为首,率 60 多人侵入上蔡县城。国民党县政府流亡于城东 70 华里的高庙寨。汉奸程子敏在城内任维持会长,不久,康荣深任日伪县长。

10 月,县城内日伪军联合漯河日伪军 1 000 余人,向县境东部地区扫荡烧杀。上蔡和合乡(今和店镇)自卫队吴润德和战士 73 人被日军俘虏,63 人被惨杀,10 人幸免于难。

12 月 26 日,西(平)、遂(平)、上(蔡)、汝(南)等 5 县日伪军 1 000 多人,包围高培显的驻防地陈法寨。高率部队浴血奋战一昼夜,最后壮烈牺牲。随后,日军火烧城南小杨庄,村中老幼大部分遇难。

1945 年

3 月 5 日晨,日军步骑兵千余人从周口南侵,经蔡沟寨。驻蔡沟之国民党 12 军 112 师 336 团 1 营顽强抵抗。激战一天,由于寡不敌众,战士大部分牺牲,被捕 10 余人。日军大肆烧杀 2 日而去。

5 月初,八路军豫中支队(即 128 团)开赴上蔡县华陂、百尺一带,建立"郾上西"抗日民主政府,赵舒天任政委,侯杰任县长。

5 月上旬,中共上蔡县委在华陂乡的史彭村成立,寇文谟任县委书记,王伯重任组织部长,张吟塘任宣传部长。5 月,张吟塘被国民党上蔡县党务工作团副团长李耀武杀害。

1947 年

8 月 2 日,国民党飞机数架轰炸蔡沟寨,企图阻止刘邓大军南下,因人民解放军实未至蔡而扑空,群众 30 多人遇难,家畜、家禽死亡无数。

8 月,中国人民解放军刘(伯承)、邓(小平)大军南下至蔡,县城首次解放。

同月下旬,中共上蔡县委和县民主政府在县城东 70 华里的三里党村(今崇礼乡)建立,不久迁到蔡沟镇,隶属豫皖苏军区七地委。豫皖苏军区独立旅 1 团政委苗九锐兼县委书记,3 团团长李跻青兼县长。同时在 1 团 1 营的基础上建立县大队,3 营营长刘德昌任大队长,到 1948 年 10 月,先后开辟建立高庙、高岳、蔡沟、东岸、射桥、洙湖、塔桥 7 个区。

10 月,中国人民解放军陈赓、谢富治兵团七纵南下至蔡,同月 23 日,上蔡县城第二次解放。

12 月底,县大队和豫皖苏军区骑兵团(群众时称黑马团、白马团)配合,进攻驻守塔桥集的国民党上蔡县民众自卫总队,经 6 小时激战,民众自卫总队溃退,县大队追至县城,守城国民党地方武装不战而逃,县城第三次解放。

1948 年

2 月 9 日,县大队在解放军某部配合下,在朱里郑庄寨智取顽匪董天栋及其部下 300 余人。

同月,太行军豫南总队、冀鲁豫军区、苏北黄河大队部分干部及太行军区一批财经工作干部 100 余人先后到达上蔡,充实县政府机关,加强新开辟区的领导。

4 月 5 日,刘邓大军南下经蔡,司令员刘伯承、参谋长李达在城东 45 华里的林堂集召见三区区长袁明德,就当时的军事形势和地方上的工作作了重要指示。

同月,中国人民解放军中原野战军第一、三纵队与华东野战军第十纵队二十八、二十九师奉命阻击增援开封的国民党胡琏兵团。18 日拂晓战斗在县城北打响,激战一昼夜,毙敌 5 000 名。19 日晨,敌向汝南方向败退。八十七团团长杨德隆在战斗中牺牲。

10 月,建立洪河县民主政府,辖上蔡、商水、郾城、西平四县交界处的天良、华陂、百尺、朱里、盆尧 5 个区,隶属确山地委,张策任县委书记,王伯重任县长,姜铭任副县长。

同月 17 日,上蔡县城第七次解放,国民党上蔡县保安团南逃。

11 月中旬,淮海战役开始,上蔡县建立支前司令部。县委副书记金荆然率民工 3 000 人、担架 500 副开赴前线支援淮海战役,完成了宿县、永城一线伤员的转运及粮食弹药的运送工作。

1949 年

1 月,成立上蔡县支援大军南下司令部,主要负责米面粮草供应。李汝生任司令员,苗九锐任政委。5 月结束。

2 月,县委书记兼县长苗九锐重返人民解放军部队。

3 月 17 日,洪河县并入上蔡县。中共上蔡县委、县人民政府在白圭庙正式成立,隶属汝南地委,张仁任县委书记,张策任县委副书记,王伯重任县长,李汝生任副县长。不久,县委、县政府迁入县城。全县划分为黄埠、邵店、洙湖、塔桥、蔡沟、东岸、华陂、百尺、东洪、城关 10 个区。

同月下旬,新民主主义青年团上蔡县委员会成立,王培祥任副书记并主持工作。

4 月,在全县范围内进行军事清剿,共瓦解散匪、股匪 2 000 余人,击毙大小匪首 552 人。匪首李林森、李清林、郝金鱼等缴械投降。以甘雨臣为首的特务组织 18 人全部落网,缴获各种枪支 5 852 支。

4 月,中共上蔡县委在五龙、东洪、洙湖组织剿匪反霸工作试点。7 月,剿匪反霸运动在全县普遍展开,大张旗鼓发动群众,废除保甲制度,建立农会和新的基层政权。到年底,共召开各种形式的斗争大会 896 次,斗争匪霸 3 613 人,其中 2 045 人被判处死刑。

5 月,上蔡县民主政府颁布《农业管理负担办法》,对农业税、工商税以及粮食征收作了具体规定。

7 月 1 日,县委召开大会,庆祝中国共产党成立 28 周年。机关、团体、学校、驻军及市民 6 000 多人参加。

10 月 1 日,中华人民共和国成立,全县人民举行多种形式的庆祝活动。

同月,县政府组织民工 5 000 余人疏浚北汝河,历时 40 天,完成土方 35 万立方米。

12 月 12 日,召开首届人民代表会,主要解决剿匪反霸和生产救灾工作中的具体问题。

1950 年

1 月上旬,在全县范围内开展减租减息运动,通过运动,从地主手中清回土地 2 万余亩,粮食 50 万余斤和其他物资一部分。全县 1 500 多个村庄,村村建立了农民协会。

1 月 29 日至 2 月 3 日,上蔡县第一届农民代表大会召开,正式成立上蔡县农民协会。县委书记张仁在会上做《土地改革方案》的报告,宣布在全县进行土地改革。到 1951 年 5 月,土地改革结束。

6 月,上蔡县第一届妇女代表大会召开,正式成立上蔡县民主妇女联合会,林英任主任。

7 月,县大队改为武装科,袁明德任科长。同时,县委成立武装委员会,县委书记张仁兼主任。

8 月 17 日,上蔡县剿匪指挥部成立,县长胡友禄任指挥长。

10 月 11 日至 26 日,中共上蔡县第一次代表大会召开,出席代表 117 人,列席代表 51 人。同月 28 日,中国人民抗美援朝协会上蔡县分会成立。全县开展捐献飞机大炮运动。到 1951 年 12 月,共捐款近 28 亿元(旧人民币,折现人民币 24 万元)。1 908 人志愿参军出国作战。

12 月 6 日至 9 日,全县统一行动捕获了 267 名反革命分子,破获了"前进指挥所"等一批反革命地下军组织,打响了镇压反革命运动的第一战役。

1951 年

1 月,增设和店、朱里区,恢复邵店、塔桥区,五龙区改为展庄区,全县划为 13 个区。

3 月 9 日至 10 日,镇压反革命运动第二战役打响,经乡、区、县逐级审批的 1 031 名反革命分子全部捕获,镇反运动形成高潮,1953 年结束。通过这次运动,基本上肃清了反革命残余势力,巩固了新生的政权。

4月1日,共青团上蔡县第一次代表大会召开,刘冰当选为共青团上蔡县委书记。

4月,在"镇反"的同时,全县进行反动党团登记。到1952年5月,共登记反动党团骨干896人,国民党军官954人,国民党行政人员504人;反革命分子129人,宗教神职人员113人,青帮分子199人,政治嫌疑分子71人,道首1 079人,特务2 020人。这些人员随"镇反"运动进行处理。

冬,农民王爱(女)、张秀峰、冀老二、岳运成率先组织了农业互助组,县把他们作为重点,带动全面。年底,全县建立互助组4 816个。

1952 年

1月12日,在原司法科基础上,建立上蔡县人民法院。

3月,在百尺区鸳店村创建第一个信用合作社。

3月,县委成立"三反""五反"办公室,郝广富任办公室主任。

4月,县直单位普遍开展反贪污、反浪费、反官僚主义的"三反"运动,同时在全县资本主义工商业中开展反行贿、反偷税漏税、反盗骗国家财产、反偷工减料、反盗窃国家经济情报的"五反"运动。

1953 年

春,东岸乡农民王爱(女)出席全国劳动模范代表大会,受到毛泽东主席的接见。

11月16日至23日,上蔡县第二次党代表会议召开,出席代表321人,列席代表48人。

1954 年

2月10日,受河南省民政厅委托,上蔡县人民政府在六区大吴乡为志愿军特等功臣、一级战斗英雄雷保森召开庆功大会。

7月中旬,上蔡县第一届人民代表大会第一次会议召开,出席代表450人。

1955 年

春,孟窑信用社主任刘中祥赴京参加全国劳动模范会议。

7月1日至4日,中共上蔡县第三次代表会议召开,选举产生了上蔡县党的监察委员会。

本年,贯彻中央《关于农业发展纲要40条》,进一步推进农业合

作化运动,至年底,建成初级社2 300多个,高级社43个。

1956 年

1日,全县第一个集体农庄——大刘集体农庄建立(由原星火、共生两个初级农业生产合作社合并而成)。

同月6日至10日,上蔡县第一届人民代表大会第二次会议召开。会议决定,改上蔡县人民政府为上蔡县人民委员会;大会选举人民委员会委员19人,袁明德当选为县长,游洪儒、苏茂成当选为副县长。

同月,县劳动模范代表大会召开,大会推选王爱、冀老二、张秀峰、付维臣等7人为出席河南省劳动模范代表大会代表。

6月4日至6日,中共上蔡县第一届代表大会第一次会议召开,出席代表413人,选举产生中共上蔡县第一届委员会,朱景灏任中共上蔡县委书记。

7月1日,中共上蔡县委机关报——《上蔡报》创刊,为5日刊,1958年10月1日改为《上蔡日报》,1962年7月停刊。

7月,各中心乡建立教育协会,各乡、村建立民校、夜校,全县开展全民性的扫除文盲运动。

8月,县盐务批发处杨天元出席全国盐业运销先进代表会,受到毛泽东主席接见。

本年,在华陂西部马庄与田庄之间,发现一汉代墓葬,出土了大量文物。

1957 年

1月中旬,上蔡县第二届人民代表大会第一次会议召开,出席代表427人,选举县人民委员会委员24人,郝广富当选为县长,苏茂成、许修文、张玉珍当选为副县长。

3月1日,建立上蔡县广播站,首次向全县人民播音。

5月底,中国新民主主义青年团上蔡县委员会更名为中国共产主义青年团上蔡县委员会。

7月,上蔡县民主妇女联合会改为上蔡县妇女联合会。

8月9日至14日,上蔡县第二届人民代表大会第二次会议召开。会议作出了《关于在农村广泛开展社会主义教育运动,坚决打击不法地主、富农的反攻倒算和残余反革命分子的破坏活动,保卫社会主义

果实,巩固社会主义阵地》的决议。全县开展以"大鸣、大放、大辩论"为主要形式的社会主义教育运动。

11月,福源久酒店扩建为上蔡县酒厂。

1958 年

5月18日至22日,召开上蔡县第三届人民代表大会第一次会议,大会选举县人民委员会委员25人,游洪儒当选为县长,苏茂成、许修文、张玉珍当选为副县长。

同月上旬,在人民公社化大潮和"大跃进"的推动下,实行政社合一。全县33个乡(镇)的483个高级农业社会合并为14个人民公社,并建立上蔡县上游人民公社联社,全县实现一县一社,县委宣布全县实现人民公社化。

同月,全县城乡实行生活集体化,取消个人锅社,一律到公共食堂就餐。到10月份,全县共办公共食堂3 424个,其中农民食堂3 095个。

本年,农业局技术干部陈益三培育的提纯芝麻品种"紫花叶23"在北京展出。

12月,时任县委农村工作部长王天法代表县委参加全国农业社会主义建设先进单位会议,县荣获国务院颁发的"农业社会主义建设先进单位"奖状。

1959 年

1月15日至25日,中共上蔡县第一届第二次代表大会召开,传达学习中共八届六中全会《关于人民公社若干问题的决议》。大会通过了《中共上蔡县上游人民公社委员会的工作报告》。

本年,撤销一县一社制,县下设公社、大队、生产队。

1960 年

4月,饥荒甚为严重,国家拨救济款近百万元、救济粮15 000多吨,对患病群众集中进行治疗。

年底,全县农村公共食堂全部解散,恢复社员家庭锅灶。

1961 年

6月,为支援农村恢复生产,全县压缩城镇人口3 451人,充实农业生产第一线。

年底,贯彻《农村人民公社工作条例(草案)》(简称"农业六十条")。全县农村相继实行了以生产队为基本核算单位的所有制形式,即公社、大队、生产队三级所有,生产队为基础。

1962 年

5 月,为尽快恢复生产,解决群众生活困难问题,县委决定:把 2% 的耕地分给社员作为自留地,由社员自己长期使用。另外,可以借给社员每人 2～3 分耕地自己耕种,收入归己,调动了社员的生产积极性。

7 月,撤销区的建制,将全县 50 个公社合并为 26 个公社。

9 月 25 日,根据国务院指示,县人委发出通告,将衡器单位由 16 两斤制改为 10 两斤制。

12 月,县委第二书记崔会文赴京参加全国重点植棉县会议,受到周恩来等中央领导同志的接见。

1963 年

10 月 13 日,国务院棉花工作组来县检查棉花生产,提出"棉花要精收细摘,力争朵絮归仓"的意见。

本年,粉面、粉渣、杏仁、蜂蜜首次出口,销往日本。

1964 年

1 月上旬,全县 26 个公社分别召开公社、大队、生产队三级干部会议,时间 8 至 9 天,宣传贯彻中共中央《关于当前农村工作若干问题的决定(草案)》和《关于农村社会主义教育运动中一些具体政策的规定(草案)》。之后,各公社组织工作队深入各生产队进行宣传,发动群众开展"清账目、清仓库、清财务、清工分"的"小四清"运动。

3 月 23 日至 27 日,召开上蔡县第四届人民代表大会第一次会议,大会选举人民委员会委员 27 人,孔庆珠当选为县长,陈彬、李福新、季元庆当选为副县长。

5 月 15 日,全国第二次人口普查开始,8 月 15 日结束。这次普查出全县实有人口 684 532 人。

10 月,根据毛泽东主席关于民兵工作"三落实"(政治落实、组织落实、军事落实)的指示,重新恢复民兵师、团建制。

<h1 style="text-align:center">1965 年</h1>

1 月,在全县范围内传达贯彻中共中央关于《农村社会主义教育运动中目前提出的一些问题》(简称"二十三条")。

6 月,在城郊公社陈桥大队西坡建立"新建队"。8 月,县城第一批知识青年 40 人到此落户锻炼。

本年,白桃、大蒜远销香港,到 1967 年共出口白桃 30 吨,大蒜7.5 吨。

8 月 3 日,从信阳专区 17 县析出 8 县(另从南阳专区划出泌阳一县)置驻马店专区,上蔡属之。

<h1 style="text-align:center">1966 年</h1>

1 月,上蔡县妇幼保健站建立。

6 月 16 日,县委宣传部向全县中小学发出通知,宣布无产阶级文化大革命首先在中小学开始。

6 月,县委派出"文化大革命"工作小组,分别进驻上蔡高中,上蔡一中,传达贯彻中共中央《关于无产阶级文化大革命的决定》(简称《十六条》)全县掀起"无产阶级文化大革命"的高潮。

<h1 style="text-align:center">1967 年</h1>

3 月,县人民武装部奉命"支左",介入地方"文化大革命",管理全县一切事务,时称"武装掌总"。

<h1 style="text-align:center">1968 年</h1>

5 月 4 日,上蔡县革命委员会成立。原县委书记崔会文任主任,陈彬、陈辞、赵书田、阎凤栖、孟昭同任副主任。

秋,开封市 542 名知识青年来蔡插队落户,接受贫下中农再教育。12 月,成立知识青年安置办公室。当年共有 616 名知识青年下乡落户。

<h1 style="text-align:center">1969 年</h1>

3 月 25 日,《红旗》《人民日报》《解放军报》报道东岸公社东岸大队创办东方红农业科学实验站、实行科学种田的先进事迹。之后,全国各地前来参观者络绎不绝。

本年上半年,全县 1 031 名知识青年和 508 户共 2 122 名城市居民及 446 名机关干部(含医生、教师)到农村安家落户。

1970 年

2月,武守全任县革命委员会主任。

同月20日,县革命委员会建立核心领导小组,由武守全、张明、阎凤栖、阎国政、孟昭同、吕学章、曹泮明7人组成。武守全任组长,张明、阎凤栖任副组长。

同月12日21时,全县普降冰雹,大者如鸡蛋,地面积雹粒7厘米厚,早秋作物80%被砸坏。

7月25日,《解放军报》报道华陂公社史彭大队民兵营《坚定不移地走政治建设民兵的道路》的经验。县革委、县人民武装部发出联合通知,要求全县迅速掀起学习史彭大队民兵营的群众运动。

1971 年

2月14日至18日,召开中共上蔡县第三届代表大会第一次会议,出席代表685人,会议选举产生中共上蔡县第三届委员会,张明任书记,阎凤栖、郭书志任副书记。

1972 年

6月9日,根据群众推荐、组织考察,聂华等123名农村优秀青年被选拔为国家干部。工资定为行政24级的6人,25级的111人,26级的6人。

1973 年

10月,县皮革厂生产的狗皮褥子首次打入国际市场,由河南省外贸公司安排,通过山东青岛口岸出口,远销西欧、北美、日本等十几个国家及我国香港地区。

1974 年

1月16日,上蔡县第六届工人代表大会召开,选举产生上蔡县总工会第六届委员会。张学勤当选为主席,张秉恒、徐金声当选为副主席。

4月10日,郑州市九中、二十七中共670名知识青年分乘40辆汽车来蔡插队落户,受到5万多人的夹道欢迎。这批青年被安排在22个公社的66个大队接受贫下中农再教育。本年共接收安置知识青年856人。

7月,杨集漆刷厂生产的牡丹牌油漆刷,经河南省外贸局安排,首

次通过山东青岛口岸出口。1979年底自立口岸出口。产品发展到18个品种,先后远销日本、西德、美国、法国等20多个国家和地区。

1975 年

5月,重建上蔡县民兵师,县武装部部长阎国政任师长,县委书记杜保泉任政治委员。

8月5日至8日,因受3号台风影响,发生了历史罕见的特大洪水灾害。

1976 年

1月8日,周恩来总理逝世,全县人民自发地以各种形式举行悼念活动。

2月,增设大路李、小岳寺、韩寨3个公社,全县共23个公社。

9月9日,伟大领袖毛泽东主席逝世,全县人民陷入极大的悲痛之中。同月18日,县委在城关一中操场,召开沉痛悼念毛泽东主席逝世广播大会,县直机关干部、职工、学生、市民一万多人参加,23个公社都设立了分会场,共十余万人参加。

1977 年

1月25日,黑河治理工程开工,5月竣工,治理长度63.37千米(上郾交界处至上项交界处),总投资300万元,全县出工人数达12万,完成土方708万立方米。

本年,县酒厂生产的状元红古老名酒,在秋季广州出口商品交易会上首次展出,受到外商好评,新加坡、马来西亚、泰国、菲律宾等7个国家及香港、澳门地区与县酒厂签订了合同,成交额达12万美元,从此状元红酒打入国际市场。

1978 年

6月2日,武汉军区司令员杨得志、副司令员林维先、河南省军区司令员尚坦在驻马店地委书记丁石陪同下,来蔡视察民兵工作。3日上午,2 500名民兵在城郊公社黄尼庄列队通过广场接受检阅。之后,步兵班、炮兵分队、通信兵分队分别进行军事表演。杨司令员同演习民兵及县党政干部合影留念。下午,杨司令员在县直机关党员干部大会上作民兵工作的重要指示。

同年,洙湖卫生院王金海医生试制成功热参丸,治疗慢性气管

炎,治愈率达 90%,卫生部发给王金海奖金 200 元。

1979 年

1 月,县号召大力发展山羊养殖业。4 月,河南省政府批准上蔡县为山羊皮生产基地县。

同月,传达中共中央 1 号文件,即《中共中央关于农村若干问题的规定》,允许社员承包土地,农村经济体制改革在县内开始实施。

9 月 21 日,上蔡县医药公司三八药店被全国妇联命名为全国"三八"红旗集体标兵。

1980 年

1 月,传达贯彻中共中央(1980)1 号文件。此后,全县农村普遍建立各种形式的生产责任制,由开始的小段包工、定额计酬到包产到组、联产计酬,后又发展到包产到户、大包干等多种形式。

3 月,县商业局被商业部评为经营鲜蛋先进单位。

同月,县酒厂生产的状元红酒获河南省优质产品奖。

1981 年

1 月,成立上蔡第五届人民代表大会选举委员会。到 5 月,全县 25 个公社先后召开人民代表大会,取消公社革命委员会,建立公社管理委员会。

4 月,黄埠公社豫剧团代表驻马店地区出席河南省业余文艺会演,演出县自编历史剧《三传圣旨》,被评为演出一等奖。

8 月 22 日至 28 日,上蔡县第五届人民代表大会第一次会议召开。出席代表 448 人,会议决定,取消上蔡县革命委员会,恢复上蔡县人民政府称谓,张建新当选为人大常委会主任,张遵道当选为上蔡县人民政府县长。

同年,民政局编印成《上蔡县烈士英名录》,269 名烈士载入史册。其中抗日战争时期的 5 名;解放战争时期的 142 名;抗美援朝战争时期的 81 名;社会主义建设时期的 41 名。

1982 年

6 月,进行全国第三次人口普查。截至 7 月 1 日零时,全县实有人口 1 057 372 人,比 1964 年第二次人口普查时的 684 532 人增加 372 840 人,平均每年增加 20 713 人,18 年中全县人口增长 54.5%,

平均每年递增 24.45%,超过全省 22% 的平均增长速度。

10 月,县文化馆被评为省文物先进单位出席河南省文物工作"双先会",受到大会的奖励。

1983 年

9 月,县砖瓦厂生产的红砖、红瓦分别获全省行业优质产品称号。

12 月,根据中共中央《关于政社分开,建立乡政府的通知》精神,全县进行农村人民公社体制改革,改公社党委为乡党委,改公社管理委员会为乡人民政府,同时建立乡经济联合社,实行党、政、企分开的管理体制,月底结束。

1984 年

1 月,进行大队管理体制改革,改生产大队管理委员会为村民委员会,改生产队为村民小组。

3 月,县酒厂生产的半斤精装和一斤半精装状元红酒获省经委旅游优质产品奖。

同月,县高中教师宋庆喜出席教育部召开的全国优秀班主任会议,获金质奖章一枚。

9 月 14 日至 19 日,上蔡县第六届人民代表大会第一次会议召开,马旭东当选为县人大常委会主任,陈留成当选为上蔡县人民政府县长。

1985 年

5 月,上蔡县老干部工作会议召开,部分在上蔡工作过的老同志应邀参加会议。正式成立上蔡县老干部协会,曾任中共上蔡县委书记、中华人民共和国驻喀麦隆大使的苗九锐任名誉主席。

同月 25 日,上蔡杨集锅厂生产的双边压铸锅,经国家日用五金质量测试中心测试获满分,被评为全国同类产品第一名。8 月,新开发的稀土合金锅被评为省优质产品,并参加在北京召开的国际稀土应用展览会。

6 月,县集资 300 万元,在城东关兴建上蔡县经济贸易中心市场——白云观市场。整个市场占地 80 亩,建筑面积 1.32 万平方米。市场内有固定商户 400 多家,流动摊点上千户,经营有五交化、日用百货、布匹服装、烟酒糖果、风味小吃、粮油菜果和服务修理等。开业

后,日成交额 30 多万元。该市场 1989 年被评为全国文明市场。

1986 年

3 月,县科委与省、地科委合作完成的《砂姜黑土地改良利用研究》项目,荣获省科技成果三等奖。

6 月,在贫困地区经济开发会上,省政府确定上蔡为扶贫重点县,在五年内每年拨给扶贫资金 500 万元。

6 月,省政府决定,上蔡为商品粮生产基地县。

12 月,县审计局出席全国审计工作会议,被评为全国审计工作先进单位,受到国家审计署的表彰和奖励。

1987 年

4 月 22 日至 26 日,上蔡县第七届人民代表大会第一次会议在县城召开,陈留成当选为上蔡县第七届人大常委会主任,胡鹏轩当选为上蔡县人民政府县长。

5 月 13 日至 15 日,中共上蔡县第五次代表大会召开,选举产生中共上蔡县第五届委员会和中共上蔡县纪律检查委员会。刘精伟当选为中共上蔡县委书记。熊武当选中共上蔡县纪律检查委员会书记。

9 月 11 日,县政府出台《关于深化商业体制改革的意见》。《意见》指出,在企业中实行厂长(经理)负责制,经营形式为核定上缴利润基数,逐年递增、欠额自补的责任承包制。到 1988 年 6 月,全部完成了这项改革。

10 月 17 日,由中国艺术研究院和上蔡联合摄制的五集电视连续剧《状元红传奇》开拍,1988 年 3 月制作结束。3 月 17 日在北京举行记者招待会,向新闻界和全国发布消息,并向国外发行录像带。6 月,该剧在中央电视台一套节目中播放。

1988 年

3 月,县召开科技成果奖励大会,对 1981 年以来取得的 158 项科技成果进行奖励,其中一等奖 23 项、二等奖 42 项、三等奖 77 项、荣誉奖 16 项。

12 月,上蔡锅厂生产的"豫上牌"铁锅被评为国家优质产品,荣获1988 年度质量银质奖;皮革厂生产的羊剪绒坐垫被评为部优产品,荣

获 1988 年度质量银质奖。

1989 年

10 月,县投资 59 万元兴建白云观商业大楼,建筑面积 2 510 平方米,是县内最大的商业综合大楼。1990 年 11 月交付使用。

12 月,南环路修复工程开工。工程长 1 810 米、宽 35 米,沥青路面,共投资 212.9 万元。1990 年 2 月竣工。

1990 年

5 月 13 日至 17 日,上蔡县第八届人民代表大会第一次会议在县城召开,陈留成当选为上蔡县第八届人大常委会主任,李世周当选为上蔡县人民政府县长。

8 月 11 日至 13 日,中共上蔡县第六次代表大会在县城召开,选举产生中共上蔡县第六届委员会和中共上蔡县纪律检查委员会,杨万忠当选为中共上蔡县委书记,高书志当选为中共上蔡县纪律检查委员会书记。

1991 年

7 月,上蔡一中学生 14 岁的少年棋手解建军,在全国少年国际象棋比赛中获得冠军,并取得参加世界少年国际象棋比赛的资格。

1992 年

4 月,县城北大街拆迁扩建工程开工。全程长 1 122 米。共拆除房屋 1 052 间,占地面积 16 569 平方米,其中私房 751 间,12 170 平方米。至 1993 年 12 月拆迁扩建竣工,从而使北大街变成了仿古建筑商业一条街。

4 月 8 日,县委提出《上蔡县综合改革方案》(简称《方案》)。《方案》就上蔡县机关、企业、农村、财政体制、流通体制、金融体制、科技体制、教育体制、卫生体制、住房制度等十个方面的改革提出原则性意见。

4 月 30 日,上蔡锅厂荣获全国五一劳动奖状,上蔡县建材工业公司经理王成荣获全国五一劳动奖章。

8 月,杨集镇被河南省委、省政府命名为中州名镇。

1993 年

1 月 5 日,县投资 65 万元安装有线电视设备,1 月 15 日正式开

250

通,到年底共有 2 850 户安装了有线电视。

2 月,上蔡县状元红酒厂生产的望河粮液和状元红在国际名酒香港博览会上双双获得国际金奖。

3 月 6 日至 10 日,上蔡县第九届人民代表大会第一次会议在县城召开,陈留成当选为上蔡县第九届人大常务委员会主任,孟超当选为上蔡县人民政府县长。

同月,县政府发行地方建设投资债券 1 114 388 元,作为上蔡县经济建设基金。

同年,杨集镇被河南省委、省政府命名为"乡镇之星"。

8 月 4 日,上蔡县投资 10 万元重修李斯墓。

是年,上蔡县首次名列河南省粮食生产 20 强县(市),居第十二位。

1994 年

5 月 5 日,中共上蔡县委、上蔡县人民政府出台《关于搞好 1994 年小康示范村建设的意见》,把塔桥乡大姬村、和店镇大王村、大路李乡孟尧村、蔡都镇东关村等 4 个建制村定为全县 1994 年小康建设示范村。

5 月 24 日,在全国民政工作会议上,上蔡县荣膺全国民政工作先进县称号,上蔡县民政局局长常文德被评为全国民政系统先进工作者。

同月,上蔡县水利局被水利部命名为"水利服务示范单位"。

是年,上蔡县被确定为国家扶持的贫困县。

是年,上蔡县通过了河南省人民政府组织的县级基本扫除青壮年文盲单位检查验收。

是年,国家确定了上蔡县为粮食生产大县,从本年度起,连续 5 年安排专项贷款扶持发展粮食生产。

1995 年

2 月 12 日,中国李斯书画院成立暨首届书画展开幕式在上蔡举行。郝石林、唐玉润、高云肖等书画名家当场献艺,陈天然题词祝贺。展出作品 162 幅。

1995 年,上蔡县县乡公路管理所已连续 5 年在全区县乡公路管

理综合评比中名列第一,被省委、省政府名为"文明单位",成为全市县乡公路系统第一个省级文明单位。

是年,杨集镇敬老院被民政部命名为"全国模范敬老院"。

1996 年

1月31日,县委印发经地委、行署批准的《上蔡县党政机构改革方案》。《上蔡县党政机构改革方案》拟定,县委、县政府设置工作部门33个,部门管理机构4个,比现有的65个减少28个,精简43.1%。其中县委机构由16个减少为8个,县政府机构由49个减少为29个。

2月26日,中央电视台第一套节目《新闻联播》栏目报道上蔡县民政组织建设和民政工作情况。

同月,上蔡县被国务院残疾人工作协调委员会命名为全国残疾人工作先进县。

9月1日,《解放军报》报道上蔡县五龙乡老复员军人王春堂隐功藏誉40载的先进事迹。

10月,杨集镇被农业部、国家体委、中华全国农民体育协会授予全国亿万农民健身活动先进镇称号。

11月6日至8日,由省、地、县侨办、侨联和上蔡蔡氏文化研究会联合主办的首届蔡氏文化研讨会在上蔡召开。会议认定:蔡国故城始建西周,天下蔡姓根在上蔡。全国政协副主席赵朴初和河南省政协主席林英海为研讨会题词。

11月20日,国务院公布了第四批全国重点文物保护单位,蔡国故城名列其中。

是年,上蔡县顺利通过省政府高标准扫盲验收,成为河南省高标准扫盲县,完成了历史性的扫盲任务。

1997 年

4月10日至11日,以泰国蔡氏宗亲总会理事长蔡金辉先生为团长的泰国、香港蔡氏宗亲寻根访问团一行152人到上蔡寻根谒祖,捐赠人民币179.5万元,用于祖地的公益事业;泰国的蔡卓明、刘惠娟夫妇向上蔡县聋哑学校捐赠150万元人民币,用于购买聋哑康复仪器。

10月,上蔡县老区建设促进会成立。第一届理事会组成人员是:会长崔允成、副会长罗兰英、李剑华、聂本立、冀本章、秘书长冀本章、

副秘书长肖祥斌、金保铭、栗有德、陈明远、徐金声。

是年,上蔡县被水利部授予"河道管理一级先进县"称号。

1998 年

1 月 13 日至 14 日,在第四次全国检察机关"双先"表彰会上,上蔡县人民检察院被最高人民检察院记集体一等功。

5 月 6 日至 9 日,中共上蔡县第八次代表大会召开。选举孟超为县委书记,李长庚、崔允成、罗凤升、刘光辉为县委副书记;选举邢晓观为县纪律检查委员会书记。

1999 年

12 月,上蔡县被科学技术部评为全国科技工作先进县。

是年,上蔡县顺利通过河南省人民政府组织的普及九年制义务教育验收。这成为上蔡县教育发展史上的一座里程碑。

2000 年

5 月,上蔡县 18 岁的残疾运动员李满洲在上海举办的全国第五届残疾人运动会上获得男子乒乓球单打级别赛银牌、公开赛第四名的好成绩,受到河南省人民政府通令嘉奖,记大功一次。

9 月 25 日,蔡侯墓(又称蔡叔度墓、蔡仲墓)被河南省人民政府公布为第三批省级重点文物保护单位。

9 月 28 日,省政府作出《河南省人民政府关于表彰 1999 年度"红旗渠精神杯"竞赛活动先进集体和先进个人的决定》,上蔡县荣获 1999 年度"红旗渠精神杯"竞赛活动先进单位,上蔡县县长崔允成、县委副书记赵国强、副县长孙宝岑获嘉奖。

2001 年

1 月 1 日,上蔡县人民法院刑事庭厅长刘金洲被中华人民共和国最高人民法院授予"全国人民满意的好法官"光荣称号。

7 月 1 日,中央庆祝中国共产党建党 80 周年大会在北京人民大会堂举行,会上中共上蔡县黄埠镇委员会被中共中央组织部授予"全国先进基层党组织"光荣称号。

2002 年

3 月,上蔡县被批准为国家扶贫开发重点县。

4 月 20 日,清华大学教育研究所实验基地在上蔡第一高级中学

举行挂牌仪式。这是清华大学教育研究所在全国范围内唯一的一处实验基地。

5月28日,上蔡县在国务院召开的第十一次全国民政工作会议上荣获全国民政工作先进县称号。

2003 年

10月3日,全国古蔡文化研讨会在重阳宾馆召开,这是全国第一次召开的古蔡文化研讨会,也是全国第一次召开的专门研究重阳民俗文化的研讨会。来自中国人民大学、中央民族学院等数十位国内权威专家、学者参加了研讨会。

10月4日上午,国家重阳节特种邮票首发式暨最美不过夕阳红文化活动开幕式在上蔡县第一高中体育场举行。河南省政协副主席郭国三、中国集邮总公司党委书记赵春原、河南省政协原副主席武守全等出席了开幕式。

2004 年

2月25日,省委书记、省人大常委会主任李克强、副省长王菊梅深入上蔡县艾滋病高发村芦岗乡文楼村、邵店乡十里铺村视察驻村帮扶工作情况。

3月2日,省委副书记陈全国,省委常委、组织部长张纪南,副省长王菊梅一行深入芦岗村南大吴村、文楼村考察驻村帮扶工作。

5月20日,省委副书记陈全国,省委常委、组织部长张纪南深入芦岗乡文楼村、南大吴村,检查指导"六个一"工程进展情况,走访艾滋病人家庭,并对当前的帮扶工作提出具体要求。

8月9日至10日,来自泰国、新加坡、菲律宾等国家及香港、福建、广西、安徽、北京等地的蔡氏宗亲莅临上蔡参加世界蔡氏始祖蔡侯(叔度)陵园重修扩建奠基仪式。

2005 年

1月4日,全国妇联"送温暖、三下乡"活动启动仪式在上蔡一高操场隆重举行。全国人大常委会副委员长、全国妇联主席顾秀莲,全国妇联副主席、书记处第一书记黄晴宜,全国妇联书记处书记洪天慧,省委副书记王全书,省人大常委会副主任吴全智等出席启动仪式。

1月7日，县计生服务站站长徐淑琴荣获第五届中华人口奖。

2月8日至9日，中共中央政治局常委、国务院总理温家宝在省委书记徐光春、省长李成玉陪同下，到芦岗乡文楼村、南大吴村等艾滋病高发村看望慰问艾滋病人，并在阳光家园同艾滋病致孤儿童共进晚餐，欢度除夕。

9月27日，上蔡县红丝带爱心家园举办开园仪式。全国政协副主席、全国工商联主席黄孟复，全国政协副秘书长、全国工商联党组副书记、副主席张龙之，河南省政协副主席、省工商联合会会长张玉麟出席开园仪式。开园仪式上，全国政协副秘书长张龙之宣读中共中央政治局常委、全国政协主席贾庆林发来的贺电。

11月14日，召开上蔡县郭庄楚墓发掘情况通气会。上蔡县郭庄楚墓发掘出珍贵文物千余件，其中包括国家级文化青铜鼎和甬钟等。

12月4日，在泌阳县举行的"中国盘古圣地""中国梁祝之乡""中国重阳文化之乡"授牌仪式上，上蔡县被中国文联、中国民间文艺家协会正式命名为"中国重阳文化之乡"。

2006 年

1月12日，首届"河南省十杰百优务工有为青年"标兵暨事迹报告会在省人民大会堂举行，上蔡县朱里镇拐子杨村农民张全收被评为"河南省十大杰出务工有为青年"。

3月31日，中央电视台《走遍中国》栏目组再次到上蔡县，就郭庄楚墓、蔡国故城等古遗址和民俗文化进行采访录制，深挖古蔡文化和内涵。

10月，上蔡县老区建设促进会第二届理事会第一次全体会议召开。第二届理事会组成人员是：会长罗兰英；副会长王玉山、梁俊锋；秘书长肖祥斌；副秘书长王庚寅、金保铭、赵荫轩、曹翠华。

2007 年

6月，由民政部、中央电视台联合摄制的大型电视文献片《千年古县·上蔡》专题片封镜。

7月15日，联合国副秘书长、联合国艾滋病规划署执行主任彼得·皮奥特博士等联合国官员，到上蔡考察艾滋病防治救助工作。

7月24日，在联合国地名专家组中国分部"千年古县"评定命名

仪式上,上蔡县被评为"千年古县"。

11月30日至12月1日,中共中央政治局常委、国务院总理温家宝继2005年春节与上蔡县艾滋病患者共度新春后,再次来到上蔡县考察艾滋病防治工作。11月30日晚,温家宝在上蔡县主持召开座谈会,同省、市、县负责同志和专家学者、一线工作人员共同研究艾滋病防治工作。

2008 年

4月12日,蔡侯叔度公陵园一期工程落成典礼仪式举行。世界蔡氏重修蔡侯叔度陵园筹备委员会主席蔡卓明、秘书长蔡金钟及来自马来西亚、泰国、韩国、菲律宾等海内外28个蔡氏宗亲团体近600人参加了典礼。

9月,中共上蔡县委、县政府印发《关于加快老区发展的意见》(上发[2008]17号)。

2009 年

1月4日,中国共产党上蔡县第十届委员会第六次全体(扩大)会议召开。

1月20日,团中央"百万农村青年培训行动"在上蔡启动。全国青年创业带头人,省市农技专家等陆续为受训的近300名返乡青年农民工开展了为期3天的集中培训。共青团河南省委书记何雄为培训班学员上了第一课。

6月12日,全国政协副主席、全国工商联主席、中华红丝带基金会名誉会长黄孟复一行到上蔡中华红丝带家园看望慰问艾滋病致孤儿童及其工作人员。

12月28日,省委书记卢展工来上蔡,先后到中华红丝带家园和芦岗乡文楼走访、慰问、调研。

2010 年

3月2日—4日,政协上蔡县第八届委员会第四次会议在影剧院召开。

3月3日—5日,上蔡县第二届人民代表大会第四次会议在影剧院召开。

4月22日,上蔡县革命老区建设工作会议召开。县委常委、县委

办公室主任臧海声,县委常委、县政府常务副县长肖开义,县人大常委会副主任王保军,县政协副主席王留柱,县政协原主席、县老促会会长罗兰英出席会议。

12 月 3 日,中国共产党上蔡县第十届委员会第八次全体会议召开。

2011 年

3 月 3 日—5 日,上蔡县第十二届人民代表大会第四次会议在影剧院召开。

4 月 22 日,上蔡县革命老区建设工作会议召开。县委常委、县委办公室主任臧海声,县委常委、县政府常务副县长肖开义,县人大常委会副主任王保军,县政协副主席王留柱,县政协原主席、县老促会会长罗兰英出席会议。

6 月 23 日—25 日,中国共产党第十一届代表大会在影剧院召开。

10 月,上蔡县争取中央彩票公益金 1 500 万元,用于 10 个贫困村整村推进。

2012 年

3 月 24 日,中国共产党上蔡县第十一届委员会第三次全体会议召开。

4 月 16 日—19 日,上蔡县第十二届人民代表大会第一次会议召开。

5 月 9 日,上蔡县老区建设工作会议召开。县委副书记胡建辉,县老促会会长罗兰英,县委常委、县政府常务副县长陈黎分别讲话。县人大常委会副主任朱学礼,县政协副主席王建军,县老促会副会长王玉山等出席会议。

2013 年

1 月 5 日,中国共产党上蔡县第十一届委员会第四次全体(扩大)会议召开。县委副书记、县政府代县长胡建辉作《中共上蔡县委关于学习贯彻党的十八大精神,加快建设繁荣活力文明和谐安康新上蔡的决议(草案)》起草情况的说明,会议表决通过了这个《决议》。

1 月 15 日—18 日,上蔡县第十三届人民代表大会第二次会议召开。会议选举胡建辉为上蔡县人民政府县长,李克臣为上蔡县人大

常委会副主任。

5月14日,市老促会会长欧阳忠宽一行来上蔡调研,县委副书记王东征,县委常委、宣传部长宋海潮,县老促会会长罗兰英陪同。

6月27日下午,新华社、中央人民广播电台、中国新闻社、经济日报、光明日报、中国妇女报、农民日报及省市各界新闻媒体记者深入芦岗办事处文楼村,对村党支部书记魏华伟进行实地深度采访,推荐参加"全国最美基层干部"评选活动。

7月9日—10日,省老促会会长胡悌云,副会长张国荣、王明贵、黄振英,一行来上蔡调研革命老区建设工作。市老促会会长欧阳忠宽,县委书记彭宾昌,县委副书记、县政府县长胡建辉,县委副书记王东征,县政协主席臧海声,县政府副县长侯杰,县老促会会长罗兰英等陪同。

2014 年

9月30日,是全国首个烈士纪念日。县委副书记王东征,县人大常委会主任肖开义,县政协主席臧海声等县四个班子领导与县直有关部门负责同志,武警中队,消防大队官兵和县二高师生代表到县英雄广场革命烈士陵园,隆重举行烈士纪念日公祭活动。

12月1日,县委、县政府印发《关于加快革命老区发展全面建成小康社会的意见》。

12月5日上午,全县革命老区工作会议在县招待所召开。县委副书记王东征出席会议并讲话。县老促会会长罗兰英作工作报告。县政府副县长侯杰主持会议。县人大常委会副主任王保军,县政协副主席王留柱出席会议。

2015 年

1月20日,中国共产党上蔡县第十一届全体(扩大)会议召开。

2月5日—6日,上蔡县第十三届人民代表大会第四次会议召开。

2016 年

1月6日上午,河南省重大文化工程项目"自古英雄出少年"系列百部电影之一《自古英雄出少年之李斯》新闻发布会在市群艺馆举行。中宣部新闻局副局长武家奉,南水北调办公室总经济师张力威,市委常委、市委宣传部部长戚存杰,市政府副市长冯玉梅,市政协原

副主席徐群才,县委书记、县政府县长胡建辉等出席发布会。

5月,上蔡县争取中央公益彩票基金支持老区建设资金2 000万元,用于脱贫攻坚产业发展。

10月19日《中国老区建设》编辑部副主任田文玲、记者李青来上蔡调研关于《大别山革命老区发展振兴规划》贯彻落实情况。

10月13日—14日,市老促会会长欧阳忠宽一行来上蔡,先后到朱里镇牛硕牧厂、上蔡县新光新能源科技有限公司、旷华食品厂、圣美阳光装饰材料厂等企业实地调研,并听取我县脱贫攻坚工作的汇报。县委副书记王胜利,县人大常委会主任肖开义,县委常委、县委宣传部部长刘楠,县政府副县长侯杰、陈剑及县老促会会长罗兰英等陪同。

10月25日,县人民检察院荣获"全国先进基层检察院"表彰大会隆重召开。市人民检察院检察长吴文立作重要讲话。省人民检察院政治部副主任钱进宣读《最高人民检察院关于表彰第六届全国先进基层检察院的决定》。县委书记胡建辉作重要讲话。县委副书记王胜利宣读《关于在全县开展向县人民检察院学习活动的决定》。

12月7日,全县老区建设工作会议召开。县委副书记王胜利,县委常委、县委宣传部部长刘楠,县老促会会长罗兰英等出席会议。

2017 年

4月9日—12日,政协上蔡县第十届委员会第一次会议在西街影剧院隆重召开。

4月10日—13日,上蔡县第十四届人民代表大会第一次会议在县影剧院隆重召开。

5月,朱冠英烈士纪念碑落成仪式在上蔡县杨屯乡杨仕位村举行。朱冠英1907年5月出生于杨屯乡杨仕位村,1945年2月同日伪军作战时牺牲,2016年9月30日被河南省人民政府追认为烈士。

7月,上蔡县被中共河南省委、省政府、省军区授予"省级双拥模范县"荣誉称号。

8月,中国皮革协会八届二次理事扩大会在上海召开。会上,上蔡县被中国皮革协会授予"中国制鞋产业基地·上蔡"皮革特色区域荣誉称号。

12 月 4 日,中国共产党上蔡县第十二届委员会第三次全体(扩大)会议召开。全会深入学习贯彻党的十九大精神和省委十届四次全会、市委四届四次全会精神,以习近平新时代中国特色社会主义思想为指导,表决通过了《中国共产党上蔡县第十二届委员会第三次全体会议决定》,审议并通过了《中共上蔡县委关于深入学习贯彻党的十九大精神,奋力谱写新时代上蔡跨越发展新篇章的意见》。县委书记胡建辉代表县委常委主持会议。

12 月 26 日,上蔡县老区建设促进会第三届理事会第一次全体会议召开。第三届理事会组成人员是:名誉会长罗兰英;会长孙宝岑;副会长李克臣、王建军;秘书长赵荫轩;副秘书长兼办公室主任郏治国。

2018 年

2 月 7 日,中国残疾人联合会主席张海迪一行来上蔡,调研我县重度残疾人集中托养中心建设运行情况,深入城乡各地亲切看望贫困残疾人和工作人员并向大家致以新春慰问和祝福。

9 月 28 日,"孔子陈蔡绝粮处"纪念碑在蔡沟一中揭幕。中国书法家协会副主席宋华平,河南省孔子文化研究会秘书长王群等出席揭幕仪式。

11 月 7 日,省委书记、省人大常委会主任王国生一行赴蔡出席青海—河南 800 千伏特高压直流工程开工奠基仪式。

11 月 26 日,上蔡县退役军人事务局挂牌仪式举行。

参考文献

[1]采文编著.顺势而为:雷军传[M].哈尔滨:哈尔滨出版社,2018.

[2]小约瑟夫·巴达拉克著.灰度决策:如何处理复杂、棘手、高风险的难题[M].唐伟,张鑫,译.北京:机械工业出版社,2018.

[3]维克托·迈尔-舍恩伯格,肯尼思·库克耶著.大数据时代[M].盛杨燕,周涛译.杭州:浙江人民出版,2013.

[4]国家卫生健康委员会编.中国卫生健康统计年鉴[M].北京:中国协和医科大学出版社,2020.

后 记

　　为了贯彻落实习近平总书记关于"发扬红色资源优势,深入进行党史、军史、老区革命史传统教育,把红色基因代代传下去"的指示精神,中国老区建设促进会发文通知,组织全国1 599个革命老区县(市、区、旗)编纂《全国革命老区县发展史》丛书,以向新中国成立七十周年和中国共产党成立一百周年献礼。《上蔡县革命老区发展史》是该丛书中的一部。

　　上蔡县老促会接通知后,立即向县委、县政府主要领导做了专题汇报,得到县委、县政府领导的高度重视和大力支持。及时成立了《上蔡县革命老区发展史》编审委员会,切实加强了对编纂工作的组织领导。县委、县政府主要领导多次过问编纂工作进展情况,及时协调解决工作中存在的困难和问题,保证了编纂工作的顺利进行。

　　《上蔡县革命老区发展史》是根据省市老促会的指导意见,采用章节目录进行编撰的。本史料由赵荫轩同志统筹,王庚寅、张拦省同志执笔,经多方征求有关部门和专家学者的意见,五易其稿,方初成此书。

　　《上蔡县革命老区发展史》在编著过程中吸收和借鉴了县内外著作的研究成果,如《中国共产党上蔡县历史》《中国共产党上蔡县组织史》《上蔡县志》《上蔡县党史大事记汇编》《上蔡县人大历年会议材料汇编》《政协上蔡县文史资料》等,县委办、县人大办、县政府办、县政协办、县委组织部、县委宣传部、县扶贫办、县民政局、县水利局、县人事劳动局、县退伍军人事务局、县疾控中心和各乡(镇、办事处)等诸多单位提供了有关数据资料,省、市老促会多次提出指导意见,郑州大学出版社各位编辑就书稿内容提出中肯建议,在此一并表示

感谢!

由于水平有限,缺乏经验,丛书的编著难免存在不足之处,诚望各位领导、专家学者和广大读者赐教。

上蔡县老区建设促进会

2019 年 5 月